LA CONVERSIÓN DE LOS FIELES

LA CONVERSIÓN DE LOS FIELES

La desvinculación electoral de las clases medias de la Unión Cívica Radical

Gabriel Obradovich

teseo

Obradovich, Gabriel

La conversión de los fieles : la desvinculación electoral de las clases medias de la Unión Cívica Radical / Gabriel Obradovich. – 1a ed . – Ciudad Autónoma de Buenos Aires : Teseo, 2016.
302 p. ; 20 x 13 cm.
ISBN 978-987-723-063-5
1. Partidos Políticos. 2. Clase Media. 3. Sociología. I. Título.
CDD 324.2

Imagen de tapa: (CC) Jorge Jaramillo, "Perspective", Flickr

© Editorial Teseo, 2016

Buenos Aires, Argentina

Editorial Teseo

Hecho el depósito que previene la ley 11.723

Para sugerencias o comentarios acerca del contenido de esta obra, escríbanos a: **info@editorialteseo.com**

www.editorialteseo.com

ISBN: 9789877230635

Compaginado desde TeseoPress (www.teseopress.com)

Índice

Agradecimientos

Esta investigación se llevó a cabo gracias al financiamiento del CONICET, institución que financió mi formación doctoral, pero fue posible, principalmente, por el acompañamiento y la presencia de un conjunto de personas.

Ricardo Sidicaro, como director de la tesis doctoral, contribuyó a modelar las principales ideas de este trabajo.

Mariana Heredia me acompañó en todo el proceso de aprendizaje de la Sociología, desde que comencé a trabajar como su asistente de investigación al inicio de la carrera. A lo largo de estos años, Mariana fue una guía para aprender el oficio de investigador, una consejera extraordinaria en momentos de incertidumbre y una invalorable amiga. Te agradezco enormemente tu afecto, tu apoyo y dedicación a la enseñanza. Tu increíble capacidad de trabajo y pasión por la sociología nos movilizó a todos.

Pablo Bonaldi leyó atentamente tanto el proyecto de investigación como el borrador final. En momentos clave, de dudas y vacilaciones, su mirada sociológica contribuyó a que pueda ordenar mis ideas y reorientar mi trabajo. También Pablo, en momentos difíciles, me ayudó a tomar grades decisiones, que me posibilitaron estar donde estoy. Gracias Pablo.

Paula Canelo, Federico Lorenc Valcarce y Alfredo Pucciarelli comentaron diferentes capítulos que contribuyeron a mejorar este trabajo. Por supuesto, las falencias son mías y los aciertos todos de ellos. Camila Blanc leyó atentamente este trabajo en la última etapa, sus correcciones y cometarios me ayudaron en momentos en lo que ya casi no podía más.

Mis compañeros, colegas y amigos María Laura Anzorena, Pedro Blois, Pablo Bonaldi, Federico Escher, Mariana Heredia, Rodolfo García Silva, Mariana Gene, Ignacio

Mazzola, Pamela Sosa y Gastón Knneteman también leyeron y comentaron partes de este trabajo, aportando críticas y sugerencias. Además, entre asados, vinos y discusiones trasnochadas, encontré gracias a ellos el gusto de hacer esto que hago. No tengo palabras para agradecer la amistad de todos. Después de la partida, hallé un nuevo marco académico, institucional y de nuevos amigos, asados y trasnoches. Tampoco tengo palabras para aquellos que me recibieron y me ayudaron a sentirme como "en casa" en Santa Fe.

Les agradezco también a las autoridades, los estudiantes y colegas de la Facultad de Humanidades y Ciencias de la UNL, que me recibieron y me dieron su confianza, su amistad y el apoyo para que continúe mi trabajo de docencia e investigación.

Mis viejos me bancaron tanto, que es casi imposible decir todo lo que les debo. A Tucsi, gracias por el tiempo, la ayuda y el afecto en tiempos difíciles. Damián, Gonza y Tonga siempre estuvieron con su amistad.

Finalmente, a Pame, que desde que nos conocimos cursando las primeras materias decidimos hacer nuestra vida juntos. En estos años supiste acompañarme y contenerme en los mejores y peores momentos. Blas me dio el impulso para que haga todo lo que hice y vos, que estás llegando, para que siga.

Introducción

Las preferencias políticas de las clases medias de la Capital Federal estuvieron ligadas históricamente a la Unión Cívica Radical. Desde mediados del siglo XX, la UCR logró movilizar electoralmente a estos sectores con un discurso acorde a sus expectativas y aspiraciones. Sin embargo, entre 1989 y 2003, los electores de clases medias que tradicionalmente habían mostrado una afinidad con el partido centenario gradualmente le retiraron su apoyo. A partir de los comienzos de la década de los noventa, una porción cada vez mayor del electorado típico de la UCR comenzó a volcarse hacia nuevas opciones electorales, tales como el Frente Grande y el Frepaso, e incluso a favor del propio peronismo; al mismo tiempo, la participación y movilización interna de los afiliados radicales fue haciéndose cada vez menor. Estos cambios de conducta electoral pueden interpretarse como el correlato del cambio en la configuración social de las clases medias y de las trasformaciones que atravesaba la organización partidaria en ese mismo período, pero para ello resulta necesario vincular estos fenómenos.

El objetivo principal de esta investigación es analizar el proceso de desvinculación del electorado de clase media de la UCR en la Capital Federal. Para ello, se estudiará, por un lado, la manera en que los votantes del radicalismo vieron transformarse su identificación partidaria y, en segunda instancia, la relación entre estas transformaciones y los cambios que tuvieron lugar en la organización partidaria y la composición de las clases medias de la Ciudad de Buenos Aires durante ese mismo período.

Dado que toma como objeto de análisis el comportamiento electoral y sus relaciones con las transformaciones sociales y políticas, este trabajo se inserta en un variado campo de estudios que, desde diferentes perspectivas, ha

11

aportado en las últimas décadas nuevos conocimientos e interpretaciones sobre los cambios que han tenido lugar en la organización de los partidos, en la metamorfosis sufrida por los formatos representativos y las transformaciones que han afectado a las identidades políticas. El objetivo de esta investigación es contribuir a este campo de conocimiento, mediante el análisis de algunos importantes aspectos que han sido relegados en estudios anteriores, pero, principalmente, a partir de la construcción de un esquema de análisis que establezca relaciones entre el cambio estructural, el comportamiento electoral y la dinámica partidaria.

En lo que se refiere a los estudios centrados en las transformaciones de los partidos, este trabajo busca saldar dos cuestiones que hasta ahora han sido soslayadas. En primer lugar: contribuir a una interpretación de los cambios de la Unión Cívica Radical. A diferencia del Partido Justicialista, el radicalismo recibió mucha menos atención en las ciencias sociales. En segundo lugar: el análisis de las bases partidarias. Por lo general, las investigaciones sobre los partidos se han centrado en el estudio de los cambios atravesados por las élites dirigentes, en los discursos electorales y las medidas de gobierno, pero han sido poco relevadas las transformaciones experimentadas por los electores y el impacto que éstas han tenido en la dinámica interna de los partidos. En este sentido, buscaremos establecer relaciones entre el cambio partidario y la base social de votantes.

Partiendo de un esquema conceptual que vincula el comportamiento electoral y las disposiciones de los votantes con sus posiciones sociales y la interpelación partidaria, esta investigación combinará métodos cualitativos, datos cuantitativos y análisis de archivos. Valiéndonos de los datos obtenidos del material empírico y su reconceptualización a partir de las categorías conceptuales, buscaremos generar interpretaciones del fenómeno de la desvinculación electoral de los votantes radicales.

Adelantando en parte las conclusiones y resultados, la desvinculación de los electores fieles de la UCR en la Capital Federal puede comprenderse a partir de un conjunto de relaciones. Los cambios estructurales de las clases medias contribuyeron a modificar las disposiciones y creencias de los electores radicales y, por esta vía, a trasformar la base social de votantes tradicionales de la UCR en la Ciudad. La conversión de los electores fieles se produjo en una coyuntura en la cual el partido se encontraba dividido internamente y realizaba una interpelación contradictoria a sus votantes. La convergencia del cambio social y la reestructuración partidaria produjo un creciente desfasaje entre el partido y sus electores que potenció la desvinculación de los votantes fieles. Ésta es nuestra interpretación principal.

Es necesario hacer una serie de aclaraciones sobre estas interpretaciones que podrán guiar mejor al lector y prevenir algunos malentendidos. En primer lugar, esta interpretación surge, como en toda investigación, de aplicar un modelo conceptual que privilegia una serie de elementos para observar, indagar y relacionar. De más está decir que la aplicación de otros modelos analíticos que partan de consideraciones diferentes sobre estos fenómenos obtendrá resultados distintos a los propuestos en este estudio. En segundo lugar, es una interpretación organizada y sustentada en distintos niveles de análisis. Por un lado, niveles macro como los que refieren a los cambios en la configuración de las clases medias y del campo partidario, como de niveles micro que privilegian las trayectorias electorales y los modos de pensar la política por parte de un conjunto de electores. Ninguno de estos niveles tiene prioridad sobre el otro y su vinculación sirve principalmente para controlar las imputaciones. En tercer lugar, la interpretación se compone principalmente de una serie de relaciones entre fenómenos, de los cuales ninguno tiene una superioridad causal sobre el otro. La desvinculación de los votantes fieles de la UCR en la Ciudad de Buenos Aires se entiende a partir del cambio de una relación entre el partido y sus electores, producto de la convergencia de transformaciones sociales y políticas.

1. Definición del objeto de investigación: la desvinculación electoral de la Unión Cívica Radical en la Capital Federal entre 1989 y 2003

Dos años después de la renuncia de De la Rúa, la Unión Cívica Radical obtuvo el 0.84% de los votos en elecciones presidenciales de 2003, lo que constituyó la peor elección de su historia en la Capital Federal. Esta cifra contrasta con la elección de 1989, en la que, a pesar de la crisis que aquejó al país durante los últimos meses del gobierno radical de Alfonsín, Angeloz logró conquistar el 36.3% de los votos. Si bien las coyunturas eran diferentes, la comparación de los resultados evidencia un hecho central: durante ese lapso la UCR perdió gran parte de su electorado fiel que, aun en condiciones electorales desfavorables, posibilitaban que el partido siguiera siendo competitivo y que sus dirigentes pudieran acceder a los puestos centrales de gobierno. El objetivo general de este trabajo es analizar el proceso de desvinculación de los electores que tradicionalmente habían brindado su voto al partido radical en la Capital Federal.

El período de estudio considerado evidencia particularmente el cambio en la conducta electoral de los votantes radicales y supone una redefinición de sus vínculos con el partido. Como puede verse en el cuadro siguiente, en 1983 la UCR logró conquistar una cifra extraordinaria de votos, producto del apoyo brindado tanto por los nuevos votantes que se incorporaban a la vida democrática como por electores provenientes de otras tradiciones partidarias. Sin embargo, el partido no pudo mantener ese rendimiento electoral a largo plazo; luego de la crisis alfonsinista, la UCR obtuvo en la Capital el 36% de los votos, una cifra similar a la obtenida en 1973 y cercana a su promedio histórico.

Porcentaje de votos obtenidos por la UCR en la Capital Federal en elecciones presidenciales 1973/2003

1973	1983	1989	1995	1999	2003
32%	64%	36%	10%	54%	0.8

En los primeros años de la década del noventa, la UCR fue perdiendo una parte considerable de su caudal electoral a manos de nuevos partidos como el Frente Grande y el Frepaso, como también del menemismo. Con el triunfo del Frepaso en las elecciones constituyentes de 1994 y en las presidenciales de 1995 en la Capital Federal, la UCR quedó relegada al tercer lugar, detrás del peronismo. Si bien hacia el final de la década, a través de la alianza con el partido de Carlos Álvarez, la UCR logró llegar nuevamente al gobierno conquistando una amplia mayoría de votos, esto no supuso una recomposición de su caudal electoral ni un realineamiento de sus viejos votantes, así como tampoco significó la llegada de una nueva base electoral. Efectivamente, los amplios apoyos conquistados por la Alianza se desvanecieron rápidamente. Luego del estrepitoso final del gobierno de De la Rúa, la UCR dejó de ser un partido competitivo en el distrito federal y ya no volvería a serlo durante toda la primera década del nuevo siglo.

Si bien el deterioro de las identificaciones políticas partidistas es un fenómeno ampliamente reconocido en las sociedades occidentales desde hace varias décadas, y ampliamente trabajado por la literatura de las ciencias sociales, es necesario remarcar dos cuestiones. En primer lugar, es arriesgado traspasar directamente las hipótesis sobre estos cambios originadas en otras latitudes, básicamente debido a la distinta configuración de los partidos, al tipo de movilización electoral que lograron y a la configuración estructural de los grupos de votantes. En segundo lugar, la disminución de los apoyos electorales a la UCR no se dio en todos los distritos del país. Efectivamente, incluso con posterioridad a la renuncia de De la Rúa, el partido centenario logró contener parte de la fuga de votos en Santa Fe, Entre Ríos y Mendoza y mantiene un número considerable de intendencias en el interior del país. La estrepitosa caída de votos en la Capital Federal es, en cierto sentido, una particularidad. Aunque en este estudio no se realicen comparaciones sistemáticas con otros distritos, sus resultados sin duda orientan posibles respuestas al interrogante de bajo qué condiciones la UCR continuó siendo un partido competitivo en ciertas capitales de provincia y otros distritos del interior.

Como dijimos antes, el objeto de investigación del presente trabajo puede definirse como el proceso de desvinculación de los electores de clases medias de la Unión Cívica Radical entre 1989 y 2003 en la Capital Federal. La desvinculación electoral debe entenderse, en primer lugar, como un proceso ya que no existe un corte preciso, un momento particular en el que pueda situarse la ruptura entre el partido y su electorado. La disolución del vínculo sólo es evidenciable a lo largo de un período más o menos extenso. Ni las trayectorias electorales ni la percepción de los votantes permiten establecer un momento preciso de la ruptura de una tradición política. Por esa misma razón, es imposible adjudicar la desvinculación de los electores a una política partidaria particular, a una línea interna o a un dirigente. Así y todo, el proceso de desvinculación no deja de ser evidente en nuestro caso: entre 1989 y 2003 la UCR perdió cerca del 90% de su electorado en la Capital Federal.

En segundo lugar, es necesario aclarar qué se entiende por desvinculación y qué sectores atraviesan ese proceso. Por ser operativa, la definición se refiere principalmente al retiro de los apoyos electorales: desvincularse de un partido implica, antes que nada, dejar de votarlo. Lo que interesa aquí es, entonces, un tipo particular de electores: aquéllos que mostraban un apoyo electoral continuo a la UCR; es decir: electores leales al partido. De manera tal que la definición no comprende a los votantes ocasionales, aquéllos que, en determinada coyuntura, hubieran optado por candidatos radicales, pero que no tuvieran una tradición electoral definida. Como se verá a lo largo de la trabajo, el voto regular a la UCR no era sólo una conducta repetitiva, sino que suponía un tipo de filiación ideológica y afectiva con el partido, que los teóricos de los estudios electorales denominaron *identificación partidaria* (Campell, 1960). El voto sostenido a la UCR era, en este sentido, producto de una identificación política, sustentada en un conjunto de representaciones (ideas, creencias y categorías de pensamiento) compartidas por los electores. Las mismas cumplían una función interpretativa del espacio político que orientaba la acción. Esto permite definir la desvinculación electoral como un proceso de disolución de la identificación partidaria que supuso un cambio en las representaciones, creencias y actitudes de los electores y, por lo tanto, en su conducta electoral.

En tercer lugar, el proceso de desvinculación se relaciona con un conjunto de electores socialmente situados y posicionados: son electores de clases medias de la Ciudad de Buenos Aires. El primer aspecto que cabe resaltar es el hecho de que, históricamente, la base social de votantes de la UCR estuvo compuesta principalmente por miembros de clase media, particularmente desde el ascenso del peronismo. Esto no implica negar el apoyo de sectores populares y altos, sino, simplemente que el partido cosechaba un considerable caudal de votos en las clases medias, como pusieron en evidencia distintos estudios sobre tema (Germani, 1980; Little, 1973; Schoultz, 1977; Cantón y Jorrat, 2007; Lupu y Stokes, 2009). Un segundo aspecto importante que hay que tener en cuenta es el hecho de que no son las clases sociales las que votan, sino, más bien, los individuos pertenecientes a las mismas. Por esto, no se puede personalizar a las clases sociales y dotarlas de intención utilizando expresiones como "la clase media votó" o "la clase media decidió", etc. Pero a pesar de que, tal como lo enunció tempranamente Weber, las clases no son entidades, lo cierto es que la pertenencia de los individuos a las mismas puede ejercer en determinadas condiciones una notable influencia en la acción política, particularmente en el voto. La relación entre la UCR y los electores de clase media supuso un conjunto de afinidades entre la representación partidaria y las posiciones sociales que, desde finales de la década de los cuarenta, se materializó en un conjunto de tradiciones, creencias y actitudes que siguió reproduciéndose hasta mediados de la década del noventa. Esta investigación abordará las identificaciones partidarias ya constituidas y el proceso de disolución de las mismas, dejando de lado su proceso de constitución. Sí se analizará, en cambio, cómo fue que este conjunto de visiones y divisiones del mundo social ligadas a una posición de clase promovió un tipo de posicionamiento político de los electores, así como las distintas relaciones que se establecieron entre la situación de clase y las elecciones políticas. También se dará cuenta de los cambios en la composición de las clases sociales y en las posiciones de los individuos que afectaron la participación partidaria.

2. Clases sociales, partidos y comportamiento electoral

La relación entre los grupos sociales –en particular entre las clases y los partidos políticos– ha sido extensamente abordada por las ciencias sociales. Las diferentes teorías sobre los vínculos entre los partidos y las clases orientaron innumerables trabajos empíricos sobre las distintas realidades nacionales, generando un cuerpo de estudios extenso y complejo sobre el tema.

En términos generales, gran parte de las controversias en torno a la especificidad de la relación entre las clases y los partidos se centró en la cuestión del condicionamiento de la estructura de clases sobre la organización y composición los partidos políticos, y el rol de los mismos frente a los intereses de clase. En unos de sus trabajos pioneros sobre el tema, Lipset afirmaba que los partidos representaban "la manifestación democrática de la lucha de clase" (Lipset, 1987:191[1959]). Desde esta perspectiva teórica, muy cercana al marxismo[1], los partidos representaban los intereses de las clases sociales de manera tal que las luchas dentro del sistema político entre partidos reproducían la lucha de clases. El caso particular del voto de sectores obreros a los partidos de izquierda se explicaba por una representación de los intereses de clase (mejoras salariales, seguridad en el trabajo, reconocimiento de estatus, etc.). Estos estudios le otorgaban a las clases sociales una intencionalidad política, soslayando el trabajo de construcción de grupos que realizan los propios partidos, estableciendo así una relación más o menos mecánica entre los sectores sociales y movilización política. Si bien amplió las líneas divisorias sobre las que se estructuran los procesos políticos, la teoría posterior de Lipset y Rokkan (1992 [1967]) sobre los clivajes continuó ofreciendo un esquema simple y unidimensional sobre los grupos sociales y su apoyo a los partidos.

Fueron los trabajos pioneros de Lazarsfeld, Berelson y Gaudet (1994 [1944]) los que plantearon, por primera vez, una relación menos mecánica entre las posiciones sociales y las elecciones políticas. Los trabajos de la llamada Escuela de Columbia dieron cuenta de los distintos procesos de activación, refuerzo y conversión de las identidades políticas y de su relación con el trabajo de movilización de los partidos. Aunque mantenía el supuesto del condicionamiento social por sobre las preferencias electorales,

---

1 Lipset calificó sus posturas teóricas como un "marxismo apolítico" (Lipset, 1987:373).

la investigación de Lazarsfeld distinguió, por un lado, las predisposiciones políticas externas (posición socioeconómica, creencias religiosas, tradición familiar) y las predisposiciones internas (esquemas de ideas y valores, lealtades y sentimientos) que condicionaban el apoyo político. De manera que el cuadro de relaciones para caracterizar el vínculo entre un grupo y un partido se complejizó, dando lugar a reflexiones menos mecánicas y multidimensionales. Por otro lado, se prestó más atención al trabajo de activación que realizaban los partidos sobre las clases sociales o los grupos de pertenencia. En este sentido, el estudio señalaba que la propaganda partidaria (publicidad, discurso, plataformas) tendía a activar, reforzar y moldear las predisposiciones internas y actitudes políticas. El estudio de Lazarsfeld también fue pionero en indagar las condiciones de un electorado cambiante en sus preferencias partidarias. En este sentido, el estudio evidenció que los electores que cambiaban su voto y abandonaban su pertenencia partidaria mostraban, generalmente, un marcado desinterés por la propaganda política partidaria, que prestaban poca atención a los medios masivos de comunicación y que estaban sujetos a presiones contradictorias de distintos grupos sociales, lo que los condicionaba a tener ideas más "inconsistentes" sobre los procesos políticos.

Los estudios posteriores basados en la identificación partidaria y cultura política propusieron interpretaciones más complejas sobre las relaciones entre los grupos y las organizaciones políticas. Los modelos de identificación partidaria interpretaron las conductas electorales en función de la socialización familiar, la pertenencia a ciertos grupos y las percepciones sobre los candidatos. La investigación clásica de Campbell, Converse, Miller y Stokes: *The American Voter* de 1960 tomó ciertos elementos de las interpretaciones de los clivajes, pero las vinculó con las actitudes políticas de los electores. Para estos autores, las percepciones y evaluaciones de los votantes respecto a los actores políticos resultan determinantes a la hora de definir su voto.

En este sentido, pusieron en evidencia el rol de los "mapas cognitivos" que los electores utilizan para ubicarse en las coyunturas electorales. Los mapas cognitivos promueven percepciones y evaluaciones que orientan la conducta electoral (Campbell et al., 1960:42). A partir de los trabajos de la escuela de Michigan, distintos estudios comenzaron a destacar la importancia de las ideas y representaciones que tienen los votantes sobre el sistema político.

Desde una perspectiva que privilegiaba más los aspectos simbólicos que las posiciones estructurales, los estudios sobre "cultura política" dieron cuenta de la influencia que ejercen las "estructuras subjetivas de significación" sobre las conductas y los comportamientos políticos. Aldmond y Verba (1965) construyeron distintas tipologías de cultura política, teniendo en cuenta las orientaciones individuales frente al sistema político. Sin embargo, tal como sostuvieron Dowse y Hughes (1975), el enfoque basado en la cultura política de Almond subestima la importancia de las posiciones sociales en la configuración de la cultura política.

En Francia, los estudios de Michelat y Simon incorporaron la dimensión simbólica de los grupos, para comprender la relación entre las condiciones de clase y el apoyo político. Los trabajos de estos autores pusieron en evidencia el rol de las representaciones ligadas a ciertas condiciones de clase en el apoyo electoral y la movilización política de los grupos (Michelat y Simon, 1985). Estos primeros aportes de Michelat y Simon fueron posteriormente complementados por los trabajos de Bourdieu, Gaxie y Offerlé sobre la participación electoral.

En este trabajo utilizaremos los conceptos y modelos explicativos propuestos por Michelat y Simon, así como los aportes posteriores de Bourdieu (1998), Gaxie (1987) y Offerlé (2004), entre otros. Hemos elegido estas referencias teóricas por varias razones. En primer lugar, al plantear la existencia de sistemas simbólicos que actúan como "mediadores" de las posiciones de clase y las tomas de posición política, estos trabajos superaron las visiones más mecanicistas de la teoría de los clivajes. En segundo lugar, a diferencia de los estudios de cultura política, la teoría de los sistemas simbólicos no rechaza la noción de "clase social" como variable importante del comportamiento político, sino que incorpora las estructuras subjetivas como elementos principales, para comprender una determinada relación histórica entre un partido y un grupo de referencia. Por último, estos trabajos otorgaron un lugar central a los partidos políticos como constructores de representaciones comunes, incluidas las representaciones sobre las clases sociales.

2.1 Sistemas simbólicos, clase social y partido político

Según Michelat y Simon, los sistemas simbólicos pueden definirse como un sistema organizado de representaciones, de actitudes, normas y valoraciones (Michelat y Simon, 1985:32). Estas organizaciones simbólicas incluyen ciertas percepciones del universo político en sentido restringido (partidos, dirigentes, otros votantes, etc.), pero no se reducen a este ámbito. De hecho, suponen también un sistema relativamente estructurado de representaciones "del campo social, de convicciones y sentimientos relativos a lo legítimo e ilegítimo, a lo pensable y a lo impensable, a lo real y lo ilusorio e incluso a los problemas de destino y de existencia" (Michelat y Simon, 1985:32). Para los autores, las estructuras simbólicas, en gran medida implícitas, organizan percepciones, valoraciones, conductas y actitudes no sólo en la esfera doméstica, sino también sobre cuestiones entendidas como políticas en un momento dado.

Como se mencionó anteriormente, las teorías del comportamiento electoral y político que toman en cuenta la existencia de sistemas simbólicos sostienen que no es posible establecer una relación directa entre la pertenencia a una clase social y determinado apoyo político. En los casos en que, efectivamente, puede encontrarse una fuerte correlación entre la posición social y la filiación política, esto se explica, ante todo, por la mediación de las organizaciones simbólicas en la estructuración de las relaciones entre la condición objetiva y el comportamiento político. Por lo tanto, los elementos objetivos como la posición social "no intervienen en la determinación del comportamiento político más que cuando son percibidos y reinterpretados en función de los códigos simbólicos de origen sociocultural" (Michelat; Simon, 1985:35). Como sostiene Lagroye, el aspecto de estos trabajos que debe remarcarse es la idea de que la determinación no se ejerce de manera mecánica, ni siquiera cuando parece ser particularmente fuerte y explicativa (Lagroye, 1994:352).

Al situar los sistemas simbólicos como mediadores entre las posiciones sociales y las "elecciones" políticas, estos estudios otorgaron cierta autonomía relativa a las representaciones sociales con respecto a situaciones objetivas como la posición social y la representación partidaria. Es decir que los cambios en el espacio social no repercuten directamente en la transformación de los esquemas interpretativos, de manera tal que las organizaciones simbólicas mantienen cierta independencia respecto a la movilidad social. Esto puede llegar a explicar, sin duda, la persistencia de los apoyos políticos a partidos u organizaciones más allá del cambio en la situación clase. Por otro lado, las creencias y percepciones sobre un partido o sus dirigentes pueden mantenerse y resistir (relativamente) los cambios de programa o de posturas políticas llevados a cabo por las organizaciones partidarias. No hay, por lo tanto, una relación directa entre oferta y demanda de bienes políticos.

En necesario remarcar que los sistemas simbólicos tienen una génesis sociohistórica. La configuración de determinados esquemas de interpretación está ligada a la acción constante de organizaciones, redes, agentes colectivos (entre ellos los partidos) que mantienen y difunden discursos, teorías e interpretaciones sobre el mundo social y su composición. En este sentido, las diferentes luchas en el campo político dan origen a visiones y divisiones en el mundo social.[2] Los partidos políticos tienen, por lo tanto, un rol fundamental en la construcción de las categorías de percepción de los grupos.[3] Por otro lado, esos discursos sobre el mundo social son reelaborados, completados y transformados por los individuos concretos, que están situados en posiciones particulares dentro del espacio social y que tienen capacidades y recursos diversos. Los sistemas de percepción del mundo social y político de los grupos o de las clases son, por lo tanto, producto tanto de la lucha en el campo político y del trabajo de legitimación de las organizaciones partidarias como de los condicionamientos propios, ligados a una posición social y una experiencia individual.

Los estudios de Bourdieu sobre los modos de producción de las opiniones políticas completaron la teoría de los sistemas simbólicos de Michelat y Simon, dando cuenta de la dualidad de las organizaciones simbólicas.[4] Según Bourdieu, las organizaciones simbólicas que promueven tanto las elecciones políticas como las opiniones respecto a las problemáticas en un momento dado tienen su origen en el *ethos* de clase y en una axiomática política ligada a un partido o a una tradición política particular (Bourdieu, 1998:429). Es decir que las disposiciones políticas funcionan bajo un doble principio: están ligadas, por un lado, a un conjunto de representaciones relacionadas con la posición social y, por otro lado, a un conjunto de principios explícitamente políticos. En tanto categorías de evaluación, los sistemas simbólicos motorizan juicios sobre el campo político y sus integrantes en base a representaciones de clase (no necesariamente acordes a las posiciones objetivas) y a principios propiamente políticos partidarios, ligados

---

2   Retomaremos este punto en la definición del campo político.
3   Michel Offerlé indagó particularmente esta cuestión en la construcción histórica del electorado del Partido Socialista en Francia. Véase M. Offerlé (1988).
4   Véase particularmente el capítulo 8 de *La Distinción sobre Cultura y Política*, Bourdieu (1998).

al campo político y a las relaciones establecidas entre los partidos y sus bases de apoyo. *Ethos* de clase y axiomática política conforman los componentes centrales de los sistemas simbólicos mediante los cuales los agentes realizan sus elecciones, evaluaciones y articulan sus acciones sobre el mundo político. Según Bourdieu, las relaciones entre el *ethos* de clase y la axiomática política dependen de las condiciones particulares en que se desarrolla la vinculación entre un partido y su clientela. En algunos electorados es, básicamente, el *ethos* de clase lo que promueve y mantiene las adhesiones a un partido, mientras que, en otros casos, la cohesión se sostiene en un conjunto de valores y principios políticos comunes. En base al tipo de politización que realiza el partido y a las características de su base social podrán establecerse los distintos perfiles políticos de los electores (Bourdieu, 1998:444).

En síntesis, más que plantear una relación directa entre las posiciones sociales y el campo político, el conjunto de conceptos propuestos promueve la construcción de relaciones históricamente situadas e invita a indagar sobre las particularidades de los sistemas simbólicos en cada sociedad particular. En este sentido, el modelo teórico orienta y estructura la indagación empírica sin proponer resultados de antemano.

2.2 Campo político y axiomática política

Al igual que todo campo, el campo político también es un espacio de luchas, relativamente autónomo, donde los agentes compiten por la definición misma del campo. Los principales agentes del campo político son los partidos, que, por el hecho de ser organizaciones, también pueden ser entendidos como un subcampo con reglas propias, donde los dirigentes luchan por la definición misma del partido y por los puestos que provee, ya sean internos o externos. Como sostiene Bourdieu, "la lucha en el campo político es una lucha por la conservación o transformación de la visión y los principios de división del mundo social" (Bourdieu, 2001:76). Definir el campo político y sus agentes como un espacio de lucha implica otorgar a los profesionales políticos cierta autonomía respecto a los agentes exteriores al campo, en particular a las clases y los grupos. Las tomas de posición políticas por parte de los partidos y de sus dirigentes en un momento dado serán comprendidas en relación con sus competidores (internos o externos) más que como producto de las presiones externas al campo. En este sentido, el concepto de campo acentúa el aspecto relacional de la lucha política, de manera tal que las tomas de posición de los diferentes partidos estarán en gran parte determinadas por los posicionamientos del conjunto, y por toda la historia anterior de posicionamientos y de luchas mediante las cuales los partidos conquistaron ciertos lugares asociados a determinados valores y tradiciones. Sin duda, la historia de luchas anteriores está inscripta en toda la estructura del campo donde los partidos, en particular los más antiguos, se constituyeron como defensores de determinadas consignas, a las no pueden renunciar sin correr el riesgo de perder la clientela ligada a esa tradición particular.

Los partidos políticos, agentes principales del campo político, deben su fuerza al apoyo electoral que logran movilizar en su favor. Dicha movilización depende de la "eficacia simbólica" de los discursos que producen. En el campo político se producen "bienes políticos" para un conjunto de grupos e individuos ya estratificados socialmente. Los bienes políticos son productos simbólicos, ideas-fuerza, como dice Bourdieu, que se objetivan en programas, discursos, plataformas de gobierno etc., y que tienen como función principal operar como instrumentos de movilización de los grupos o de las clases que ya existen en estado objetivado. En este sentido, las bases sociales de los partidos sólo pueden mantener un apoyo duradero a la organización en la medida en que los sistemas simbólicos constituidos históricamente mantengan cierta afinidad con la oferta partidaria.

Los partidos que han tenido un largo desarrollo histórico y que, en términos de LaPalombara y Weiner, sobreviven a sus dirigentes, han ido constituyendo a lo largo de su existencia un conjunto de "fórmulas políticas", no necesariamente articuladas, a las que los líderes suelen recurrir para legitimarse. La reivindicación sucesiva de determinados valores y proclamas consolida un cuerpo de tradiciones y conforma una axiomática política en tanto conjunto de máximas y principios. Esos productos partidarios, a su vez, son incorporados, reformulados y reinterpretados por los grupos a los que están dirigidos. Si bien Offerlé (2004:116) advierte sobre los "usos" diversos que los adherentes pueden hacer de los productos partidarios, las clientelas duraderas como las que nos interesan aquí posiblemente manifiesten cierta homogeneidad respecto a los principios políticos que comparten.

Ahora bien, la constitución de una "axiomática política", entendida como un conjunto de valores y principios compartidos por un grupo, supone un trabajo de construcción de colectivos por parte de los partidos, una labor de socialización en el sentido weberiano que opera sobre las categorías de pensamiento y acción individual. Sin embargo, como mencionamos anteriormente, la oferta política de un partido está, a su vez, condicionada por las posiciones de sus competidores en el campo. En este sentido, la socialización política de una base social es una construcción basada, en parte, en las diferencias, distinciones y oposiciones que se establecen entre un partido y sus principales opositores. Mostrarse reiteradamente como opositores a ciertas organizaciones políticas y atribuir a esas organizaciones ciertas clasificaciones contrarias a las suyas propias es la manera en que los partidos construyen indirectamente su propia clientela. El discurso político tiene una particularidad: está dirigido tanto a los competidores como a los agentes que busca movilizar. Es de esta manera que las organizaciones políticas se van forjando un lugar de reconocimiento ligado a ciertas consignas y valores reconocidos tanto por los otros partidos como por sus bases de apoyo. La propia competencia es la que refuerza los lugares de reconocimiento, porque, al ser confrontados y clasificados por otros partidos, los dirigentes y adherentes de una organización pueden, en definitiva, reconocerse como una unidad. El riesgo que implican las alianzas, los acuerdos y los acercamientos para los partidos es el peligro de que las bases dejen de reconocerse en la nueva imagen que promueve la organización; en otras palabras: el riesgo de perder el "crédito político" conquistado con anterioridad.

La noción de "campo político" acentúa entonces el aspecto relacional de la lucha política y la manera en que los partidos conquistan ciertas posiciones ligadas a una axiomática política particular. Las bases de apoyo duradero son producto, en parte, de un proceso de socialización política basado en la imposición de esquemas comunes de evaluación del mundo político. Cualquier cambio de las posiciones políticas en el campo político, así como en los valores y los grupos reivindicados por los partidos eventualmente puede hacer que la clientela se desvincule o se desmovilice.

2.3 Clases sociales, *ethos* y política

Bourdieu define el espacio social como un espacio de relaciones en donde los agentes y grupos se posicionan en base a los distintos recursos que poseen, que son, básicamente, el capital económico y el capital cultural. Sobre la base de este espacio, vamos a definir a las clases como un conjunto de agentes que ocupan posiciones semejantes y que, por lo tanto, tienen probabilidades de tener disposiciones e intereses semejantes. La clase social es, en este sentido, una *clase teórica*; es decir: una construcción analítica, aunque, como afirma Bourdieu, fundada en la realidad de un espacio en donde los recursos están desigualmente distribuidos y dotan a sus poseedores de posibilidades de acción también desiguales (Bourdieu, 2000:100).

Las posiciones ocupadas en el espacio social y los efectos propios de las trayectorias confieren a los agentes unos conjuntos de visiones y apreciaciones del mundo social similares. En tanto disposiciones adquiridas producto de los condicionamientos ligados a una posición, los *habitus* funcionan como guías para la acción y como elementos decodificadores del mundo social. Lo que, siguiendo a Bourdieu, podemos denominar *habitus de clase* supone un conjunto de disposiciones relativamente homogéneas, susceptibles de generar comportamientos comunes, directamente supeditados a la posición y a la trayectoria social. Si bien la génesis o conformación del *habitus* de clase está ligada a la incorporación de estructuras sociales, y dado que el cambio de las posiciones supone una transformación de los esquemas interpretativos, el *habitus* cumple más que un mero rol reproductivo: el *habitus* de clase conforma, a su vez, un *ethos* particular, un sistema más o menos coherente de disposiciones que funcionan como condicionantes de prácticas, visiones y representaciones del mundo social. Como señala Bourdieu, los agentes desigualmente situados en el espacio social realizan constantemente un "trabajo de apropiación" del mundo social y de sus productos, que supone una labor de desciframiento de los discursos y los bienes que circulan, entre ellos los políticos (Bourdieu, 1998:98).

La relación más o menos directa entre las condiciones de clase y el apoyo político recurrente a un partido se establece por medio del *ethos* de clase, que, en tanto sistemas de representaciones producto de la experiencia social ligada a una posición y a la trayectoria, funciona como mediador entre la "oferta política" y las condiciones objetivas de existencia. La interdependencia del *ethos* de clase permite entender, tal como afirma Bourdieu, las afinidades entre las posiciones económicas y las disposiciones políticas. El *ethos* de clase puede ser definido como "un conjunto sistemático de disposiciones con dimensión ética", es decir ligado a determinados valores, que orienta las prácticas y promueve determinados juicios sobre personas, bienes, acciones y situaciones (Bourdieu, 1990:154). Ahora bien, los cambios en las posiciones ocupadas en el espacio social pueden operar reformulando el *ethos* de clase y, por lo tanto, motivar un cambio en las disposiciones y evaluaciones del mundo social y político. En este sentido, la reformulación del *ethos* de clase puede traer aparejado una desvinculación de las organizaciones políticas, en la medida en que la oferta partidaria queda desfasada con respecto a las nuevas disposiciones.

El *ethos* de clase es, en el sentido de Michelat y Simon, un sistema simbólico que promueve las prácticas y las evaluaciones sobre el campo político, y que guarda una relativa independencia con respecto a las posiciones económicas objetivas. Al promover percepciones sobre los dirigentes y partidos, el *ethos* establece afinidades entre la oferta política y las posiciones en el espacio social. Los partidos operan unificando ideológicamente esas representaciones y promoviendo acciones comunes. La solidez y unidad de la base social de apoyo dependerá tanto del trabajo de interpelación partidaria como de las afinidades propias establecidas por el *ethos* de clase. Ahora bien, debe remarcarse el hecho de que esas afinidades y relaciones entre el *ethos* de clase y la oferta política tienen particular importancia en las coyunturas formativas de los partidos y sus clientelas. En el caso de partidos organizados con apoyos estables, las relaciones se establecen más por un conjunto de tradiciones, valores y sentimientos de identificación que por las afinidades entre el *ethos* de clase y los intereses asociados a un partido.

3. Principales contribuciones contemporáneas a la desvinculación de las clases de los partidos

La desarticulación de las bases de apoyo de los partidos tradicionales no es un fenómeno exclusivo de la Argentina. En diversos países de Europa, la desvinculación de las clases sociales de los partidos ha suscitado intensos debates académicos y políticos. La clasificación de Evans (2003:405-406) permite caracterizar las diferentes explicaciones que dieron cuenta del *desalineamiento* de los clivajes sociales.

La primera causa del desalineamiento de las clases y los partidos suele buscarse en la *movilidad social*. En este sentido, suele sostenerse que el ascenso o el descenso social debilitaron las identidades de clase. Este argumento ha sido abordado en las investigaciones que dan cuenta del cambio electoral de los sectores obreros que ascendieron socialmente, abandonado su previo apoyo a los partidos de izquierda (Goldthorpe et al., 1968; Clark y Lipset, 1991).

En segundo lugar, la desvinculación suele explicarse por los procesos de *fragmentación y diferenciación social,* producto de los cambios en la organización del trabajo. Según esta perspectiva, las organizaciones políticas y sindicales se han mostrado incapaces de conservar a sus antiguas colectividades y de responder al número creciente de sus demandas. En este sentido, se sostiene que la segmentación de los mercados de trabajo, la inestabilidad laboral y la desocupación tornaron mucho más heterogéneos a los grupos sociales y debilitaron las estructuras de clase (Clark y Navarro, 2007; Clark y Lipset, 1991; Clark, Lipset y Rempel, 1993).

Otros estudios se han enfocado en la creciente importancia que fueron cobrando los valores *postmaterialistas* dentro del electorado, y en el surgimiento de *nuevos partidos* que promueven políticas tales como la defensa del medio ambiente o el reconocimiento de minorías, no basadas en los conflictos distributivos clásicos (Inglehart, 1998). Por su parte, Waal, Achterberg, Houtman (2007) propusieron que el cambio en el comportamiento electoral de las clases se debe menos a la "desaparición de las clases" que al creciente peso de las variables culturales, atribuyendo particular importancia a la distribución del capital cultural en la decisión electoral. Esta nueva línea de trabajos retoma un conjunto de estudios clásicos que sostenía que, debido al aumento de los niveles educativos y de la cantidad de información disponible, los electores comienzan a tomar decisiones de forma cada vez más independiente respecto de sus posiciones de clase (Nie, 1976). Por último, un conjunto de estudios sostienen que las sociedades modernas se organizan a través de una multiplicidad de identidades, tales como las basadas en las orientaciones sexuales y en nuevos estilos de vida ligados al consumo, etnia, religión, etc. En este sentido, advierten que la identidad fundada en la clase social compite en la actualidad con otras formas de identificaciones que tienden a debilitar la anterior unidad política de las clases (Beck, 1997; Weakliem, 2001; Manza y Brooks, 2003).

En cuarto lugar, se ha señalado a la *disminución de la clase obrera* y la adaptación de los programas de los partidos de izquierda a las demandas e intereses de las clases medias como responsables de este desalineamiento partidario. Siguiendo un razonamiento similar, Przeworski y Sprague sostienen que los partidos tradicionales dejaron de interpelar a sectores sociales definidos, en busca de ampliar sus bases de apoyo electoral (Przeworski y Sprague, 1986).

Como puede observarse a partir del acotado resumen anterior, si bien el desalineamiento de las clases de los partidos y la pérdida de bases electorales fieles es un fenómeno reconocido en los principales países desarrollados, las explicaciones difieren bastante en lo que respecta al origen y desarrollo de ese proceso. Posiblemente, más que buscar una respuesta única y más o menos universal a estos cambios, deberíamos partir de que las explicaciones anteriores resultan más o menos adecuadas a cada tipo de sociedad e interrogarnos sobre qué transformaciones operaron en el caso de la UCR y sus votantes fieles de clases medias. Pero, antes de plantear esos interrogantes, es necesario retomar algunos antecedentes sobre los cambios de los partidos.

En lo que respecta a la transformación organizativa de los partidos, la mayoría de los especialistas coincide en que el ocaso de los partidos de masas (Duverger, 1957) y el surgimiento de partidos *catch all* (Kirchheimer, 1974) o profesionales electorales (Panebianco, 1982) han sido algunos de los principales cambios que han tenido lugar en el siglo XX. El paso del partido de masas al *catch all* supuso la aparición de algunas tendencias que es necesario retomar. Por un lado, los programas y discursos partidarios perdieron matices ideológicos y se volcaron al "centro"; las interpelaciones a la etnia, la religión o la clase pasaron a ser menos importantes; se rompieron los vínculos fuertes de los partidos con los afiliados y simpatizantes; y, por último, se debilitó la "representación de intereses". Los nuevos partidos profesionales pasaron a adoptar estrategias de "mercado", en la esperanza de aumentar su caudal de votos y de lograr identificaciones a corto plazo. Los temas políticos pasan a ser considerados como mercancía a la venta y la manera en que se los presenta es tan o más importante que su contenido en sí. Las campañas a su vez se profesionalizan y se concentran en mejorar la credibilidad y la imagen de los candidatos, lo que permite hablar de una "personalización" de los partidos. Los partidos adoptan posiciones más de centro, más moderadas, y más parecidas entre sí (Puhle, 2007:84). Por otro lado, los partidos de comienzos del siglo XXI abandonan algunas funciones de profesionales electorales para convertirse en agencias profesionales débilmente cohesionadas, más profesionalizadas, con un papel más centralizador de las elites, tal como lo sugiere Puhle (2007:95). Katz y Mair (1995) han propuesto un nuevo modelo, el *partido cartel*. La hipótesis de Katz y Mair es que las organizaciones partidarias han dejado de mediar las relaciones entre sociedad y Estado, para convertirse en parte misma del Estado.

En el caso de la Argentina, diferentes estudios dieron cuenta de cambios análogos en el sistema de partidos y en los sectores sociales durante la década del noventa. Sin embargo, todavía no se han realizado estudios sobre el cambio particular que se ha dado en la relación entre la UCR y las clases medias. Si bien existe una importante literatura que vincula el apoyo de estos sectores al radicalismo, pocos trabajos se han interesado en los cambios que se han operado en la relación entre el partido y sus bases de apoyo. A diferencia de los vínculos entre los sectores populares y el peronismo, las relaciones entre las clases medias y el radicalismo prácticamente no fueron abordadas por la literatura académica.

En lo que respecta a los cambios de los sectores medios, diversos autores señalaron un proceso empobrecimiento y diferenciación (Minujin-Kessler, 1994; Kessler, 2000; Beccaria, 2002; Minujin-Anguita, 2004). El conjunto de estos trabajos afirma que los sectores medios sufrieron un proceso de polarización, producto de la aplicación de las políticas neoliberales durante el menemismo. Mientras que una pequeña parte pudo mejorar sus ingresos por medio del ejercicio de ocupaciones sumamente calificadas, la mayoría sufrió un importante empobrecimiento. La disminución de los ingresos y la desocupación fueron dos de los factores que más favorecieron la caída de los sectores medios en la pobreza. Por otro lado, las transformaciones operadas en el mundo profesional contribuyeron a redefinir los estilos de vida y las formas de sociabilidad de las clases medias (Svampa, 2001; Arizaga, 2005). Desde otra óptica, algunos trabajos destacaron los cambios en las identidades culturales, el consumo y las formas de percepción de los sectores medios (Sautu, 2001; Wortman, 2003, 2007). Sin embargo, todavía no se ha analizado el impacto que han tenido estas transformaciones en las prácticas políticas de las clases medias. En este trabajo se buscará relacionar algunas de estas transformaciones con la desvinculación de las clases medias de la UCR.

En lo referente a los cambios en la representación del sistema de partidos en la Argentina, un conjunto de estudios destacó las mutaciones ideológicas del peronismo (Yannuzzi, 1995) y los nuevos estilos de representación (Novaro, 1994; Palermo y Novaro, 1996). En lo que respecta a la representación política, Novaro (2000) sostuvo que las democracias contemporáneas asisten a un cambio en el formato representativo, en el cual la constitución de identidades se realiza por escenificación y es canalizada por líderes personalistas (Novaro, 2000:79). Continuando el debate sobre la crisis o metamorfosis de la representación política, algunos trabajos destacaron la "crisis de representatividad" que supone la pérdida de legitimidad del lazo representativo (Rinesi y Vommaro, 2007) y la conformación de nuevos formatos representativos a partir del debilitamiento de las identidades partidarias y el desarrollo de una nueva ciudadanía que se expresa en los sondeos de opinión y en las urnas (Cheresky y Blanquer, 2003; Pousadela, 2004). En este estudio no se aborda centralmente el problema de la representación política, pero sí un rasgo particular de la misma: la identificación política partidaria con el radicalismo y su transformación. Se buscará contribuir a esta línea de investigación a partir del estudio de caso y aportar nuevos datos y análisis a los estudios sobre representación política. El escenario político de la Ciudad de Buenos Aires ha sido descripto como uno de los más modernos y fluctuantes del país, en el cual las identidades políticas se "descongelaron" y donde la ciudadanía manifiesta un comportamiento electoral variable (Novaro, 1998; Mauro, 2007, 2011). Nuestra indagación sobre el cambio electoral de los votantes fieles a la UCR sin dudas representa la antesala de este proceso de cambio general de la ciudadanía porteña y de la mutación del formato representativo.

Por otro lado, desde una perspectiva sociológica, Sidicaro (2003, 2008) analizó la pérdida de legitimidad de los partidos políticos y de las burocracias estatales desde la recuperación democrática. La matriz explicativa propuesta sostiene que la legitimidad de los partidos se vio deteriorada por el debilitamiento de los tejidos sociales y la creciente diferenciación social ligada a los procesos de globalización. Recuperamos particularmente esta propuesta en el primer capítulo, adaptando la interpretación al caso de las clases medias y la UCR.

En lo que respecta a las identidades políticas, Aboy Carlés (2001) analizó las transformaciones del peronismo y del radicalismo, aunque no abordó directamente la relación entre la transformación de las identidades y el voto. En este sentido, si bien recuperamos el concepto sobre las condiciones y características de la identificación partidaria, este trabajo relaciona las particularidades propias de los electores y los cambios en sus prácticas políticas en relación con la pertenencia a la clase social.

En el caso de la UCR, diferentes estudios señalaron la crisis interna y la pérdida de representatividad del partido, dando cuenta de la concentración del poder interno, y la toma de decisiones de forma corporativa (Malamud, 1994, 1997; Acuña, 1998; Pucciarelli, 2002). Retomaremos estos elementos señalados para comprender las transformaciones de la conducta electoral de los votantes fieles a la UCR, particularmente la idea de desfasaje que propone Malamud (1994). En este sentido, el autor sostiene que la crisis de la UCR debe comprenderse a partir de "una deficiente adaptación operativa" a los cambios sociales que tuvieron lugar en la década de los noventa. La propuesta de Malamud lleva entonces a relacionar los cambios sociales y las transformaciones organizativas del partido. Seguiremos particularmente esta línea de indagación.

4. Aclaraciones epistemológicas y metodológicas

Antes de describir las distintas operaciones empíricas (relevamiento de datos estadísticos, trabajo con archivos periódicos, entrevistas y encuestas) llevadas adelante y los tipos de *constructos* realizados a partir de los datos relevados (cuadros, tablas, descripciones y relatos seleccionados), resulta necesario reflexionar brevemente sobre la relación establecida entre los conceptos, las descripciones y la interpretación; es decir: sobre los puntos de partida epistemológicos que guiaron el trabajo de indagación.

La construcción de todas las descripciones realizadas en este trabajo –desde la guía de entrevistas hasta la selección de indicadores de clase– estuvo guiada teóricamente. En ese sentido, se partió del supuesto weberiano de la imposibilidad, e incluso del sinsentido, de una descripción o selección de datos sin presupuestos teórico-conceptuales (Weber, 2001:67). Ahora bien, el cuadro conceptual detallado anteriormente no sólo operó como guía de indagación empírica, sino también como exclusión de otros abordajes teórico-empíricos, limitando el análisis. En este trabajo de investigación se ha dejado de lado una cantidad considerable de temas asociados a los cambios de la "política" en las últimas décadas, como, por ejemplo, los relacionados con la "videopolítica", los medios de comunicación y los cambios en la ciudadanía en general. Se ha optado por un abordaje sistemático y acotado a una serie de elementos que resultan *significativos* en el sentido weberiano, a partir del conocimiento teórico y empírico disponible.

¿Cuál es la relación establecida entre los conceptos teóricos, la descripción de los datos, el conocimiento producido y la interpretación sociológica? En primer lugar, los conceptos detallados orientaron la búsqueda de diversos tipos de información sobre el mundo empírico, tales como las características de las categorías socioprofesionales asociadas a la clase social, las opiniones sobre los partidos de un conjunto de electores de la UCR y los discursos partidarios en campañas electorales. En términos generales, esta información, que opera como enunciados de base, resulta verificable y responde a los parámetros lógicos de enunciados descriptivos. En segundo lugar, ese conjunto de información produce distintos tipos de conocimiento a partir de su reprocesamiento conceptual, en la medida en que esos enunciados descriptivos se operacionalizan teóricamente. Por ejemplo: cuando, a partir de los cambios en el conjunto de categorías profesionales, se infiere una transformación en la situación de las clases medias de la Ciudad de Buenos Aires. En tercer lugar, el conjunto de conocimientos logrados a partir de las informaciones y reconceptualizaciones de las mismas habilita distintos niveles de interpretaciones.[5] A los largo de los capítulos y de cada uno de los apartados se reproduce esta dialéctica entre los conceptos guía, la información empírica, el procesamiento conceptual y la interpretación sociológica. Esta investigación busca interpretar conceptualmente los cambios en el comportamiento electoral de los votantes radicales a partir de un conocimiento fundado empíricamente.

4.1 El abordaje de la clase

Recuperando la noción de "morfología social" de Halbwachs (1944, 1964) y Bourdieu (1998), nos concentraremos en las partes constitutivas de las clases medias, sus características y su transformación. El concepto de morfología tiene la virtud de resaltar la idea de partes y componentes de los grupos, así como la extensión y la conformación que adquieren. En su primera acepción durkheimiana, el estudio de la morfología social hacía referencia al sustrato material de los grupos, a su homogeneidad y cohesión.[6] En las investigaciones contemporáneas, el concepto se refiere a

---

5 Para el conjunto de estos puntos de partida epistemológicos nos basamos en Passeron (2011).

6 Para analizar la evolución de concepto de morfología social, véase Martínez y López (2002).

la composición y extensión de los grupos o fracciones que componen una clase.[7]. En este sentido, es particularmente útil para aprehender el cambio social a lo largo de un período determinado, en la medida en que señala la reconfiguración de los sectores que componen una clase construida teóricamente[8] Para definir a las clases medias pertiremos de la noción de "espacio social", a partir del cual pueden recortarse las clases, sin que esto implique la existencia de clases actuantes o movilizadas. El espacio social es definido como un espacio de relaciones donde los agentes y grupos se posicionan en base a los distintos recursos que poseen, principalmente el capital económico y el capital cultural (Bourdieu, 1998). Sobre la base de este espacio, definiremos a las clases medias como un conjunto de agentes que ocupan posiciones semejantes y, por lo tanto, tienen probabilidades de tener disposiciones e intereses semejantes, en base a los recursos económicos y culturales de que disponen. El conjunto de indicadores que tomaremos para establecer el tipo y volumen de recursos (capitales) de las clases medias serán, principalmente, la ocupación, los títulos educativos y los ingresos. Siguiendo a Bourdieu (1998:119), definimos a las clases medias a partir de una estructura en quiasma, compuesta por técnicos y profesionales poseedores básicamente de capital cultural (diplomas, conocimientos adquiridos, saberes especializados), y por pequeños patrones de la industria y el comercio, en tanto poseedores de capital económico (talleres, locales, bienes de capital). Así, el análisis se

---

[7] Seguimos particularmente la utilización del concepto de "morfología" que realiza Bourdieu en el Capítulo 2 de *La Distinción*. Si bien, comúnmente, se destaca el acento en la reproducción social en la obra de Bourdieu, es necesario remarcar la caracterización del cambio de las clases que realiza el autor, particularmente a través de la noción de morfología social.

[8] Seguimos la definición de "clase teórica" propuesta por Bourdieu (2000).

concentrará en tres fracciones de las clases medias: comerciantes, pequeños industriales, y profesionales, particularmente del sector de servicios.[9]

El espacio económico de la Ciudad de Buenos Aires tiene ciertas particularidades que favorecen este recorte. En primer lugar, en tanto centro comercial del país, tiene una importante concentración de bocas de expendio comercial, entre las que se destacan las pertenecientes al comercio minorista. En segundo lugar, la restricción espacial favorece el desarrollo de la pequeña industria, ya que la mayoría de los grandes establecimientos industriales están ubicados en los partidos aledaños a la Capital Federal. En tercer lugar, los sectores de servicios tienen un peso extraordinario en la estructura económica de la Ciudad y es el ámbito principal donde se desempeñan los profesionales universitarios.

En este trabajo se utilizan, principalmente, datos secundarios provenientes de la Dirección General de Estadística y Censos del Gobierno de la Ciudad de Buenos Aires (DGEyC). Dichos datos se originaron en diversos relevamientos realizados por la DGEyC, conjuntamente con el INDEC y la CEPAL. Los relevamientos más importantes, y de los cuales se ha extraído diversa información, son: Censos Nacionales, Encuesta Anual de Hogares (EAH), Encuesta Permanente de Hogares (EPH), Encuesta de Indicadores Laborales (EIL), Encuesta Industrial Anual (EIA) y Encuesta de Consumo Cultural (ECC). La información estadística proveniente de estas mediciones se materializa en un conjunto diverso de publicaciones de la DGEyC, disponibles tanto en soporte escrito como electrónico. Las principales

---

[9] Es necesario aclarar que "pequeños comerciantes", "industriales medios" y "técnicos y profesionales" son las categorías generales que comúnmente reconocen los estudios de estratificación como los componentes centrales de las clases medias en sociedades diferenciadas. Las diferencias entre los investigadores se sitúan en las maneras de reconfigurar estas categorías; por ejemplo, según su autonomía (independientes-dependientes), los sectores de pertenencia (público-privado), el lugar de desarrollo (campo-ciudad), formas de producción (tradicionales-modernas), y en las maneras de desagregar las distintas categorías.

publicaciones utilizadas fueron: *Anuario Estadístico* de la Ciudad de Buenos Aires, *Revista Población* de la Dirección General de Estadística y Censos de la Ciudad de Buenos Aires, *Cuadernos de Trabajo del CEDEM*, *Revista Coyuntura Económica*, Informes de Resultados de EPH y EAH.

Para caracterizar el cambio en la morfología de las clases medias se ha seleccionado una serie de categorías estadísticas: Condición de Actividad, Ocupación y Rama de Actividad. Si bien la utilización de este tipo de información es usual en investigaciones de ciencias sociales, particularmente en aquéllas centradas en análisis de estructura social, resulta necesario reflexionar sobre dos aspectos centrales de la utilización de información estadística para describir cambios en la estructura social: por un lado, la adecuación entre las categorías estadísticas y, por otro, los conceptos utilizados, y las características y límites de la información.

En lo que se refiere a la adecuación conceptual, las mediciones utilizadas se ajustan a la noción morfológica de las clases medias. Como se mencionó anteriormente, este concepto hace referencia a las partes constitutivas de grupos abstractos construidos teóricamente y tiene, básicamente, una propiedad descriptiva. De esta manera, no señala directamente relaciones con otros grupos o clases, ni establece comportamientos o acciones (de clase). Como indicadores de morfología de las clases medias se utilizan algunas ramas de actividad (Industria, Comercio, Servicios de diverso tipo, etc.). Estas clasificaciones comprenden los principales sectores de la economía, y las diferentes mediciones tienden a reflejar su evolución en un período de tiempo seleccionado. En este sentido, dichas mediciones captan directamente un conjunto de características de las actividades productivas de los individuos. Reconvertir la información sobre la evolución de las ramas de actividad en indicadores de morfología implica operar en dos sentidos. Por un lado, se seleccionan ciertas actividades en función de la conceptualización teórica; en este caso: sectores industriales, comerciantes y profesionales empleados en los servicios, dejando de lado otros sectores no incluidos en la definición. Por otro lado, se produce necesariamente una inferencia que liga la información estadística al esquema conceptual. En este sentido, si bien las variaciones por rama de actividad no agotan los cambios en las clases, sí ofrecen un importante indicio de su transformación morfológica.

Respecto a la validez de inferencia, la misma está dada por las características y los límites propios de las mediciones utilizadas. La clasificación de actividades de los relevamientos de la DGEyC se corresponde en el Clasificador de Actividades Económicas (ClaNAE) que está basado en el Clasificador Industrial Internacional Uniforme (CIIU), recomendado por Naciones Unidas. La clasificación no se basa en la ocupación ni en el tipo de producto, sino en la actividad. Las unidades de clasificación son los establecimientos, que pueden ser fábricas, talleres, comercios, oficinas, etc. A su vez, la clasificación de cada establecimiento se realiza en función del tipo de producto que se fabrica, se comercia, o del servicio que se presta. Cuando la clasificación por Rama de Actividad expresa el Producto Bruto Geográfico (PBG)[10], así como la cantidad de empleo generado por las distintas subramas en un período considerado, accedemos a una importante información sobre la riqueza producida, el tamaño de los establecimientos y el desarrollo o retracción de distintos sectores. Como sostiene Torrado, la clasificación de actividades "posee el mérito indiscutible de permitir una buena descripción de los sectores más significativos de la estructura productiva y, por lo tanto, permite demarcar ciertas diferencias *internas* de clases sociales (por ejemplo, en términos de fracciones de clase, del tipo burguesía agraria, industrial, comercial, etc.)" (Torrado,

---

[10] La estimación del Producto Bruto Interno (PBI) se realiza mediante la suma de los valores agregados por las diferentes unidades productivas en el país. El Producto Bruto Geográfico es una medición acotada a una región particular que toma el valor agregado por establecimiento o locales y no por empresas. Posteriormente se desagregan los distintos valores en base a la actividad económica.

2006:178). En este trabajo se utilizan estas mediciones sólo como descripciones aproximativas de los cambios operados en los sectores internos de las clases medias definidas anteriormente. Como también ha manifestado Torrado (2006: 200), los límites de las mediciones basadas en la clasificación de actividades están dados por la falta de información de los empleadores y por la dificultad de acceder a datos con mayor nivel de desagregación. En ese sentido, no se establecen inferencias sobre la concentración de la riqueza o la propiedad, tan importantes para los análisis de clases, debido a la falta de información sobre los individuos. Por otro lado, se intenta presentar las mediciones con el mayor nivel de desglose posible, en base a la información disponible. Para cubrir las limitaciones propias de datos tan descriptivos se han utilizado otros indicadores (ingresos, ocupación, lugar de residencia, género, nivel educativo, consumos de diverso tipo, usos del tiempo libre, etc.), como también datos y análisis de otras investigaciones. Así, a lo largo de la exposición se busca tanto desagregar la información como cruzarla con otras fuentes, para captar el cambio social de las clases medias en toda su complejidad.

Sin duda, estas fuentes resultan insuficientes para un análisis cabal de clase. Lo más pertinente hubiera sido realizar una encuesta a partir de la cual se hubieran podido realizar correspondencias. La restricción principal estuvo dada por los costos de una medición aplicada a la Ciudad, y también por los límites propios de tal medición, particularmente en lo referente a cambios a largo plazo en la situación de clase, apreciables directamente en las mediciones por Actividades, ya que las mismas se realizan anualmente. Por otro lado, fueron muy pocos los datos de consultoría de mercado a los que pudimos acceder, y éstos son sumamente parcelarios como para realizar alguna inferencia. Una última opción descartada fue la de realizar una síntesis teórico-empírica sobre los cambios en las clases durante las últimas décadas, a partir de la extensa bibliografía nacional e internacional sobre el fenómeno, que hubiera supuesto una imputación más o menos directa sobre los cambios en la Ciudad. En este caso, se decidió trabajar con datos empíricos y realizar las imputaciones fundadas en los mismos, pese a sus límites.

4.2 La caracterización de los votantes y los sistemas interpretativos

La noción de esquemas interpretativos hace referencia a un conjunto de categorías de percepciones, disposiciones y creencias de los votantes respecto a los partidos. El presupuesto teórico del que partimos supone que la acción social del voto está orientada por los esquemas interpretativos que los votantes ponen en juego a la hora de evaluar y decodificar el espacio político. Para describir y caracterizar los sistemas interpretativos de los votantes radicales, seleccionamos un conjunto particular de individuos, cuyas características principales son haber apoyado electoralmente a la UCR de forma recurrente y pertenecer a las clases medias. Una primera forma de selección fue el voto reiterado a la UCR en todas las elecciones presidenciales entre 1983 y 1999. Este criterio también posibilitó incorporar votantes que apoyaron al partido en 1973 y en 2003. De esta forma, el grupo de individuos considerados se caracteriza por ser electores fieles al partido. Algunos de estos electores están afiliados al partido y participaron en elecciones internas, pero no tienen otro compromiso más que la afiliación. El vínculo con el partido que se buscó privilegiar es únicamente el relacionado con el apoyo electoral continuo. En este sentido, se ha excluido de la muestra a dirigentes partidarios, militantes o afiliados con cargos en comités. Es decir que no se consideraron individuos que participen o hayan participado activamente en alguna instancia partidaria. En lo que respecta a sus características socioprofesionales, los entrevistados son, en su mayoría, comerciantes, pequeños empresarios, profesionales y técnicos. Para caracterizar los cambios en los sistemas interpretativos de los votantes radicales, consideramos a un segundo grupo de votantes que, si bien votaron al partido en la década de los ochenta, o antes, comenzaron a retirarle su apoyo a partir de 1989 y hasta 2003. Los criterios de selección política y social fueron los mismos que se aplicaron al primer grupo, pero en este caso seleccionamos individuos que se hayan desvinculado electoralmente del partido a partir de 1989. Gran parte de las interpretaciones sobre el cambio en los sistemas interpretativos y la conducta electoral de los votantes se desprenden de una comparación sistemática de ambos grupos.

En términos generales, la mayoría de los entrevistados se mostraron dispuestos a hablar de sus trayectorias electorales, de la identificación política de su familia y a dar cuenta de sus opiniones sobre dirigentes y partidos. Gran parte del entusiasmo de los entrevistados tenía que ver con el gran interés que manifestaban por los temas políticos, y con el hecho de estar convencidos de que sus opiniones eran importantes y de que tenían algo significativo para decir. Sin duda, el interés por los temas políticos y la predisposición a opinar sobre la política de los entrevistados están ligados a su posición social y a sus niveles educativos. Incluso los más disconformes con el rendimiento partidario de la UCR y los más críticos respecto a los dirigentes se mostraron, de todas formas, interesados en los temas políticos. Por otro lado, la mayoría de los entrevistados no tuvo problemas a la hora de recordar su trayectoria electoral en elecciones presidenciales o rememorar la vivencia de hechos políticos importantes. Posiblemente, el interés manifiesto por las cuestiones políticas partidarias y la predisposición a opinar y hablar de política en general expliquen la buena memoria de los votantes. Las pocas imprecisiones a la hora de recordar la trayectoria electoral surgieron a la hora de evocar los períodos de convulsión política como 2001-2003.

La primera tarea metodológica efectuada a partir de los resultados de las entrevistas, fue una caracterización ideal-típica de las categorías, ideas y creencias de los electores radicales. Para cumplir este objetivo se sistematizaron los valores e ideas asociados al partido y a sus dirigentes, las caracterizaciones del peronismo y sus votantes, la identificación política familiar y las evaluaciones sobre algunos hechos históricos considerados trascendentes, tales como el 17 de octubre, el ascenso del peronismo, los derechos laborales conquistados a partir de 1945, la recuperación democrática, el triunfo de Alfonsín, el juicio a la juntas militares, la hiperinflación de 1989 y las privatizaciones y reformas del Estado implementadas por el menemismo, entre otros. Luego de construir una caracterización general de los electores radicales, procedimos a efectuar diferenciaciones según la posición social, la edad y la identificación política familiar. La segunda tarea metodológica fue una comparación sistemática de los electores fieles con aquéllos que abandonaron la tradición partidaria. En este sentido, se buscó captar los cambios en las ideas y categorías de quienes, por diferentes razones, dejaron de votar al partido. En la mayoría de los casos, el cambio de la conducta electoral estuvo asociado a transformaciones en los esquemas de percepción y evaluación de la política y de los partidos. Al mismo tiempo que las ideas y valores asociados a la UCR, y las visiones y creencias sobre el peronismo y sus votantes se iban transformando, la lealtad y la identificación partidaria de los votantes radicales se fue desvaneciendo.

Sólo una parte minoritaria (5 entrevistados) confesaba una pérdida considerable de identificación con el partido, aunque, de todas formas, continuaba apoyando a la UCR (votaron al partido hasta el 2003 y, posteriormente, 4 de ellos votaron al peronismo en las elecciones legislativas de 2005). En general, este grupo mostró una divergencia entre el cambio de percepción y la conducta electoral, que tendió a acomodarse con el tiempo. Es decir que se trató de un proceso de desvinculación retrasado. Posiblemente, este tipo de caso debe comprenderse a partir de la coyuntura electoral de 2003, y en función de las coyunturas electorales en general. Parte de la divergencia se explica por la consideración que tenían los votantes sobre la totalidad de la oferta de partidos. Cuando la oferta de nuevos partidos no logra atraer a electores desencantados, una parte opta por seguir votando por su tradición pese a estar disconforme. Otro conjunto de entrevistados (9 en total) mostraron una característica inversa: se reconocían como radicales, pero habían dejado de votar al partido desde 1995, en general, debido a su desacuerdo con los candidatos o con las políticas implementadas. Contra la propia definición de los votantes, los mismos han sido caracterizados como desvinculados de la UCR. La quita de apoyo electoral al partido y la evaluación crítica de sus dirigentes se consideraron elementos más importantes que la definición que hacían de sí mismos. Al igual que en la fábula de Molière, estos votantes perdieron afinidad con el partido, aunque continuaban autodefiniéndose como radicales.

En términos cuantitativos, se utilizaron 70 entrevistas a adherentes y afiliados de la UCR, concretadas en 2003, 2006 y 2009. Una base de 45 entrevistas fue realizada en el 2003, en la Capital Federal, por alumnos de la carrera de Sociología de la Universidad de Buenos Aires. Las 25 entrevistas restantes se realizaron en 2006 y 2009. La muestra de entrevistas se realizó al azar y por contactos de los mismos entrevistados (bola de nieve). Del total de entrevistas, 30 corresponden a electores fieles y 40, a electores desvinculados. En lo que respecta al género, 32 son mujeres y 38 varones. En el caso de la edad, 15 de los entrevistados eran mayores de 60 años en 2003, 33 tenían entre 59 y 45 años y 22 tenían menos de 45 años. En lo que respecta a los niveles educativos, 23 entrevistados tenían nivel universitario completo, 8 incompleto, 20 eran técnicos, profesores de nivel medio y maestros en su mayoría, mientras que 19 solamente tenían nivel medio completo. En términos socioprofesionales, 7 eran profesionales autónomos, 6 estaban en relación de dependencia (estatal o privada), 10 actuaban en ambas condiciones a la vez, 10 eran empleados (en su mayoría administrativos), 5 amas de casa, 17 eran comerciantes o pequeños empresarios, 13 eran jubilados y 2 estaban desempleados al momento de la entrevista.

Además de las entrevistas, se utilizaron otras fuentes, tales como las encuestas realizadas por dirigentes del partido a sus afiliados y encuestas publicadas en los periódicos en las coyunturas electorales.

Algunas de las limitaciones del método de entrevistas tienen que ver con la capacidad de memoria de los entrevistados. Sin embargo, esto no significó un gran escollo en el caso de los adherentes al partido, porque la mayoría recodaba minuciosamente tanto su trayectoria electoral como sus formas de participación en determinadas coyunturas. Las restricciones de la memoria sí fueron más evidentes en el caso de los "desvinculados", ya que muchos de ellos dejaron de interesarse por las cuestiones de política a medida en que iban perdiendo su identificación partidaria. Aquí, la hipótesis de Halbwachs (2004) sobre la memoria y la pertenencia a grupos se cumple perfectamente: a mayor desvinculación partidaria, menor capacidad de memoria sobre la trayectoria política-electoral. Esta restricción, propia de los individuos, hizo más difícil la tarea de encontrar posibles exvotantes que recordaran y tuvieran capacidad discursiva[11] suficiente para reflexionar sobre su comportamiento político. Teniendo en cuenta las condiciones propias del método, se decidió caracterizar a los electores radicales a partir de sus categorías de pensamiento, mediante la construcción de tipos ideales, en lugar de trabajar imputando identificaciones.

---

[11] Otro de los aspectos que dificultaron el trabajo cualitativo estuvo dado por la capacidad discursiva de los propios entrevistados. En muchos casos, tanto de afiliados como desvinculados, los entrevistados enunciaban un discurso totalmente inconsistente tanto en lo referente a su trayectoria como a otros aspectos vinculados al mundo político.

4.3 La caracterización de la Unión Cívica Radical y del campo político

A partir de la noción de campo político y subcampo partidario, se analizan las luchas y disputas internas en el seno de la UCR y los posicionamientos del partido frente a sus competidores directos. Utilizar la noción de campo partidario o subcampo implica privilegiar las luchas y las disputas internas en función de los posicionamientos de los distintos dirigentes, y también caracterizar los acuerdos establecidos sobre lo que se debate en la lucha política. En el caso de los dirigentes, se utiliza la noción de trayectoria política y capital político, para dar cuenta de los recorridos institucionales y de las formas de reconocimiento que los mismos ponen en juego a la hora de luchar internamente frente a otros. Respecto a la lucha entre los diversos grupos internos del partido, se analizan específicamente el conjunto de bienes políticos (discursos, plataformas, interpelaciones) ofrecidos a los afiliados con el objeto de movilizarlos internamente. Por otro lado, para describir las posiciones de la UCR en el campo político se consideran los discursos opositores y diferenciadores que los principales dirigentes y las autoridades partidarias enunciaron en las coyunturas electorales relevadas.

Para caracterizar la lucha partidaria y los posicionamientos externos frente a los demás partidos, se utilizan principalmente archivos periodísticos de las coyunturas electorales internas y generales del período 1989-2003 en la Capital Federal. Luego de una búsqueda sistemática sobre los períodos eleccionarios, se seleccionaron cerca de 500 notas periodísticas sobre el partido y sus dirigentes. A este *corpus* se sumaron fuentes complementarias como archivos partidarios, libros de historia del partido y biografías de los dirigentes más importantes.

La primera tarea metodológica consistió en ordenar el material en función de los aspectos centrales seleccionados para el análisis: dinámica interna y externa. Este ordenamiento dio lugar a una amplia cronología de las disputas internas del período y de las elecciones generales. Posteriormente, se relacionaron las tomas de posición internas con las luchas externas, prestando atención a los intereses ligados a la defensa de los puestos en el partido y a la competencia por los mismos. A partir de este nuevo *corpus*, se identificaron cambios en los ordenamientos y en la dinámica partidaria, que dieron lugar a los capítulos 9, 10 y 11. A lo largo de los capítulos, la desvinculación de los votantes es analizada en relación a los cambios que tuvieron lugar en la organización interna y en los posicionamientos externos, teniendo en cuenta los resultados obtenidos a partir de las transformaciones morfológicas encontradas y el estado de los esquemas interpretativos de los votantes.

La restricción propia del método está dada, principalmente, por la incapacidad de acceder a hechos políticos sobre los que no se haya escrito en los periódicos, y a la subjetividad de las interpretaciones que realizan los medios de comunicación. En lo que se refiere al primer aspecto, una parte de la política argentina (acuerdos, deciciones, disputas, etc.) es secreta, opera en la oscuridad, y no hay un método para sortear este problema. El campo político es, sin duda, uno de los menos transparentes. Sin embargo, en gran parte de las coyunturas de luchas internas, las posiciones quedan explicitadas y los dirigentes se encargan de que así sea, ya que esto les permite poner en evidencia la opción de sus adversarios. En lo que respecta a las deformaciones propias de los medios, se buscó realizar un control indirecto, trabajando con distintos medios con el objeto de contrarrestar posibles recortes sobre los hechos políticos. De todas formas, lo que se caracteriza en este trabajo son, principalmente, las posiciones de los distintos referentes partidarios en las distintas coyunturas electorales, muchas de ellas bastantes evidentes, tales como el apoyo de Angeloz a Menem entre 1990 y 1993, o la disputa entre Alfonsín y De la Rúa a lo largo de casi toda la década del noventa.

Capítulo 1

1. La transformación morfológica de las clases medias de la Ciudad de Buenos Aires (1990-2003)

En estos primeros apartados nos aproximaremos a un primer nivel de análisis macro sobre las transformaciones más estructurales de las clases medias. Como se podrá observar, los cambios estructurales relevados sobrepasan con creces a los electores radicales, abarcando a grupos e individuos que no tenían un vínculo con el partido centenario. Por otro lado, los aspectos analizados están sumamente alejados de los fenómenos políticos y no pueden vincularse sin una serie de mediaciones conceptuales y empíricas. Sin embargo, esta primera aproximación macro, aunque insuficiente para realizar imputaciones controladas, permitirá captar un conjunto de fenómenos externos a la identificación partidaria que posteriormente será relacionado con el comportamiento político. En la medida en que nos mantenemos todavía alejados de un nivel de análisis que privilegie a los electores y al partido, trataremos de no realizar imputaciones estructurales sobre los compartimientos individuales, sino de ir acumulando resultados empíricos sobre las transformaciones de las clases medias para luego vincular los distintos elementos para lograr una interpretación relacional entre varios niveles de análisis.

Antes de caracterizar la transformación morfológica de las clases medias porteñas, debemos retomar brevemente algunas características históricas del vínculo entre la UCR y las clases medias en la Ciudad de Buenos Aires. Como mostraron los estudios electorales de Jorrat y Cantón (1996, 2007) referidos a las elecciones de principios de siglo XX, la UCR mantuvo un apoyo policlasista entre 1916 y 1928.

Además, el trabajo de representación de la UCR en esos años no tendió a dirigirse a un sector social específico, sino que buscó representar a "toda la nación", como puso de manifiesto Aboy Carlés (2001). Así, no es en la etapa fundacional del partido donde logró el apoyo central de clases medias. Como tempranamente lo advirtió Gino Germani (1980), es recién a partir de 1946 que el partido radical comienza a adquirir un rasgo clasista que se mantendrá, aunque con variaciones, hasta entrada la etapa democrática de 1983 como sostienen Lupu y Stokes (2009). En las elecciones de 1948, los votos de la UCR provienen principalmente de patronos del comercio y la industria, empleados y profesionales, mientras los trabajadores manuales apoyan principalmente al peronismo (Germani, 1980:267). En los años siguientes, el partido "solidificará" esas bases de apoyo, captando el antiperonismo de las clases medias. Ahora bien: ¿es posible seguir hablando de esas mismas bases sociales en la actualidad, luego de los procesos de globalización y cambio estructural que han tenido lugar en las últimas décadas? Antes de abordar la cuestión de la supuesta muerte de las clases o del descenso generalizado de las capas medias, resulta necesario rastrear los cambios que han sufrido esas clases en las que, tradicionalmente, la UCR cosechaba su principal caudal de votos. En realidad se trata de no hacer imputaciones a los cambios de las clases medias porteñas (o los representados del partido) a partir de la importante bibliografía sobre la crisis de la modernidad o de la representación, sino de "seguir la pista" del cambio social de las categorías para, a partir de los resultados, proponer interpretaciones sobre la desvinculación electoral.

Para analizar los cambios en la morfología de las clases medias de la Ciudad de Buenos Aires en el contexto de cambio estructural iniciado en 1990, en primer lugar se describen los cambios generales que han sufrido los distintos sectores de la economía porteña, buscando así establecer algunas trayectorias, tanto de crecimiento como de descenso, en función de la riqueza producida y el empleo generado. Esta primera descripción, si bien muy general, ofrece un panorama necesario para captar las transformaciones en el período considerado. En segundo lugar, se analizan los cambios operados en los sectores de la industria, el comercio y los servicios, analizando las transformaciones particulares de la estructura propia de cada sector.

1.1 La transformación de las clases en el contexto de la globalización

La intensificación de los procesos de globalización económica y cultural tiende a producir una reconfiguración de los espacios. Las grandes urbes, como las regiones metropolitanas, constituyen lugares estratégicos donde se materializan las tendencias globales. Sassen (2007) utiliza el término ciudad global para describir los lugares donde los procesos globales y los vínculos se conectan. La Ciudad de Buenos Aires, que sin dudas tenía un carácter cosmopolita anterior, se transformó en una ciudad global a lo largo de la década del noventa. La ampliación del comercio, particularmente de las importaciones, la modernización tecnológica, el crecimiento de las inversiones de empresas transnacionales y la tercerización de las actividades, todos fenómenos ligados a la creciente interconexión global, le imprimieron un nuevo perfil socioeconómico a la Ciudad y generaron un importante crecimiento económico. El producto bruto de la Ciudad se incrementó cerca de un 27% entre 1993 y 2000. Este crecimiento es sumamente significativo en la medida en que el Producto Bruto Interno de la Argentina en el mismo período se elevó solamente un 16%. Es decir que la Ciudad de Buenos Aires creció económicamente a un ritmo muy superior al promedio nacional. Sin embargo, dicha expansión no supuso un crecimiento equilibrado de todos los sectores de la economía porteña. En este sentido, el crecimiento fue producto del desarrollo notable de algunas actividades particulares, en detrimento de otras. El núcleo más dinámico de la economía de la Ciudad durante la década correspondió a los servicios financieros, inmobiliarios y empresariales. Por otro lado, las actividades que más se contrajeron a lo largo del período fueron la industria y la administración pública.

Producto bruto geográfico. Participación sectorial y variación en porcentajes. Años 1993-2000

Variación del PBG en %	1993	2000
Sectores Productores de bienes	22	17.1
Agricultura, ganadería y pesca	0.2	0.3
Minas y canteras	1.0	0.8
Industria manufacturera	15.9	11.5
Electricidad, gas y agua	1.5	1.4
Construcción	3.4	3.1
Sectores productores de servicios	77.4	82.4
Comercio	14.9	12.6
Hotelería y gastronomía	4.5	4.1
Transporte y comunicaciones	9.6	9.3
Servicios financieros	10.9	19.7
Servicios inmobiliarios y empresariales	16.9	18.7
Administración pública	5.9	4.5
Servicios sociales y de salud	7.5	7.1
Servicios comunitarios y servicio domestico	7.1	6.4

Fuente: Elaboración propia en base a los datos del CEDEM, Secretaría de Desarrollo Económico, GCBA.

Como se destaca en el cuadro anterior, el desarrollo diferenciado determinó un cambio en la estructura de la economía porteña. Es posible observar la retracción del sector productor de bienes y el crecimiento de los sectores de servicios. Sin embargo, es necesario destacar el cambio en los porcentajes de participación de cada rama. En el caso de los sectores productores de bienes, es básicamente la industria la que disminuye su peso relativo, pasando de un 15.9% en 1993 a un 11.5% en el 2000. En el caso de los sectores de servicios, es centralmente el comercio el que disminuye su contribución total a producto, pasando del 14.9% al 12.6% en ese mismo período. Por otro lado, quienes más aumentan su participación en el producto total son los servicios financieros, particularmente los inmobiliarios y los empresariales. En este sentido, el comercio y la industria pasaron de aportar el 30.8% del producto en 1993 al 24.1% en 2000; los servicios financieros y empresariales, por su parte, pasaron del 27,8% al 38.4% en esos años.

Los cambios mencionados impactaron en la configuración de las clases medias, en la medida en que alteraron el peso relativo de cada categoría. La apertura comercial y las inversiones extranjeras tendieron a eliminar a los pequeños productores y comerciantes, y a favorecer el desarrollo de las actividades de servicios. Esto supuso una transformación en la composición de las clases medias, haciendo que pequeños industriales y comerciantes perdieran peso y que las nuevas categorías socioprofesionales ligadas al sector de servicios ganen espacio. Este cambio en la configuración se debe, principalmente, a que las importaciones y las privatizaciones desarticularon el tejido productivo, provocando el cierre o el desplazamiento de la pequeña industria y la instalación de las grandes cadenas de supermercados que llevó a una retracción del comercio minorista, lo que se tradujo en el cierre de locales, particularmente pequeños comercios barriales.

El desarrollo extraordinario de los servicios supuso un cambio en el perfil productivo de la Ciudad que alteró la organización del trabajo, particularmente la de los profesionales ocupados en el sector. La expansión de los servicios estuvo ligada a un proceso de desburocratización de las grandes empresas y de los servicios públicos, por medio de la tercerización y la desverticalización de actividades. Al mismo tiempo que las empresas tercerizaban los servicios tradicionales como de asesoría legal y contable, fueron apareciendo nuevos servicios ligados a la informática, la publicidad y la investigación de mercado. Por otro lado, el crecimiento de la modalidad de contrato, que permitía a los profesionales prestar servicios para distintas firmas, supuso un cambio notable en la configuración propia del estrato profesional.

En ciertos aspectos, las clases medias de la Ciudad de Buenos Aires atravesaron un cambio análogo al identificado por Sassen (2007) y Bologna (2006) en ciertas regiones de Europa y por Klein y Tokman (2000) en Latinoamérica. Efectivamente, la instalación de grandes empresas transnacionales, el crecimiento de la economía de servicios y los cambios tecnológicos impactaron fuertemente en la configuración de las clases medias, dando lugar a cambios similares. En este sentido, el cambio en la configuración de las clases medias no es un fenómeno exclusivo de la Argentina.

1.2 Los cambios en la pequeña industria: decadencia y desarrollo

Como mencionamos anteriormente, el conjunto de la actividad industrial[12] redujo su participación en términos de producto y empleo. Sin embargo, como puede observase en el cuadro siguiente, tres ramas del sector industrial tuvieron un desarrollo expansivo: refinación de petróleo y combustible[13], ediciones y productos químicos. Por otro lado, es necesario desta-

---

12 El sector industrial asume características particulares en la Ciudad de Buenos Aires, debido a las restricciones espaciales que limitan el desarrollo de grandes plantas industriales. Efectivamente, según el Censo Económico de 1994, en la Ciudad de Buenos Aires sólo existían 110 locales industriales (0.7%) que ocupaban a más de 150 personas (CEDEM, 2002a:19).

13 Estas unidades corresponden a filiales administrativas de grandes empresas radicadas en la Ciudad.

car la retracción de las industrias ligadas al sector de alimentos, bebidas y de producción textil. Dichos sectores se destacan por la presencia de numerosas PyMES vinculadas al consumo, tales como panificados, golosinas, calzado, etc. Estas pequeñas industrias se encuentran en íntima relación con el comercio y el empleo barrial que se vio afectado durante el período. La apertura comercial que motivó la entrada de productos importados tendió a destruir el tejido formado por las PyMES y el comercio.

Industria manufacturera. Valor agregado bruto en porcentajes por rama de actividad. Años 1993 y 2000*

Rama de actividad	1993	2000
Alimentos y bebidas	18.6	16.8
Textil	5.0	3.1
Prendas de vestir, terminación y teñido de pieles	6.5	6.5
Cueros, calzados, marroquinería	2.0	1.8
Papel y sub productos	2.9	2.2
Edición e impresiones, reproducción y grabaciones	13.5	16.9
Refinación de petróleo, combustibles	7.3	12.1
Sustancias y productos químicos	15.9	19.9
Productos de caucho y plástico	2.8	1.8
Productos de metal	5.0	4.2
Maquinaria y equipos	4.1	2.7
Otras manufacturas	16.1	12

*Elaboración propia en base a datos de la Dirección General de Estadística y Censos, GCBA.

El cuadro anterior ofrece un panorama general de los cambios que tuvieron lugar en el sector industrial de la Ciudad entre 1993 y 2000. Permite observar las distintas trayectorias de las ramas tanto de ascenso como de retracción. Por un lado, los sectores ligados a la producción de alimentos y bebidas, textiles, prendas y calzados y productos de metal y maquinaria sufren un proceso de contracción que fue acompañado, además, por la eliminación de puestos de trabajo. Por otro lado, los dos sectores que muestran mayor dinamismo a lo largo de la década son el de sustancias y productos químicos y el de edición e impresiones, que mostraron un significativo crecimiento durante el período y un aumento en la tasa de empleo (CEDEM, 2002a). De las dos ramas, la de edición, impresiones, reproducción y grabaciones es la que generó más empleo.

Cabe resaltar que el proceso de reducción del sector industrial comenzó a mediados de la década de los setenta, aunque es en los noventa cuando tiende a profundizarse. En este sentido, la cantidad de establecimientos industriales se redujo en un 38% entre 1974 y 1994, lo que motivó una contracción del empleo industrial cercana al 41% en el mismo período (CEDEM, 2002a:4). Ciertamente, esto no implicó la desaparición de la industria tradicional. Como también puede observarse en el cuadro anterior, el peso de las pequeñas empresas ligadas a la producción de alimentos, bebidas y a los textiles sigue siendo, en general, significativo, pero sí sufrió un fuerte impacto en términos de reducción de empleo, principalmente porque este sector se caracteriza por emplear mano de obra de baja calificación.

Al mismo tiempo que la industria tradicional sufre una retracción, las ramas dedicadas a la edición y reproducción, y a la producción de productos químicos experimentan un proceso de expansión. El sector de la edición concentra las distintas editoriales de libros, revistas y folletos, así como también de reproducciones y grabaciones de discos y videofilmes. El de productos químicos corresponde, básicamente, a la producción de medicamentos. Una característica que comparten ambas ramas es la alta proporción de empleo calificado que generan, particularmente de técnicos y profesionales. Se da, en este sentido, una transformación en la composición del sector industrial, que hace que algunas actividades tradicionales de producción pierdan peso, y que, al mismo tiempo, se expandan nuevas actividades caracterizadas por el uso de tecnologías y la generación de puestos calificados.

Es necesario detenerse en la rama de edición, reproducción y grabaciones, ya que éste ha sido el sector más dinámico en términos de producto y empleo, y también porque, a lo largo de la década, pasó a ser uno de los principales sectores exportadores[14]. Esta rama se basa en la producción de bienes culturales, tales como revistas, libros, grabaciones de discos, películas, videos, y se dedica a la transferencia de información y al entretenimiento. El crecimiento de estas actividades está ligado al alto nivel educativo de la Ciudad, así como a la considerable capacidad de consumo de los residentes. El desarrollo de estas ramas, por lo demás, está directamente relacionado con otras actividades conexas ligadas al comercio y a los servicios de entretenimiento y esparcimiento que, como veremos posteriormente, tienden a expandirse conjuntamente con la industria cultural. En el cuadro siguiente puede apreciarse el crecimiento del empleo en diversas industrias culturales desagregadas para el período 1996-2001.

Empleo en industrias culturales. Años 1996, 1998/2001*

Años	1996	1998	1999	2000	2001
Industrias Culturales	23,579	28,361	28,725	27,560	26,491

14 De los veinticinco productos exportados en la Ciudad en 2001, cuatro fueron bienes culturales. Éstos eran: libros y folletos; diarios y revistas; películas cinematográficas impresionadas y reveladas; discos, cintas y soportes para grabación de sonidos (CEDEM, 2002a).

Editorial y gráfico	21,430	24,975	25,185	24,809	23,957
Edición de libros, folletos	4,454	4,555	5,176	5,883	5,669
Edición de periódicos y revistas	5,815	7,364	7,357	7,310	7,271
Impresión	9,193	10,698	10,454	9,559	9,065
Servicios relacionados con impresiones	1,835	2,169	1,998	1,887	1,740
Edición n.c.p.	133	189	200	170	212
Fonográfico	577	559	600	495	405
Edición de grabaciones	376	358	418	390	326
Reproducción de grabaciones	201	201	182	105	79

*Elaboración propia en base a los datos del OIC, Observatorio de Industrias Creativas, GCBA.

Como puede observarse, todas las ramas de las industrias culturales aumentaron la generación de empleo desde 1996 hasta el 2000, año en que comienzan a descender, producto de la recesión económica y del impacto de la crisis en el consumo. Es importante remarcar que las industrias culturales generaban cerca del 12% del empleo asalariado industrial en 1998, la misma cantidad de empleo registrado en la rama de alimentos y bebidas. Según datos del CEDEM, había cerca de 2.068 locales de industrias manufactureras de productos culturales en la Ciudad en 2002, que representaban el 94% del total de estas empresas en el país, lo que da cuenta de la alta concentración de este tipo de actividad en Buenos Aires. El 80% de dichas empresas tiene sólo un local, y el promedio de personas empleadas por local es de 8.8, lo que revela el tamaño reducido de estas industrias (CEDEM, Cuadernos de Trabajo Nº 4:39-41). En lo que respecta a su formación socioprofesional, cerca del 70% de los trabajadores de las industrias culturales tiene título universitario, son en su mayoría jóvenes y obtienen un ingreso que los ubica entre el cuarto y quinto quintil, es decir, en los estratos medios-altos (Nahirñac y Álvarez Toledo, 2006:44).

En lo que atañe a las variaciones del valor agregado y del empleo generado, las transformaciones relevadas en el sector industrial dan cuenta del cambio que se ha dado en la estructura del sector durante la década de los noventa. Podemos caracterizar esta transformación como una restructuración de los agentes y del tipo de bienes generados. En primer lugar, pierden peso las pequeñas y medianas industrias ligadas a la producción de bienes para el consumo interno, íntimamente relacionadas con el comercio barrial, y que generan, básicamente, empleo poco calificado. La entrada de productos importados y la desarticulación del comercio barrial hicieron disminuir la actividad de estos pequeños productores, que probablemente no estaban preparados para competir contra productos más diferenciados y de mejor precio. En segundo lugar, se expande un conjunto de actividades ligadas a la producción de bienes culturales, empresas (pequeñas y grandes) dedicadas al entretenimiento y el esparcimiento. Este tipo de empresas están mucho más vinculadas al mercado global de productos culturales y a la incorporación de tecnologías. Los trabajadores calificados de estas industrias constituyen, sin duda, un nuevo sector de clase media técnico-profesional que se caracteriza por producir y manipular símbolos como dice Lash (1997), en la era de las comunicaciones. El cambio en la pequeña y mediana industria de la Ciudad estuvo dado por la apertura comercial y la incorporación al proceso de globalización. La importación de insumos y productos intermedios, tales como de textiles, prendas y alimentos, afectó negativamente a los productores locales que se volcaban al consumo interno.

1.3 La desaparición (relativa) del comercio tradicional

Como se mencionó antes, la participación de la actividad comercial en el producto total de la Ciudad disminuyó, y muchos trabajadores del sector perdieron sus puestos a lo largo del período relevado. Estos datos no bastan para caracterizar el desempeño del sector; también es necesario tener en cuenta otros indicadores y realizar una distinción entre comercio mayorista y minorista.

En el cuadro siguiente se observa que el comercio mayorista mantuvo su participación en el valor agregado de la Ciudad, con un índice cercano al 7%. Sin embargo, en lo que se refiere a puestos de trabajo asalariados y no asalariados se contrajo, lo que constituye un indicador del cierre de locales tradicionales. Por otro lado, es necesario destacar el importante proceso de reconversión que sufrió este sector, producto de la apertura comercial que determinó que muchos comercios mayoristas se transformaran en importadores (CEDEM, 2002b: 43).

Comercio al por mayor. Participación en la economía de la Ciudad de Buenos Aires y porcentaje de ocupados. Años 1993-1998*

Año	% en puestos de trabajo	Asalariados	No asalariados
1993	7.3%	5.0%	7.1%
1994	7.2%	4.4%	6.3%
1995	6.7%	4.0%	4.6%
1996	6.8%	5.6%	5.0%
1997	7.2%	4.4%	6.2%
1998	7.0%	3.6%	5.3%
1999	6.5%	s/d	s/d

*Elaboración propia en base a datos del CEDEM, Secretaría de desarrollo Económico, GCBA

La participación del comercio minorista en el producto de la Ciudad también tendió a contraerse en este período, pero lo más llamativo fue la reducción extraordinaria del empleo no asalariado del sector. La gran proporción de empleo no asalariado que se da en el comercio minorista responde al trabajo familiar: el propietario suele trabajar junto con otros miembros de la familia. Este sector se vio afectado particularmente por la expansión de las grandes cadenas de supermercados. A lo largo de la década, el crecimiento de los supermercados desplazó a los pequeños comercios más tradicionales, que proveían de alimentos y bebidas a los distintos barrios. Una de las características principales de los supermercados es su alta concentración. En efecto, en 2002, el 70% de la facturación correspondía a las cinco cadenas más importantes, Carrefour, Disco, Coto, Jumbo y Walmart (CEDEM, 2002b:50).

Comercio minorista. Participación en la economía de la Ciudad de Buenos Aires y puestos ocupados en porcentajes. Años 1993-1999*

Año	% en puestos de trabajo	Asalariados	No asalariados
1993	5.8%	5.2%	22.2%
1994	5.7%	5.9%	20.4%
1995	5.3%	6.6%	18.3%
1996	5.2%	6.5%	15.1%
1997	5.4%	6.8%	14.6%
1998	5.1%	6.3%	15.6%
1999	4.9%	s/d	s/d

*Elaboración propia en base a datos del CEDEM, Secretaría de Desarrollo Económico, GCBA.

Otra de las ramas principales del comercio minorista es la dedicada a la venta de prendas de vestir, calzado y otros productos textiles. Las ventas de estos comercios fueron las que más disminuyeron entre los años 1997 y

2001. También sufrieron una gran retracción del consumo, porque, a diferencia de lo que ocurre con los productos alimenticios, estos sectores se ven afectados más directamente por los cambios en el nivel de ingresos de los consumidores (CEDEM, 2002a).

De la comparación de los porcentajes de empleados no asalariados del comercio mayorista y del minorista, se desprende que este último se caracteriza por una preponderancia de puestos no asalariados. Por esa misma razón, fue el sector que más trabajadores no asalariados expulsó durante el período. Efectivamente, la pérdida de este tipo de trabajadores que, como mencionamos, corresponde al comercio familiar, fue de enorme magnitud. El comercio minorista pasó de emplear 115.702 trabajadores no asalariados en 1993 a 72.446 en 1997, lo que supuso una eliminación de 43.256 puestos no asalariados. Esto no implica que haya habido una reducción general del empleo en el sector minorista (como puede observarse en el cuadro anterior, creció levemente el trabajo asalariado), sino la destrucción relativa del comercio basado en la economía familiar, en donde el propietario trabaja conjuntamente con los miembros de la familia. Por su parte, el crecimiento de los asalariados en el comercio minorista responde a la alta cantidad de trabajadores asalariados que contratan las grandes cadenas de supermercados, básicamente cajeros y repositores. Por lo tanto, es posible suponer una reducción importante del número de pequeños comerciantes cuyas actividades económicas estaban basadas en el trabajo familiar. Sin embargo, es necesario dar cuenta también del desarrollo de nuevas actividades comerciales orientadas a nuevas formas de consumo distintivo de las clases medias. A lo largo de la década del noventa se expandieron nuevas ofertas gastronómicas, de diseño de indumentarias y decoración en la Ciudad, particularmente en el barrio de Palermo (CEDEM, 2003b). Estas actividades comerciales están orientadas a consumidores con poder adquisitivo que buscan nuevos productos caracterizados por la exclusividad y distinción.

La transformación del sector comercial debe considerarse entonces como un proceso retracción y renovación, signado por la decadencia del comercio barrial basado en el trabajo familiar y el desarrollo concomitante de nuevos negocios acordes a las transformaciones del consumo, en particular de las nuevas clases medias.

1.4 Los nuevos profesionales de servicios

De la población ocupada de la Ciudad, los universitarios con estudios finalizados representaban el 13% en 1980, mientras que en 2002 pasaron a conformar el 35,3%. En el caso de estudiantes universitarios empleados, los mismos constituían el 12% y alcanzaron un 19% al final de período. En total, los universitarios (con estudios finalizados y no finalizados) de la Cuidad pasaron de representar el 25% al 54% de la PEA, es decir que, en veinte años, la Ciudad duplicó la cantidad de trabajadores universitarios (cuadro "Distribución porcentual de la población ocupada por máximo nivel de instrucción alcanzado en la Ciudad de Buenos Aires. Años 1980-1990/2002" al final del capítulo). Esto sin duda representa una transformación notable de la estructura social de la Capital Federal. El crecimiento de los trabajadores universitarios se explica, básicamente, por el desarrollo de las actividades de servicios que demandan un gran número de profesionales. En 2002, los universitarios ocupados en las actividades de servicios pasaron a representar el 74% de la población ocupada. Este crecimiento se dio en paralelo al estancamiento relativo de la actividad de los profesionales autónomos a lo largo de los noventa.

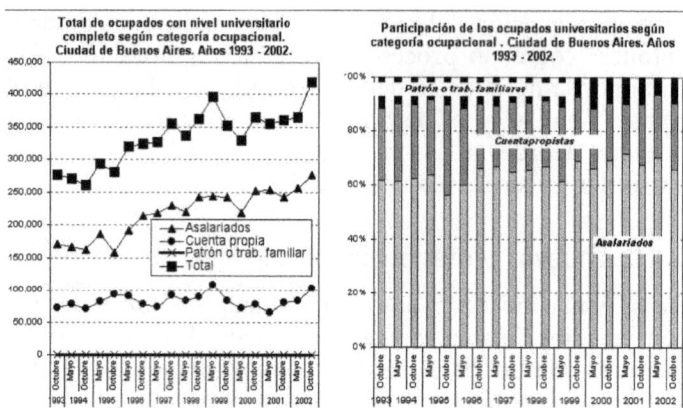

Total de ocupados con nivel universitario completo según categoría ocupacional. Ciudad de Buenos Aires. Años 1993 - 2002.

Participación de los ocupados universitarios según categoría ocupacional . Ciudad de Buenos Aires. Años 1993 - 2002.

*Fuente: CEDEM, Secretaría de Desarrollo Económico, GCBA.

Como mencionamos anteriormente, el sector de servicios es el que más creció en términos de empleo y de producto. Dentro de este sector, algunas ramas como los servicios a las empresas, servicios culturales, servicios sociales y de salud tuvieron un importante desarrollo. La expansión de los servicios estuvo ligada a la descentralización de algunas ramas industriales, lo que redundó en la tercerización de actividades, a la importante expansión de las prestaciones privadas en educación y salud, y al desarrollo de un mercado "especifico" de servicios especializados a las empresas. Hay que enfatizar que en 1993 la participación de los servicios en el producto bruto era solamente del 8%, mientras que en 2002 su contribución se había elevado al 14%, representando el 15% del empleo (CEDEM, 2002b). Teniendo en cuenta el tipo de servicios que prestan, podemos agruparlos en tres grandes bloques: servicios a las empresas, servicios culturales y servicios de educación privados[15].

---

15 Seguimos la clasificación del CEDEM (CEDEM, 2002b).

1.4.1 Servicio a las empresas

Dentro de este subconjunto se encuentran los sectores ligados a la contratación de servicios para las grandes empresas, tales como los de informática, contabilidad, selección de personal, investigación y desarrollo, gestión y asesoramiento empresarial, y estudios de mercado y consultoría.

El crecimiento de estas actividades estuvo relacionado con la desverticalización de las empresas, que llevó a un aumento de la subcontratación de personal para la realización de tareas especializadas, en particular en las empresas de servicios privatizadas. El desprendimiento de actividades que anteriormente eran realizadas por las mismas firmas fue una de las condiciones que permitieron la expansión de todo un campo de actividades ligadas a especialistas (administradores, programadores, contadores, economistas, abogados, consultores de mercado, etc.). Sin embargo, el desarrollo de este mercado no podría comprenderse sin tener en cuenta el trabajo de promoción de "nuevas necesidades empresariales" que llevaron a cabo los propios profesionales a lo largo de toda la década para crear su propio mercado. Especialistas en ventas y marketing, consultores de estudios de mercados y publicistas son ejemplos de estos nuevos profesionales. Es importante tener esto en cuenta porque el crecimiento de los servicios en general no está dado simplemente por la delegación de actividades (como las contables y legales), sino por el desarrollo de todo un campo de especialistas situados entre las instancias de producción y de comercialización de bienes. Profesionales promotores de nuevos tipos de organización y logística empresarial, especialistas en ventas que, a su vez, requieren investigadores de mercado y expertos en publicidad y diseño. Todos estos promotores de necesidades empresariales están también vinculados a una serie de nuevas carreras terciarias y universitarias que se desarrollaron al calor de una nueva oferta privada de educación que gira en torno a la gestión empresarial. Estos sectores representan, sin lugar a dudas, las capas más dinámicas de las nuevas clases medias. Son intermediarios en los procesos de organización, producción y distribución de las empresas, que operan incorporando información, conocimiento y tecnología a los procesos de trabajo.

1.4.2 Servicios culturales y esparcimiento

El crecimiento de las industrias culturales descritas anteriormente trajo aparejado el desarrollo de otros servicios ligados a la producción cultural, tales como los de transmisión de radio y TV, las agencias de noticias, producción de películas, transmisión de sonido, imagen e información, y servicios de esparcimiento en general: teatro, cine, espectáculos públicos, parques temáticos, etc.

Estos servicios mantienen conexiones y relaciones con diversas actividades. Se constituyó, por ejemplo, un campo ligado al entretenimiento, basado en espectáculos públicos, cine y teatro, que a su vez fomentó todo un circuito de producción y comercialización de discos, revistas y DVD para un mercado segmentado por edades, género y gusto. Este campo dio trabajo a gran número de técnicos y profesionales de diverso tipo, relativamente interrelacionados, que constituyen los "nuevos intermediarios culturales" analizados por Wortman (2007).

Estos servicios crecieron durante los años noventa al calor del proceso de globalización cultural, que favoreció la entrada de nuevas tecnologías (reproductores de música y películas) y de productos (discos, cintas y libros, entre otros). Dicho proceso fue motorizado por empresas transnacionales, que aumentaron su participación en la cúpula empresaria de industrias culturales. Según los datos del CEDEM, entre 1992 y 1998 las empresas transnacionales ligadas a la cultura (editorial/gráfico, de TV y multimedia, electrodomésticos/electrónica de consumo, sellos productores de música y publicidad) pasaron de representar un 23% a constituir un 54% del mercado (CEDEM, 2002c:17).

El crecimiento de este tipo de servicios está directamente relacionado con el aumento del consumo, en particular el correspondiente a los estratos medios y altos, que destinan cerca de un 10% de los gastos del hogar a servicios de cultura y entretenimiento (CEDEM, 2002c:39). Para entender el extraordinario desarrollo de las industrias y de los servicios culturales en general es necesario tener en cuenta la reconfiguración de toda la oferta de bienes de la cultura, producto de la instalación de nuevos productores ligados al mercado global, y prestar particular atención al extraordinario aumento del nivel educativo de la población de la Ciudad. En este sentido, gran parte de la identidad social de las nuevas clases medias ligadas a los servicios y a la industria cultural parecería afirmarse y constituirse a través del consumo de estos nuevos bienes culturales, tal como lo demuestran los diversos trabajos compilados por Wortman (2003).

1.4.3 Servicios de educación privados

Tanto en términos de producto como en empleo el crecimiento de los servicios de educación privados está ligado al enorme aumento de la matrícula de las universidades privadas. Efectivamente, los egresados de los institutos y universidades privadas se duplicaron entre 1994 y 2005, pasando de 5.665 a 12.450 en ese período. Esto implicó un crecimiento económico, ligado al aumento de la clientela, y también una expansión del cuerpo docente empleado en dichos institutos. Es necesario remarcar que el incremento de los egresados de las universidades privadas se dio en paralelo a un estancamiento del número de egresados de las universidades públicas, particularmente de la Universidad de Buenos Aires, que paso de tener 13.371 egresados, en 1994, a sólo 14.420, en 2004. En el cuadro siguiente se detalla la evolución de los egresados de las universidades privadas y de la Universidad de Buenos Aires.

Egresados de las Universidades e Institutos Privados y de la Universidad de
Buenos Aires en la Ciudad. Años 1994/2004*

Años	Egresados de la Universidad de Buenos Aires	Egresados de Universidades e Inst. Privados
1994	13,371	5,665
1995	13,371	6,358
1996	10,983	6,372
1997	11,162	7,357
1998	9,724	9,312
1999	9,566	9,955
2000	12,008	9,888
2001	12,118	9,872
2002	13,394	11,189
2003	14,420	10,303
2004	14,420	12,450

*Elaboración propia en base a los datos del Anuario Estadístico 2006 de la
Dirección General de Estadística y Censos, GCBA.

Como puede observarse, en 1994, la cantidad de egresados de las universidades privadas era menor a la mitad del
número de egresados de la Universidad de Buenos Aires.
Diez años más tarde, las cifras de unos y otros eran prácticamente similares. Posiblemente, el crecimiento de los servicios educativos privados se deba, en parte, a una creciente
desconfianza generalizada sobre lo público, hecho ligado
en gran medida al deterioro de las prestaciones estatales
en general. Otro de los motivos habría que buscarlos en
los cambios que se dieron en las universidades privadas en
torno a la oferta de carreras y su relación con la oferta de
carreras en la universidad pública en ese mismo período.
Los institutos privados se transformaron en los principales
proveedores de profesionales de los servicios empresariales
y culturales en general que se desarrollaron a lo largo de los

noventa. La existencia de una conexión entre el campo de servicios empresariales y las universidades privadas resulta evidente al analizar el desarrollo de universidades ligadas a la gestión empresarial, tales como la Universidad Argentina de la Empresa, CAECE, Universidad de Ciencias Empresariales, Instituto Argentino de Negocios, etc., y la expansión de nuevas carreras como Marketing, Licenciatura en Comercio, Administración de Negocios, Administración de Recursos Humanos, etc. Todo esto nos permite hablar de un nuevo tipo de profesional: más desligado de la educación pública y vinculado a nuevos tipos de servicios empresariales, que a su vez están íntimamente relacionados con el mercado global. La figura de este nuevo profesional cobra importancia cuando se lo compara con la de los profesionales más tradicionales de clases medias, que históricamente se habían formado en la educación pública.

Distribución porcentual de la población ocupada por máximo nivel de instrucción alcanzado en la Ciudad de Buenos Aires. Años 1980-1990/2002*

	Nivel educativo					
	Primario		Secundario		Universitario	
Años	Incompleto	Completo	Incompleto	Completo	Incompleto	Completo
1980	10.4	27.6	19.5	16.8	12	12.9
1990	3.21	19.7	15.4	21.1	16.9	23.1
1991	4.11	17.8	17.1	23.4	16.1	21.2
1992	3.31	19.2	16	24	16.2	21
1993	3.31	14.7	16	23.4	18.5	23.6
1994	2.51	14.2	15.5	24.6	17.5	25.5
1995	2.91	13.9	15.2	22.7	17.4	27.7
1996	1.91	11.5	15.9	24	17.6	29.1
1997	1.92	13.6	15.2	21.2	18.4	29.5

1998	2.91	12.1	15.6	19.8	18.3	31.2
1999	2.91	11	13.7	21.8	19.7	30.6
2000	2.71	10.5	13.4	22	19.8	31.3
2001	1.72	10.6	12.4	21.2	19.6	34.2
2002	2.82	11.51	11.51	19.5	19.4	35.3

*Elaboración propia en base a los datos de la Dirección General de Estadística y Censos, GCBA.

1.5 Conclusión: globalización, cambio morfológico y base social de la UCR

Durante la década de los noventa, las clases medias de la Capital Federal experimentaron un importante proceso de transformación que alteró la composición y el peso relativo de sus distintos estratos. El cambio en la composición supuso una redefinición de la morfología de las clases medias; es decir, de la estructura interna de la clase. La transformación morfológica estuvo condicionada en gran parte por la incorporación de la Argentina a los procesos de globalización, que afectaron particularmente a la Ciudad de Buenos Aires. Efectivamente, el aumento del comercio internacional, de las inversiones extranjeras, la aplicación de nuevas tecnologías y el desarrollo de servicios especializados, así como distintos fenómenos asociados a la globalización le imprimieron un nuevo perfil a la Ciudad, alterando los estratos socioprofesionales que conformaban las clases medias tradicionales.

La morfología de las clases medias tendió a alterarse en dos sentidos: por un lado, disminuyó el peso relativo de ciertos estratos tradicionales (pequeños industriales, comerciantes y ciertas categorías profesionales), y, por otro lado, se desarrollaron nuevas fracciones (profesionales de servicios, industrias de la cultura, nuevos intermediarios culturales). La apertura al comercio internacional afectó en gran medida este cambio en la composición de las clases medias. Las fracciones más perjudicadas fueron la pequeña industria y el comercio, que estaban volcadas al mercado local y cuya reproducción se basaba en la restricción a las importaciones, a un tipo de cambio favorable en ciertos períodos y, en menor medida, en la compra de insumos por parte de los servicios públicos. Con la apertura comercial, las privatizaciones y la llegada de empresas transnacionales, la asociación indirecta entre el Estado, las pequeñas industrias y el comercio tendió a fracturase. Lo que sobrevino fue una creciente asociación entre las nuevas industrias culturales y los distintos profesionales dedicados a los servicios empresariales, culturales y de entretenimiento, y a ramas conexas ligadas a la promoción, venta y distribución de estos productos. Esta nueva asociación estuvo, desde sus comienzos, mucho más vinculada al mercado global tanto en términos tecnológicos como en términos de los formatos de bienes producidos. Así, lejos de desaparecer, las clases medias porteñas sufrieron una notable reconfiguración interna que posibilita hablar de una nueva morfología de estos sectores.

Estos resultados nos posibilitan matizar y discutir los estudios sobre empobrecimiento de los sectores medios que tuvieron auge a mediados de la década del noventa y llevaron al extremo la idea de polarización de la sociedad argentina, vaticinando el fin de las clases medias y la conformación de una sociedad dual, predicciones que resultaron exageradas, en particular para la Capital Federal[16].

El proceso de globalización y el cambio morfológico afectó en diversos sentidos a la base social de la UCR. En primer lugar, el cambio social supuso una pauperización relativa de las fracciones que tradicionalmente daban su apoyo al partido centenario. Desde este punto de vista, puede afirmarse que la UCR sufrió una reducción de su base social en la medida en que desaparecieron un conjunto de categorías sociales entre las cuales cosechaba gran parte de

---

[16] Principalmente Minujin, 1995; Feijóo, 1995; Murmis y Feldman, 1995; Minujin-Kessler, 1995.

sus votos. Éste es un tipo de cambio homólogo al destacado por Lipset para el caso de los partidos obreros; es decir: bases sociales de partidos que tienden a desintegrarse a medida en que los clivajes en los que se asentaban van perdiendo consistencia. En este sentido, la UCR cosechaba sus apoyos principalmente en un conjunto de categorías sociales que tendieron a desaparecer o a reducirse considerablemente.

En segundo lugar, los procesos de globalización generaron un proceso creciente de diferenciación en el seno de las clases medias, que sin dudas operó diversificando los intereses económicos, las demandas políticas y las expectativas de las mismas frente a los partidos y los dirigentes. En cada uno de los estratos analizados (comerciantes, industriales y profesionales) puede observarse una disminución de las categorías tradicionales y el surgimiento de nuevas, que hacen que cada estrato se subdivida. En términos de sus efectos políticos, la diferenciación social puede dificultar la interpelación partidaria y la representación, porque contribuye a multiplicar los intereses y las demandas de los electores.

Desde la perspectiva del cambio morfológico, los cambios en la composición y la creciente diferenciación social de las clases medias pudieron contribuir a la disolución de la base tradicional de apoyo político de la UCR en la Capital Federal. Sin embargo, estas posibles interpretaciones están todavía demasiado lejos de nuestro objeto de análisis y sólo nos posibilitan imputaciones indirectas y de difícil control empírico sobre el cambio en la conducta electoral de los radicales fieles.

Antes de avanzar sobre las relaciones entre estos cambios estructurales y los modos de vida de las clases medias, es necesario remarcar la particularidad de la Ciudad de Buenos Aires y la imposibilidad de generalizar estos resultados a otras regiones del país. Si bien no vamos a realizar comparaciones sistemáticas, a partir de los datos obtenidos podemos sostener que estas transformaciones de las clases medias no tuvieron el mismo desarrollo en las provincias argentinas, incluso en aquéllas donde los sectores de servicios son importantes como Santa Fe, Córdoba y Mendoza. En estas regiones, el dinamismo y la diferenciación de este sector fue notablemente menor en este periodo e, incluso, estas categorías profesionales más modernas ocupan un lugar minoritario frente a las más tradicionales como el comercio y la pequeña industria.[17]

---

[17] Para una comparación sobre la evolución de las distintas ramas de actividad por provincia pueden consultarse los informes y estadísticas del Centro de Estudios para la Producción del Ministerio de la Industria. Disponible *online*: http://goo.gl/B8kks.

Capítulo 2

2. Cambios en los modos de vida de las clases medias

En este capítulo se analizarán algunos cambios en los estilos de vida de las clases medias porteñas, como las formas de organización familiar, los vínculos con las prestaciones estatales y los consumos culturales. Estamos comenzando un segundo nivel de análisis, más cercano al comportamiento político, pero todavía en un nivel macro. Sin embargo, el análisis de los estilos de vida nos permitirá mediar y establecer relaciones entre las transformaciones estructurales y los comportamientos políticos de los electores radicales.

Los estilos de vida pueden ser caracterizados como un conjunto de actividades y posesiones estrechamente entrelazadas que expresan la pertenencia a una clase social y que llegan a "simbolizarla" (Barber, 1991:141). Los modos de conducta, la organización de la vida cotidiana y las preferencias estéticas y culturales no están disociados de las actividades económicas y profesionales. En este sentido, los cambios en los estilos de vida están vinculados a la transformación morfológica de las clases medias descripta anteriormente. En este capítulo abordaremos algunos cambios en los estilos de vida relacionados con la organización familiar, el uso de las prestaciones estatales y el consumo cultural. Sin duda, el espacio de los estilos de vida es sumamente amplio y susceptible de diversas caracterizaciones. En este caso, se prioriza un conjunto de actividades que comúnmente se relacionan con las identificaciones partidarias y la conducta electoral. En primer lugar, desde los estudios pioneros de comportamiento electoral (Lazarsfeld et al., [1944]; Campbell et al., 1960), el grupo familiar ha sido caracterizado como un ámbito privilegiado de socialización política y de reproducción de las identificaciones partidarias. Sin embargo, es posible que los cambios en la "familia" y los roles de género modificaran las pautas de socialización política que habían analizado los sociólogos en la década del cincuenta. En este sentido, gran parte de las condiciones de trasmisión de la socialización política de los votantes radicales pudieron verse alteradas por los cambios que tuvieron lugar en la misma organización familiar. En segundo lugar, el rol del Estado en relación a las prestaciones de salud, educación y servicios resulta de particular importancia, en la medida en que todos los partidos y, en particular, la UCR, tienden a interpelar a sus votantes a partir de propuestas basadas en algún tipo de política estatal. Por último, el tipo y las formas de consumo cultural de las clases medias tendieron a modificarse, producto de la introducción de las nuevas tecnologías de la información y de los medios masivos de comunicación. Con la globalización tecnológica, las clases medias diversifican su consumo cultural y cuentan con mayor información sobre la coyuntura política.

2.1 La reorganización familiar

Las pautas de formación de la familia se transformaron a lo largo de las últimas décadas, y muchos de los cambios se acentuaron en los años noventa, entre ellos la postergación del primer matrimonio, el aumento de la unión consensual y la disminución del número de hijos. Estos cambios son significativos porque revelan, particularmente en el caso de las generaciones más jóvenes, nuevas formas de constituir el ámbito familiar que difieren de lo que hasta entonces eran las tradicionales. Según Torrado, los sectores medios de la Ciudad de Buenos Aires manifiestan los comportamientos más "modernos" en términos de la organización familiar: nupcialidad más tardía, menor fecundidad, mayor número de hogares unipersonales, de familias monoparentales y de mujeres cabeza de familia (Torrado, 2003:506). A lo largo del período que nos ocupa, estos cambios se han ido radicalizando.

En el cuadro siguiente puede apreciarse la progresiva elevación de la edad media del primer matrimonio, tanto de varones como de mujeres.

Edad media al primer matrimonio por sexo. Años 1990-1995/2003

Año	Varón	Mujer
1990	29.3	28
1995	29.5	28.2
1996	29.6	28
1997	29.6	28.2
1998	29.5	28.2
1999	30	28.6
2000	30.1	28.7
2001	30.3	28.9
2002	33.6	30.9
2003	33.8	31.1

Elaboración propia en base al Anuario Estadístico 2003 del GCBA.

Como manifestó Torrado, los cambios en la dinámica de la nupcialidad, tales como la elevación de la edad media del matrimonio y el aumento del celibato están vinculados a la creciente independencia económica de las mujeres de estos sectores, lograda gracias a la educación superior (Torrado, 2003:509). Por otro lado, a lo largo de los años noventa aumentó notablemente el porcentaje de uniones de hecho. Es necesario resaltar que, a lo largo de la serie, el porcentaje de uniones se triplicó en las generaciones más jóvenes, lo que supone un cambio extraordinario en las pautas de formación familiar ligadas al matrimonio legal.

En términos generales, el aumento de las uniones de hecho explica el descenso de la tasa bruta de nupcialidad, así como de la tasa de divorcio (Anuario Estadístico, 2004).

Porcentajes de uniones de hecho en la población mayor de 15 años, por grupo de edad. Años 1990-1995/2001

Octubre de	Total	Grupo de edad	
		15 – 34	35 y más
1990	4.4	4.7	4.2
1995	5.5	6.5	5.0
1996	6.2	6.4	6.1
1997	5.8	6.6	5.3
1998	7.1	8.7	6.2
1999	5.8	7.7	6.6
2000	9.7	11.4	8.6
2001	10.1	12.0	9.0

Elaboración propia en base al Anuario Estadístico 2003 del GCBA.

El considerable aumento en las uniones puede interpretarse como producto de los cambios en los valores tradicionales respecto al matrimonio, particularmente entre las generaciones más jóvenes de los sectores medios en donde la "relación pareja" aparece como una nueva forma de organizar los vínculos y la intimidad. Como sostiene Margulis: "en la actualidad, cuando el matrimonio formal ha cedido el papel que históricamente ha tenido en la reproducción social, tanto en sus aspectos jurídicos y patrimoniales como en el del plano político y el de las sanciones morales, ha crecido la atención a la dinámica de la pareja y a los cambios, contradicciones y conflictos que acarrea la rápida transformación ocurrida en el terreno de la sexualidad y las relaciones entre los géneros" (Margulis, 2003:126). Ahora bien, posiblemente el debilitamiento de las regulaciones y valores tradicionales respecto a la organización familiar trae consigo una atenuación de los vínculos en sí mismos. En este sentido, Binstock sostiene que "no sólo el matrimonio se ha ido postergando, llegando en algunos casos a ser reemplazado por la unión consensual, sino que los matrimonios de las nuevas generaciones suelen ser más frágiles y más propensos a disolverse que los matrimonios de las generaciones anteriores" (Binstock, 2004:15).

Gran parte de estos cambios en la organización familiar de las clases medias estuvieron motorizados por el acceso de la mujer a los niveles más altos de educación y por su consiguiente incorporación al trabajo. Respecto al nivel educativo, es necesario mencionar que, en la Universidad de Buenos Aires, las estudiantes mujeres pasaron de representar el 54%, en 1992, a constituir el 60,4%, en 2004 (Censo Estudiantes UBA, 2004). Debe tenerse en cuenta que, a fines de la década del sesenta, las mujeres constituían sólo un tercio de la matricula estudiantil. En cuanto a su inserción profesional, las mujeres también mejoraron su posición: en 1992 había 109.294 universitarias ocupadas en la Ciudad, que representaban el 39,6% de los ocupados universitarios, mientras que en 2001 la cantidad se había elevado a 177.503, constituyendo un 48.6%. Como afirma Margulis, estos cambios en el mundo laboral y profesional posibilitaron que las mujeres de clase media ocuparan un lugar de mayor autonomía, y supusieron una ruptura con los modelos y mandatos sociales que giraban en torno a su papel de madre y esposa (Margulis, 2003:128).

Por último, se deben mencionar algunas transformaciones en los comportamientos de género. Como puso de manifiesto Wainerman (2005), los roles de género en las familias de clase media se han modernizado. En estos sectores, suele haber una jefatura del hogar compartida. Los varones se involucran en actividades del hogar que anteriormente eran realizadas exclusivamente por mujeres, tales como compras, cuidado de los niños, limpieza, etc. Con ciertas limitaciones, es posible afirmar que las actividades del hogar se han democratizado entre las clases medias de la Ciudad, dando lugar a una mayor igualdad entre los géneros. La negociación de las tareas domésticas, el aporte al presupuesto familiar y la crianza de los niños sin duda generan nuevos conflictos, pero la tradición ya no ofrece un marco de regulación de los mismos.

2.2 Los cambios en la relación con el Estado

Los debates en torno a las relaciones entre las clases sociales y el Estado estuvieron presentes desde los inicios de la Sociología. El problema es, sin duda, complejo y adquiere diversas aristas, dependiendo de los distintos posicionamientos teóricos[18].

En este trabajo entenderemos la relación entre las clases medias y el Estado como una relación social en la que los aparatos del Estado (escuelas, universidades, hospitales, bancos, etc.) contribuyen a la formación y reproducción de las clases. La expansión y ascenso de las clases medias de Buenos Aires en las primeras décadas del siglo XX estuvo ligada a la ampliación de los aparatos estatales, particularmente a la educación pública. En las expectativas de estos sectores, la elevación del nivel educativo aparecía como un requisito central para ascender, o para mantener el nivel social (Germani, 1943). Sin duda, la salud pública, las protecciones laborales y el acceso al crédito entre otras acciones estatales también contribuyeron a la formación y reproducción de las clases medias. Sin embargo, la relación entre las clases medias y el Estado comenzó a transformarse en los primeros años de la década del noventa. Los aparatos estatales dejaron en parte de contribuir a la reproducción social de esta clase y las prestaciones

---

[18] Para un debate amplio sobre el problema de la estratificación y el desarrollo del Estado, véase Kingsley, Moore y Bendix (1970).

públicas correspondientes a los servicios educativos, de salud y diversas protecciones sociales quedan supeditadas a la oferta del mercado.

En el cuadro siguiente, puede apreciarse el crecimiento de la matrícula de las Universidades e Institutos privados en la Ciudad de Buenos Aires. El cambio es, sin duda, significativo, porque, tradicionalmente, las clases medias habían estado asociadas con la Universidad Pública. Como mencionamos anteriormente, el crecimiento de los egresados parece estar relacionado con nuevas ofertas de títulos, acordes a los cambios que habían tenido lugar en la reconfiguración del empleo como mencionamos antes. En este sentido, puede observarse en el cuadro "Egresados de Universidades e Institutos de Gestión Privada y Universidades Públicas de la Ciudad de Buenos Aires. Años 1994/1998/2002" la extraordinaria variación porcentual de los egresados de universidades privadas frente a las públicas.

Sin embargo, esto no explica en su totalidad la creciente preferencia por el sector privado. Es, sin duda, la misma idea de lo público y del rol asignado al Estado lo que tendió a transformarse. Posiblemente, la desconfianza frente a lo público contribuyó a debilitar la legitimidad anteriormente acordada a la universidad estatal en lo que respecta a la calidad de su enseñanza y a la validez de sus diplomas. Al atenuarse el reconocimiento y el valor de lo público, la demanda se desplazó hacia la oferta privada. Por otro lado, la pérdida de legitimidad del Estado está fuertemente asociada, como sostiene Sidicaro (2001), al debilitamiento y deterioro de las capacidades estatales en la década del noventa.

Alumnos matriculados en Universidades e Institutos de gestión privada. Años 1995-2003

Años	Matricula
1995	77,461

1996	81,891
1997	88,001
1998	95,965
1999	103,502
2000	110,516
2001	102,460
2002	108,753
2003	114,822

Elaboración propia en base al Anuario Estadístico 2005 del GCBA.

Egresados de Universidades e Institutos de Gestión Privada y Universidades Públicas* de la Ciudad de Buenos Aires. Años 1994/1998/2002. Variación porcentual 1994/2002

Año	Gestión Privada	Universidades Públicas
1994	5.665	13.752
1998	9.312	10.004
2002	11.189	13.954
Variación porcentual 94-02	97.5	1.4

*Se sumaron los egresados de la Universidad de Buenos Aires y la Universidad Tecnológica Nacional. Sin embargo no pudimos contabilizar los datos de egresados en las universidades del conurbano bonaerense que residan en Capital Federal. Elaboración propia en base al Anuario Estadístico 2005 del GCBA.

Un razonamiento similar puede aplicarse en el caso del desplazamiento de la seguridad social hacia las AFJP, en la medida en que las bajas jubilaciones estatales posiblemente fueron las responsables de que se optara en favor de la opción privada. Tampoco hay que soslayar la eficacia del discurso neoliberal imperante en esos años. Efectivamente, la gestión privada fue imbuida de los valores de eficacia, transparencia y eficiencia, mientras que al Estado se lo describía como el lugar de lo imprevisible, un ámbito corrupto e ineficiente. Sin duda, el discurso neoliberal encontró las condiciones necesarias de verosimilitud para hacerse creíble en el imaginario colectivo, que, desde hacía un tiempo, manifestaba un profundo malestar por el estado de las jubilaciones públicas.

Seguridad social. Aseguradoras de Fondos de Jubilaciones y Pensiones (AFJP). Cantidad de afiliados y aportantes. Años 1997-2002

Año	Afiliados	Aportantes
1997	512,186	339,852
1998	1,175,681	555,557
1999	1,208,478	543,487
2000	1,527,709	597,717
2001	1,618,287	478,431
2002	1,716,277	558,384

Elaboración propia en base a Indicadores Económicos de 2002 del GCBA.

Si bien no contamos con datos sobre la evolución de los afiliados de las prestadoras privadas de servicios de salud, sí nos fue posible acceder al tipo de cobertura médica de la población en 2003. En cuadro el siguiente puede apreciarse el porcentaje de población por cobertura en los diferentes Centros de Gestión y Participación.

Distribución porcentual de la población por tipo de cobertura médica según Centro de Gestión y Participación. Ciudad de Buenos Aires. Año 2003.

	Tipo de cobertura			
CGP	Sistema Público	Obra Social	Medicina pre paga	Otros
1	23.6	49.5	18.3	8.6
2 norte	11.5	41.5	38.2	8.8
2 sur	28.3	54	12.2	5.5

3	33.1	53.6	8.9	4.3
4	33.4	51.8	8.8	6.1
5	46.2	43.8	7.8	2.2
6	16.3	55.7	18.5	9.5
7	25.8	50.6	15.9	7.8
8	51.5	43.9	2	2.5
9	29	53.4	11.1	6.5
10	22.8	51.8	18.7	6.7
11	25	53.5	14.1	7.4
12	21.7	48.5	18.2	11.7
13	13.8	48.1	28.1	10
14 oeste	14.4	50.6	25.7	9.4
14 este	17.7	45.8	26.7	9.9
Total	24.8	49.9	17.6	7.6

Fuente: Encuesta Anual de Hogares. Año 2003. Dirección General de Estadística y Censos.

El tipo de cobertura prepaga tiene el porcentaje más alto en el CGP 2 norte (Recoleta), que es también el que menos utiliza el sistema público. Siguen el CGP 13 (Núñez y Belgrano) y el 14 (Palermo y Colegiales); en dichas zonas, la utilización del sistema público es mínima. En todos los casos, el porcentaje con cobertura privada supera el 25% de la población. Teniendo en cuenta los CGP donde el servicio de salud público es menor al 25%, pueden agregarse los centros 6 (Almagro y Caballito), 10 (Villa Devoto y Monte Castro) y 12 (Saavedra, Villa Urquiza y Coghlan); en su mayoría se trata de los barrios tradicionales de las clases medias porteñas.

Durante los noventa, y en el contexto de cambio estructural, la relación entre el Estado y las clases medias sufrió profundas modificaciones. Dicho cambio puede ser entendido como un proceso de desestatización de las clases medias, a través del cual una parte de los servicios educativos, de salud y protecciones sociales dejaron gradualmente de ser cubiertos por el Estado para pasar a manos del sector privado. Esto supuso, sin duda, una transformación en las representaciones sobre lo público y sobre el rol del Estado, que ya no aparece asociado con el progreso y el ascenso social, sino con la decadencia, la corrupción y la ineficiencia.[19] Siguiendo a Norbert Elias (1982:325), este viraje hacia el mundo privado puede pensarse como un "distanciamiento" de lo público, que contribuyó a un desinterés político cada vez mayor por los aparatos estatales. El concepto de "distanciamiento" hace referencia a una transformación en la configuración social, particularmente en los vínculos de interdependencia. En este sentido, puede utilizárselo para describir el cambio de las relaciones entre las clases medias y el Estado. Anteriormente, la escuela y la universidad pública, al igual que la cobertura de salud y otras prestaciones estatales atravesaban la organización y la acción de las familias, constituyendo un referente inmediato de preocupaciones, apuestas y expectativas, mientras que ahora parte de esos intereses pasan a depender del mundo privado, haciendo que las familias tengan menor implicación con lo público y una mayor independencia frente a los aparatos estatales.

2.3 Nuevos consumos culturales

El proceso de globalización motivó un cambio notable en las prácticas culturales de la Ciudad. La adquisición de nuevas tecnologías (aparatos musicales, reproductores de música, televisión y computadoras) a lo largo de los 90 fue la base material que permitió ampliar y renovar el consumo de películas, libros y acceder a nuevos medios de comunicación masivos. En los primeros años del período, creció de forma notable el abono al

---

[19] El cambio en la formas de percepción y evaluación sobre las funciones estatales por parte de la ciudadanía debe sin duda ponerse en relación con un conjunto de agentes promotores de visiones privatistas y anti-intervencionistas. Palermo y Novaro analizan la aparición, a mediados de la década del ochenta, de un nuevo conjunto de voceros de una "vigorosa y creciente corriente privatista" (Palermo y Novaro, 1996:102).

cable y al teléfono, y, ya más cerca del final de la década, el acceso a Internet. Sin duda, el tipo de consumo y los usos de las tecnologías dependen del capital económico y cultural disponible por los individuos, pero resulta innegable que la transformación y la ampliación de la tecnología disponible alteró los consumos culturales de todos los sectores sociales. En lo que respecta a los hogares de clase media, Wortman afirma que "la casa recupera cierta centralidad como ámbito del consumo cultural, aunque, a diferencia del hogar burgués típico, en donde lo privado era el ámbito de lo íntimo donde se constituía la subjetividad privada para desenvolverse en el espacio público, ahora, a partir de Internet, la casa pasa a ser el marco del vínculo globalizado del sujeto con el mundo cultural, el ámbito de procesos comunicacionales y de circulación de mensajes, a través de la computadora y la TV satelital" (Wortman, 2001:137).

El gráfico siguiente expresa los distintos usos del tiempo libre de los habitantes de la Ciudad de Buenos Aires. Como puede apreciarse, las tres actividades mayoritarias corresponden a mirar televisión (59%), escuchar música (47%) y radio (44,80%).[20] Si bien están asociadas con la vida privada, estas prácticas suponen un consumo de medios masivos y son la puerta de entrada de productos culturales globales, que van desde información hasta música, películas y series.

---

[20] Se utilizan los datos provenientes de la Encuesta sobre Consumo Cultural de la Ciudad de Buenos Aires de 2004 realizada por la Secretaría de Cultura. La encuesta se realizó por vía telefónica a 800 personas mayores de 16 años, residentes de la Ciudad, durante octubre 2004, por medio de una batería de preguntas abiertas, con el objeto de indagar los usos del tiempo libre.

Usos del tiempo libre

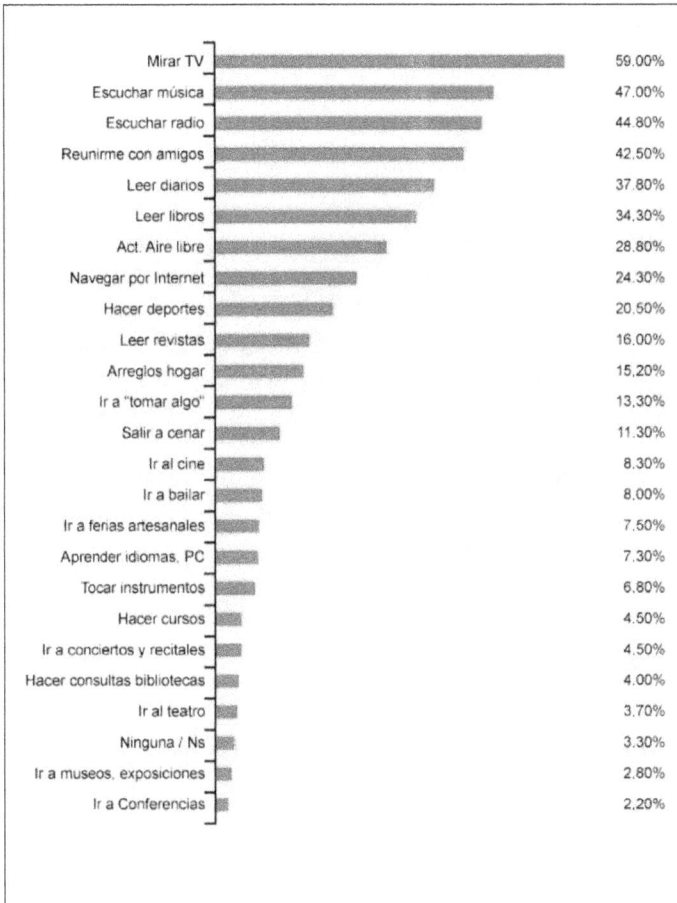

Actividad	Porcentaje
Mirar TV	59.00%
Escuchar música	47.00%
Escuchar radio	44.80%
Reunirme con amigos	42.50%
Leer diarios	37.80%
Leer libros	34.30%
Act. Aire libre	28.80%
Navegar por Internet	24.30%
Hacer deportes	20.50%
Leer revistas	16.00%
Arreglos hogar	15.20%
Ir a "tomar algo"	13.30%
Salir a cenar	11.30%
Ir al cine	8.30%
Ir a bailar	8.00%
Ir a ferias artesanales	7.50%
Aprender idiomas, PC	7.30%
Tocar instrumentos	6.80%
Hacer cursos	4.50%
Ir a conciertos y recitales	4.50%
Hacer consultas bibliotecas	4.00%
Ir al teatro	3.70%
Ninguna / Ns	3.30%
Ir a museos, exposiciones	2.80%
Ir a Conferencias	2.20%

Fuente: Consumo Cultural de la Ciudad de Buenos Aires. Encuesta 2004. Dirección General del Libro, Secretaría de Cultura.

Una característica interesante de las prácticas culturales relacionadas con el consumo masivo es que son mayoritarias en todos los estratos socioeconómicos. De hecho, son los sectores altos y bajos los que más miran televisión en su tiempo libre.

Mirar TV según nivel socioeconómico

Nivel socioeco-nómico	Mirar TV		Total
Alto	Sí 65.3%	No 34.7%	100%
Medio Alto	Sí 61.4%	No 38.6%	100%
Medio Bajo	Sí 57.3%	No 42.7%	100%
Bajo	Sí 60.0%	No 40.0%	100%

Fuente: Consumo Cultural de la Ciudad de Buenos Aires. Encuesta 2004. Dirección General del Libro, Secretaría de Cultura.

Este dato es significativo. Por lo general, suele atribuirse el consumo televisivo habitual a los sectores bajos, mientras que a los sectores medios y altos se los vincula con cierto consumo culto. Sin embargo, los datos de la encuesta muestran que las actividades de consumo masivo son frecuentes en todos los estratos. En este sentido, las películas aparecen como el género televisivo más visto. Sin embargo, es el uso particular del medio lo que parece ser distintivo de los sectores altos y medios altos. Estos estratos son los que consumen más noticieros y programas periodísticos de la oferta televisiva.

Mirar noticieros y programas periodísticos según nivel socioeconómico

Nivel socioeco-nómico	Noticieros		Total
Alto	Sí 53.4%	No 46.6%	100%
Medio Alto	Sí 53.8%	No 46.2%	100%
Medio Bajo	Sí 44.8%	No 55.2%	100%
Bajo	Sí 51%	No 49%	100%

Nivel socioeconómico	Periodísticos		Total
Alto	Sí 56.8%	No 43.2%	100%
Medio Alto	Sí 51.6%	No 48.4%	100%
Medio Bajo	Sí 40.6%	No 59.4%	100%
Bajo	Sí 45.8%	No 54.2%	100%

Fuente: Consumo Cultural de la Ciudad de Buenos Aires. Encuesta 2004. Dirección General del Libro, Secretaría de Cultura.

En el caso de la lectura de diarios se da una relación similar. Los sectores medio-alto y alto son los que lo hacen con mayor frecuencia. Si se tienen en cuenta los tres tipos de consumo particular, puede afirmarse que los sectores medios y altos tienen un mayor interés por la información de actualidad y por las problemáticas políticas de la coyuntura, lo que no implica que no consuman también programas más ligados al entretenimiento y a la distensión.

Lectura de diarios según nivel socioeconómico

Nivel socioeconómico	Leer diarios		Total
Alto	Sí 48.3%	No 51.7%	100%
Medio Alto	Sí 46.2%	No 53.8%	100%
Medio Bajo	Sí 41.3%	No 58.7%	100%
Bajo	Sí 29%	No 71%	100%

Fuente: Consumo Cultural de la Ciudad de Buenos Aires. Encuesta 2004. Dirección General del Libro, Secretaría de Cultura.

La lectura de libros y la asistencia al teatro pueden considerarse como un tipo de consumo culto que demanda mayor capital escolar y una relación más próxima con la cultura. Como puede apreciarse en los dos cuadros siguientes, son los sectores medio-alto y alto los que manifiestan ir al teatro y leer libros con mayor frecuencia.

Concurrencia al teatro según nivel socioeconómico

Nivel socioeco-nómico	Ir al teatro oficial		Total
Alto	Sí 39.6%	No 64.4%	100%
Medio Alto	Sí 36.3%	No 63.7%	100%
Medio Bajo	Sí 14.3%	No 85.7%	100%
Bajo	Sí 9.9%	No 90.1%	100%

Fuente: Consumo Cultural de la Ciudad de Buenos Aires. Encuesta 2004. Dirección General del Libro, Secretaría de Cultura.

Lectura de libros por nivel socioeconómico y frecuencia de lectura

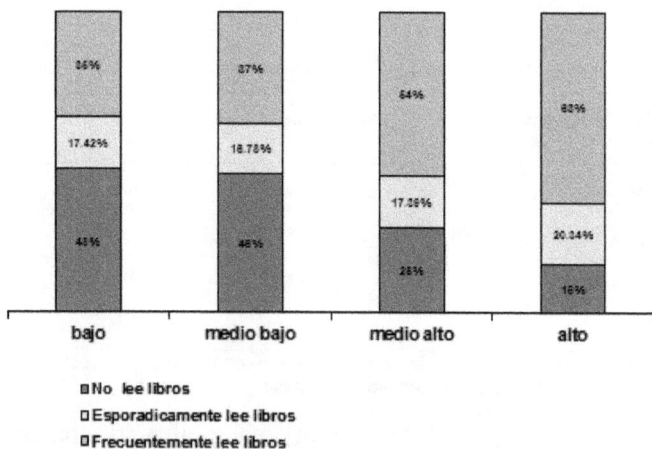

□ No lee libros
□ Esporadicamente lee libros
□ Frecuentemente lee libros

Fuente: Consumo Cultural de la Ciudad de Buenos Aires. Encuesta 2004. Dirección General del Libro, Secretaría de Cultura.

En el caso del consumo de libros, los géneros más leídos son literatura (cuentos y novelas), ciencias sociales, periodísticos y géneros cruzados (novela histórica, biografías noveladas), tanto de autores extranjeros como nacionales. Los lectores más frecuentes de la Ciudad parecen desplazarse con cierta asiduidad entre los distintos géneros que van desde los ensayos literarios a los libros de auto ayuda, y de libros de vinos y *gourmet* hasta la novela histórica. En términos de consumo cultural, las clases medias de la Ciudad de Buenos Aires se caracterizan por un tipo de consumo diverso, en el cual se combinan los productos masivos (TV-radio-diarios) con los cultos (teatro-literatura clásica) y especializados (informes periodísticos, ciencias sociales, historia novelada).

2.4 Conclusión: estilos de vida y política

Consiguientemente a los cambios en la morfología social, las clases medias porteñas muestran nuevas formas de organización de sus estilos de vida. Podemos entender estos cambios como una transformación en la orientación de la acción social. En un contexto de cambio estructural, los modos de actuar tradicionales dejan de darse por supuestos, como sostienen Berger y Luckmann, y, bajo nuevos condicionamientos, los individuos comienzan a reorganizar sus pautas de acción. Interpretar los cambios en los estilos de vida de las clases medias como un cambio en la acción social en diferentes órdenes ayuda a comprender el sentido general de la transformación, pese a lo contradictorio del proceso.

En lo que respecta al orden familiar, un conjunto de normas y modelos dejaron de resultar efectivos para organizar la vida cotidiana. El matrimonio legal, la fuerza de los vínculos de la familia extendida y la perdurabilidad de la pareja se debilitaron considerablemente. Si bien estos cambios pueden rastrearse ya a fines de la década del sesenta, es en los años noventa cuando se radicalizan, particularmente en lo que se refiere a las modificaciones en los roles y las actividades de género. Por otro lado, en lo que respecta al orden estatal, en la nueva configuración de las actividades de las familias de clase media, el Estado ya no cumple el antiguo papel de coordinador, regulador y reproductor. La burocracia estatal (escuelas, universidades, sistema de salud y jubilatorio) ya no incide en la organización familiar como lo hacía antaño y la oferta del mercado cumple un creciente rol estructurador. A esto puede sumarse el proceso de privatización de los servicios públicos, que acentuó el retiro general del Estado en el período. Esto no significa que las burocracias estatales hayan perdido toda capacidad de intervención y regulación, pero sí que ya no son capaces de ejercerla de la misma manera, y que las familias de clase media no se relacionan con lo público de la misma forma. La contracara de este proceso de desestatización son los efectos que produce el mismo mercado. Cuando lo público ha dejado de darse por supuesto, y el mercado de servicios aparece como el principal proveedor, son los individuos y las familias los que deben decidir y elegir por sí mismos el tipo de prestaciones que van a utilizar. Esto supone tomar una serie de decisiones, entre ellas decidir qué tipo de educación o formación se dará a los hijos.[21] Esta situación genera nuevos condicionamientos ligados a lo que Beck denominó "armar la propia biografía" (Beck, Beck-Gernsheim, 2003:39). Por último, los nuevos estilos de vida están ligados a un creciente consumo de cultura y esparcimiento. Las nuevas formas de consumo, que pueden describirse como un bricolaje de bienes de distinta procedencia, revelan la creciente diversidad en las prácticas culturales de las clases medias. Sin duda, estos consumos deben comprenderse en el marco de la globalización ligada a las nuevas tecnologías y al acceso a productos culturales internacionales.

---

[21] Del Cueto (2007) construyó varios tipos ideales de opciones educativas privadas disponibles para los sectores medios y altos.

Las transformaciones relevadas en los estilos de vida pudieron impactar de diversa forma en la identificación política de las clases medias con el partido radical. Desde un punto de vista general, la transformación tiende a heterogeneizar el espacio de los estilos de vida, debilitando los modelos y comportamientos tradicionales ligados a la organización familiar, a los vínculos con el Estado y a los consumos culturales. Todos estos elementos pueden afectar con distintos matices la identificación partidaria. En primer lugar, los cambios en la organización familiar pueden alterar la reproducción de las identificaciones políticas. En las investigaciones clásicas de conducta electoral, se destacaba como marco de socialización política un tipo de influencia familiar autoritaria, en la cual la identificación política del padre modelaba las conductas electorales de la esposa y los hijos. Lo que Lazarsfeld denominaba *el predominio masculino en lo político* se asentaba en un modelo de familia basado en la autoridad paterna (Lazarsfeld, 1960:199).

Los cambios en relación al Estado pueden afectar tanto la identificación política como la interpelación partidaria. En primer lugar, si parte del vínculo de las clases medias con el partido se sustentaba en la defensa de áreas de intervención pública, tales como la educación y la salud, y en una referencia general al Estado como promotor del progreso y el ascenso social, el cambio de las clases medias a favor de un conjunto de prestaciones privadas pudo erosionar el vínculo partidario. En segundo lugar, la nueva relación con el mercado puede dificultar la interpelación política del partido hacia las clases medias, en la medida en que un conjunto de demandas y expectativas se desplazaron del Estado hacia el mundo privado.

La incorporación de la Ciudad de Buenos Aires a redes de intercambio global diversificó de forma acelerada los consumos culturales, en el marco de un aumento general del nivel educativo de la población. Sin dudas, estos fenómenos pueden minar la reproducción de viejas culturas políticas preexistentes, en la medida en que fomentan nuevas demandas y valores ajenos a las tradiciones políticas. Por otro lado, como sostuvo Novaro (1998), en la Ciudad de Buenos Aires, el consumo de información y la "trasparentización" de la vida pública tienden a activar el juicio crítico de los votantes y a debilitar las identificaciones políticas tradicionales.

Sin duda estos resultados nos posibilitan entrever algunas hipótesis sobre los cambios en la conducta electoral de los radicales fieles al partido. Pero todavía resultan imputaciones más o menos indirectas sobre el cambio político. En los capítulos siguientes comenzaremos a acercarnos al nivel de los electores y a los modos de pensar la política y los partidos.

Capítulo 3

3. Cambios en el comportamiento político y nuevas disposiciones políticas de los votantes radicales

En los capítulos anteriores se analizaron algunos cambios centrales que se dieron en la morfología de las clases medias y en los estilos de vida, con el objetivo de comprender la desvinculación electoral de los votantes fieles de la UCR, pero nos centramos en los niveles macro de análisis, alejados de los electores y de su subjetividad política. Los cambios ligados a la configuración de las clases y la transformación de los estilos de vida son fenómenos "externos" a los partidos, pero que, sin embargo, pueden influir en las prácticas y las identificaciones partidarias. En este capítulo analizaremos algunas transformaciones que tuvieron lugar en las disposiciones políticas de los afiliados radicales, y varias dimensiones del proceso de desvinculación electoral que llevó a los votantes de clase media a alejarse de la UCR. Para caracterizar el cambio en las disposiciones se utilizan los datos de una amplia encuesta realizada por la UCR a sus afiliados de la Capital Federal en 1992. Dicho relevamiento buscaba captar las nuevas demandas de los afiliados, así como mostrar la evaluación que hacían de las orientaciones partidarias.[22] La encuesta captó de manera indirecta la transformación de los afiliados que en los primeros años de la década comenzaban a retirar su apoyo al partido centenario. Reinterpretando los datos obtenidos en la encuesta, nos enfocaremos en las expectativas y demandas de los afiliados de la UCR respecto a la intervención estatal, a la formación

---

22 La encuesta se hizo en 1992 a un total de 22.868 afiliados y fue realizada por militantes del partido (Rodríguez, 1992).

de nuevos valores y a la evaluación del partido. Luego, a partir de los resultados electorales en las distintas circunscripciones, se abordará la merma del apoyo electoral a la UCR por parte de las clases medias.

La pérdida de votos puede considerarse como un efecto de los cambios en las disposiciones políticas del electorado de la UCR, producto de las transformaciones estructurales y de organización partidaria, ya que ambos procesos impactan en la identificación partidaria de los electores fieles. En los primeros apartados se destacó el cambio en la morfología social de las clases medias, que implicó la desaparición de ciertas fracciones tradicionales, y el surgimiento de nuevas categorías ligadas a los servicios en general y a nuevos productores culturales vinculados con el mercado global. El cambio morfológico operó en paralelo con un redefinición de los modos de vida y la diversificación los consumos y las prácticas culturales. En lo que respecta a la organización familiar y sus vínculos con el Estado, las nuevas clases medias muestran prácticas más destradicionalizadas y ligadas más al consumo de mercado que a la órbita pública. El impacto político partidario de estas transformaciones puede observarse en los resultados de la encuesta que realizó el partido a principios de los años noventa.

3.1 Cambio de valores y demandas: una nueva cultura política de los votantes

Parte de los cambios de valores y preferencias de los electores radicales comienza a manifestarse a finales de la década del ochenta y principios de los noventa. Uno de los trabajos pioneros sobre el cambio electoral fue el de Mora y Araujo (1991). En dicho trabajo se detallan algunas de las nuevas demandas sociales, en particular las referidas a la intervención estatal, que el autor denominó preferencias "privatistas". Las mismas suponían que una creciente porción del electorado argentino se inclinaba en favor del aumento de la participación privada en los servicios públicos, y a su vez mostraba una mayor preocupación por la inflación y un mayor apoyo de los valores democráticos (Mora y Araujo, 1991:72). Dichos cambios en las preferencias políticas tuvieron posteriormente su correlato en las prácticas propias en relación al Estado. Como se analizó anteriormente, durante los primeros años de la década del noventa una parte considerable de las clases medias se desplazó de las prestaciones públicas a las privadas. Sin duda, parte del cambio fue alentado por los propios partidos que, en determinadas coyunturas, realizaron propuestas privatistas, tales como las privatizaciones del gobierno de Alfonsín y la campaña de Angeloz, en la que se postulaba la necesidad de achicamiento y reforma del Estado.

La encuesta de 1992 mostró que una parte considerable de los afiliados radicales de la Capital Federal estaba de acuerdo con las privatizaciones, aunque criticaba las adjudicaciones y el tipo de control estatal. Como puede apreciarse en el cuadro siguiente, los encuestados manifestaron la necesidad de revisar las privatizaciones y mantener el control efectivo del Estado sobre las mismas, y tan sólo un porcentaje minoritario estaba de acuerdo en anularlas. Estas posiciones deben comprenderse a la luz de las mejoras extraordinarias que tuvieron en los primeros años de la década ciertos servicios como la telefonía y la electricidad.

Privatizaciones y reforma del Estado

Revisar adjudicaciones	41.6
Mantenerlas con efectivo control y fiscalización del Estado	31.7
Anularlas	19.7
Extenderlas a otras áreas	7.0
TOTAL	100

Fuente: Rodríguez (1992).

El cambio de preferencias no supone directamente una diferenciación con el partido, ya que el mismo podría haber acompañado eventualmente dicho proceso, aunque no fue el caso de la UCR. Como se analizará posteriormente, el partido mantuvo una posición sumamente contradictoria respecto al proceso privatizador, pese a que gran parte de su electorado apoyaba dicho proceso. Estas coyunturas de "desajuste" entre las posiciones partidarias y el posicionamiento de los electores pueden considerarse, a partir de la teoría de los campos, como producto de la propia lógica de funcionamiento del campo político, en la medida en que las tomas de posiciones partidarias están primeramente determinadas por las posiciones de los competidores del campo.

A grandes rasgos, las posturas de los afiliados frente a la participación estatal eran de apoyo a la reducción del Estado y manifestaban cierto acuerdo con las privatizaciones encaradas por el menemismo. Sin embargo, también demandaban mayor control y fiscalización de los servicios privatizados. En otras palabras, un Estado reducido, pero con capacidad de regulación. Como veremos más adelante, la UCR tampoco pudo unificar una postura respecto al tipo de intervención estatal que habría de pregonar, manifestando así una importante inconsistencia programática frente al electorado.

Por otro lado, la encuesta indagó a los afiliados sobre la inclusión de algunos temas polémicos en los planes escolares como, por ejemplo, la educación sexual, la drogadicción y el SIDA. Los resultados evidencian cambios en las formas de pensar del electorado radical respecto a la organización de la familia y a los valores relacionados al sexo y los roles de género. En los cuadros siguientes pueden apreciarse sus posturas sobre la educación sexual y la ampliación de temas en los programas escolares.

Educación sexual en las escuelas

Debe incluirse a nivel primario	60.0
Debe incluirse a nivel secundario	64.7
No debe incluirse	6.7
(Respuesta múltiple, hasta 3 opciones)	

Fuente: Rodríguez (1992).

Programas educativos: SIDA, drogadicción, alcoholismo, tabaquismo

	Debe incluirse	No debe incluirse
SIDA	94.0	6.0
Drogadicción	91.0	9.0
Alcoholismo	84.2	15.8
Tabaquismo	78.5	21.5

Fuente: Rodríguez (1992).

No sólo la mayoría de los radicales capitalinos estaba de acuerdo con la implementación de la educación sexual en los colegios secundarios, sino que una parte considerable creía necesario brindarla también en el nivel primario. Sin duda, estas posiciones deben comprenderse a partir del cambio general en los estilos de vida y de la organización familiar, que supuso un debilitamiento de algunos valores tradicionales y el desarrollo de actitudes más modernas frente a un conjunto de aspectos sociales. Posiblemente, uno de los factores que más contribuyó a que se diera este cambio fue el aumento del nivel educativo y de la información a disposición de los individuos. Esta modernización de los valores se evidencia también en las opiniones respecto al SIDA y la drogadicción, dos problemas sociales que se instalaron a principios de los noventa.

Los cambios de los valores tradicionales de los afiliados quedaron también reflejados en sus posiciones frente al aborto, donde la mayoría consideró necesario que se legalizase de alguna manera.

Aborto y legislación

El aborto debe estar legalizado y sujeto a libre decisión	39.5
El aborto debe ser legal en caso de violación	31.5
El aborto debe ser legal en caso de consejo médico	30.7
El aborto no debe legalizarse nunca	13.6
(Respuesta múltiple, hasta 3 opciones)	

Fuente: Rodríguez (1992).

Cabe remarcar el acuerdo mayoritario sobre la libre decisión del aborto y el bajo apoyo a su prohibición. En este sentido, es interesante el escaso peso que parece tener la identidad religiosa en las opiniones expresadas por los afilados. En el cuadro siguiente pueden apreciarse las posturas frente al aborto según edad y género.

Aborto y legislación según mujeres y varones: por edad

	Mujeres		Varones	
Edad	Más de 30	Menos de 30	Más de 30	Menos de 30
El aborto debe estar legalizado y sujeto a libre decisión	39.7	46.9	46.9	48.1
El aborto debe ser legal en caso de violación	32.5	28.9	31.6	26.8

El aborto debe ser legal en caso de consejo médico	30.5	25.2	33.4	21.8
El aborto no debe legalizarse nunca	13.5	10.1	14.9	10.6
(Respuesta múltiple, hasta 3 opciones)				

Fuente: Rodríguez (1992).

Si bien no pueden apreciarse grandes diferencias en las posturas según el género de los entrevistados, sí son destacables los contrastes que se dan en función de sus edades. Las generaciones más jóvenes se muestran más de acuerdo con la libre decisión del aborto y están, en términos generales, más en desacuerdo con su prohibición. Las diferencias son, sin dudas, un indicador de la transformación de los valores que se dio de una generación a otra. Las generaciones jóvenes parecen portadoras de nuevas visiones y demandas más libres de valores conservadores.

También se les preguntó a los afiliados cuáles eran sus posturas sobre los Derechos Humanos y las cuestiones ambientales. Es necesario destacar que una proporción importante de los afiliados radicales se mostraron a favor de la lucha contra la discriminación laboral de la mujer y de los homosexuales, así como de un mayor control del Estado sobre alimentos y medicamentos, y de políticas más activas frente a la contaminación de aguas y desechos industriales.

Derechos Humanos. Ranking de prioridades

Los datos se expresan en porcentajes sobre el total de consultas efectuadas	
Niñez abandonada	74.0
Censura oficial	53.0
Violencia policial	52.5

Violencia familiar	42.4
Discriminación laboral femenina	33.5
Discriminación en discotecas	23.3
Discriminación a homosexuales	14.5
(Suma en discriminación)	71.3
(Respuesta múltiple, hasta 3 opciones)	

Fuente: Rodríguez (1992).

Calidad de Vida y Cuestiones Ambientales

1 Control de calidad en alimentos y medicamentos	66.7
2 Contaminación de las aguas	60.4
3 Problema de los desechos industriales	42.4
4 Contaminación del aire	31.2
5 Ampliar espacios verdes	23.9
6 Tratamiento de residuos	23.6
7 Reserva ecológica	20.7
8 Ruidos molestos	17.9
9 Capa de ozono	16.9
(Respuesta múltiple, hasta 3 opciones)	

Fuente: Rodríguez (1992).

Teniendo en cuenta los resultados, es posible afirmar que a principios de los noventa, una parte importante de los afiliados de la UCR de la Capital Federal mostraba un conjunto de expectativas y demandas relacionadas con valores modernos, ligados a la defensa del medioambiente, y el reconocimiento de minorías y derechos de género.

En lo que respecta a la evaluación del desempeño partidario por parte de los afiliados de la Capital, en el cuadro siguiente puede apreciarse una importante caracterización negativa del rol opositor de la UCR. Efectivamente, más de la mitad de los encuestados consideraban insuficiente la actitud opositora del partido. Como se analizará posteriormente (Capítulo 8), esta evaluación negativa se corresponde con el duro enfrentamiento que se daba en la cúpula partidaria entre Angeloz y Alfonsín, que determinó que hubiese una "doble conducción" del partido con dos discursos enfrentados y contrapuestos entre sí.

Actitud opositora de la UCR

Insuficiente	55.0
Moderada	23.4
Adecuada	15.7
Exagerada	4.6
No contesta	1.3

Fuente: Rodríguez (1992).

En lo que se refiere al desempeño del Comité Capital, la mitad de los afiliados evaluó su gestión como intrascendente o regular.

Gestión del Comité Capital de la UCR

Intrascendente	27.8
Regular	26.0
Buena	22.0
Mala	12.6
Muy buena	5.1
No contesta	6.5

Fuente: Rodríguez (1992).

Las demandas y valores de los afiliados de la UCR pueden ser entendidas como producto del desarrollo de una *nueva cultura política* en el sentido que proponen Clark e Inglehart (2007), y que utilizó Díaz de Landa (2007) para el caso argentino. La nueva cultura política supone el desarrollo de nuevos temas y demandas, tales como las cuestiones ambientales, los nuevos derechos sociales y los reclamos de intervención estatal en nuevas áreas específicas. En el caso de los votantes radicales más jóvenes, la existencia de una nueva cultura política resulta evidente a la luz de las opiniones manifestadas sobre cuestiones relacionadas al aborto, la educación sexual, los problemas ecológicos y de consumo de alimentos. Como se mencionó antes, el desarrollo de una nueva cultura política no supone directamente la pérdida de votos, pero, sin embargo, altera la relación entre el conjunto de electores y su partido, en la medida en que se produce un creciente desfasaje entre las expectativas de los afiliados y la oferta partidaria.

Otra dimensión del proceso que es necesario mencionar, pero difícil de cuantificar, es lo que Clark denomina un menor reconocimiento de las jerarquías, en particular las vinculadas a los partidos (Clark, 2007:85). Una porción considerable de la legitimidad tradicional de los partidos se basaba en el reconocimiento de la autoridad y de la jerarquía de los dirigentes partidarios por parte de los afiliados y simpatizantes. Generalmente, el desarrollo de la nueva cultura política supone el debilitamiento de dicho reconocimiento, producto, básicamente, del aumento de los niveles educativos y del mayor acceso a los medios de comunicación. El debilitamiento de las jerarquías puede traer aparejada una actitud más crítica y más distante frente a los líderes partidarios, que, sin duda, pudo afectar el funcionamiento de la UCR, un partido que basaba la movilización de sus afiliados en convocatorias fundadas en la emotividad y la tradición, más que en la formulación de propuestas programáticas alternativas y novedosas.

3.2 La desvinculación de los votantes de clases medias de la UCR

Los resultados obtenidos en los capítulos anteriores pueden conducirnos a una primera clave interpretativa: la desvinculación electoral de los votantes fieles de la UCR en la Capital Federal estuvo condicionada por la transformación de la composición y de los estilos de vida de las clases medias y de los cambios que se dieron en la cultura política del propio electorado. En la medida en que los estratos sociales donde la UCR cosechaba sus principales apoyos se fueron modificando y los intereses y demandas de los adherentes se fueron diversificando, el partido comenzó a mermar su caudal electoral. Como veremos en la tercera parte del trabajo, esta correlación entre cambio sociocultural y pérdida de votos no basta para comprender la desvinculación; es necesario, además, analizar la dinámica partidaria en esta coyuntura de cambio. Sin embargo, la caracterización del comportamiento electoral de los votantes no puede soslayar la transformación que sufrieron las clases ni tampoco el cambio de demandas y expectativas entre los adherentes al partido. Así, en una primera instancia del análisis resulta pertinente vincular las dimensiones estructurales y culturales con el voto, aunque posteriormente se incorporarán otros elementos.

En el cuadro siguiente puede observase la disminución de los apoyos electorales a la UCR en las elecciones a diputados y convencionales durante la primera parte de la década del noventa. Analizar las elecciones a diputados y convencionales permite caracterizar el comportamiento electoral con cierta periodicidad, algo que resultaría más difícil si se analizase sólo las elecciones a presidente. Sin embargo, debe tenerse en cuenta que los resultados finales sólo reflejan parcialmente, y a veces de manera muy tangencial, el comportamiento de los adherentes fieles al partido. Tomamos como referencia las elecciones de los primeros años de la década del noventa antes de la formación de la alianza con el Frepaso para priorizar el cambio del rendimiento partidario. Como veremos posteriormente, con la formación de la Alianza muchos de los electores desvinculados en esta primera etapa apoyarán electoralmente la nueva marca partidaria, pero esto no supondrá una revinculación partidaria.

Entre 1991 y 1995, el caudal de votantes de la UCR se redujo a la mitad en la Ciudad de Buenos Aires. En términos totales, en las elecciones de 1991, la UCR recibió el apoyo de 754.002 votantes, mientras en 1995 sólo cosechó 408.537 votos, lo que supone una pérdida de 345.465 votantes entre una elección y otra.

Porcentaje de votos de la UCR en la Capital Federal en las elecciones de diputados y convencionales. Años 1991/1995

1991	1993	1994	1995
40.35	29.99	19.74	20.28

Fuente: Ministerio del Interior.

En sus análisis sobre el rendimiento electoral de la UCR, Catterberg (1989) y De Riz (1991) destacaron que, a fines de la década del ochenta, el partido centenario había perdido centralmente los apoyos electorales provenientes de los sectores altos y medios altos (que se concentraron en la UceDé), así como una parte de los apoyos populares que había logrado movilizar Alfonsín en la primera etapa democrática y que retornaban al peronismo. En la elección de 1989, Angeloz obtuvo el 36% de los votos, pese al aumento de la inflación, la crisis económica y el bajo rendimiento político del final del alfonsinismo, logrando centralmente el apoyo de los electores que tradicionalmente votaban a la UCR. Son estos votantes los que comenzarán, a partir de 1991, a desvincularse del partido. En términos generales, que el núcleo de votantes tradicionales sea el último en abandonar el voto a la UCR responde al carácter duradero de la identificación con el partido. La UCR perdió, en una primera instancia, a los sectores incorporados en la década anterior, pero mantuvo a los más antiguos, al menos durante un tiempo. En su análisis sobre la crisis de las organizaciones, Hirschman (1997) afirmaba que la salida de las organizaciones depende de los grados de filiación y lealtad de sus miembros. En una situación de crisis, los primeros en abandonar son los menos comprometidos, mientras que los leales soportan por más tiempo la debacle de la organización. Este apoyo de los miembros, basado en la lealtad, da tiempo y oportunidad a los líderes de revertir la situación de crisis antes de llegar a perder a todos sus miembros (Hirschman, 1997:78). La reflexión sobre los miembros más identificados con el partido lleva a interrogarse, a su vez, por las variaciones de la participación interna. En el cuadro siguiente, se detalla la merma de votantes en elecciones partidarias en el mismo período anterior de 1991-1995.

Porcentaje de participación de los afilados en elecciones internas de la UCR en la Capital Federal. Años 1991-1995

1991	1993	1994	1995
40%	38%	23%	23%

Fuente: *Clarín* 25/5/91, 10/05/93, 28/11/94, 21/3/95.

Si bien encontramos una creciente desmovilización de los afiliados del partido, es interesante la diferencia entre la primera y la última elección. La participación interna se redujo a la mitad entre 1991 y 1995, una variación similar a la que se da en el caudal de votantes en las elecciones generales para el mismo período. En este sentido, puede afirmarse que la desvinculación de la UCR es un proceso que afectó tanto la participación interna como el rendimiento general del partido. Las cifras reflejan una reducción análoga de los apoyos internos y externos, lo que indica que el cambio de la relación entre el partido y su base social afectó tanto a los votantes como a los afiliados más cercanos y fieles al partido. Desde el punto de vista de la transformación en la morfología de las clases y las disposiciones políticas, el cambio en el comportamiento de votantes y afiliados puede ser interpretado como producto de la modernización de la estructura de las clases medias y de los intereses y demandas de los votantes (internos y externos). Es decir que el proceso de cambio social general afectó transversalmente a los adherentes del partido, más allá de su grado de integración y compromiso con el mismo. Como se verá posteriormente, desde el punto de vista partidario esto supone que el partido perdió efectividad política y capacidad de movilización tanto en su cúpula (dirigentes y candidatos) como en su base organizativa (referentes de comité, militantes, caudillos barriales).

Ampliando el período de análisis, puede verse que la pérdida de votantes de clase media por parte de la UCR se hace evidente entre 1991 y 2005. La formación de la Alianza le permitió a la UCR mejorar el rendimiento electoral, pero éste volvió a descender notablemente en el 2003. Como se analizará en más adelante, la Alianza operó cerrando las opciones de un electorado que se fragmentaba más que reafiliando a los electores tradicionales del partido. Efectivamente, una parte considerable de los votantes de la UCR habían retirado su apoyo entre 1991 y 1996. Como pusieron en evidencia los estudios de Cantón y Jorrat (2007), el crecimiento del Frente Grande y del Frepaso se explica, en parte, por el apoyo brindado por antiguos votantes históricos de la UCR. En 2001, luego de la ruptura de la Alianza, el rendimiento electoral de la UCR cayó extraordinariamente y el partido dejó de ser competitivo en las elecciones de la Capital.

Votos a la UCR en elecciones legislativas en la Capital Federal

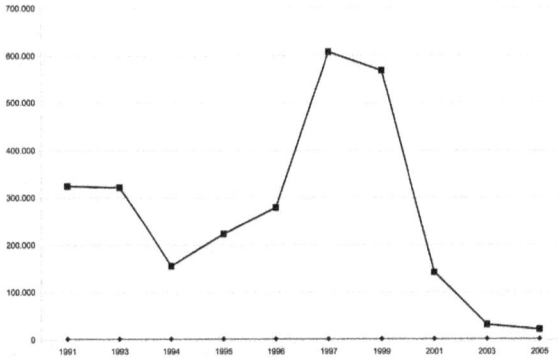

En las teorías de comportamiento electoral, comúnmente se denomina *desalineamiento* a la pérdida del peso explicativo de la categoría de clase sobre los posicionamientos electorales. ¿Puede interpretarse la desvinculación de las clases medias de la UCR como un *desalineamiento*? En realidad, este concepto parece aplicarse mejor a la relación entre clase y voto (entre las diferentes clases y los apoyos electorales), y puede mantenerse a pesar del bajo rendimiento electoral. Siguiendo la categorización de Torrado (1996) de las distintas circunscripciones de la Capital Federal según estratos sociales, en el cuadro siguiente pueden apreciarse los distintos aportes de las clases al rendimiento electoral de la UCR.

Aporte de votos de las diferentes clases sociales a la UCR

	1991	1993	1994
Clase alta	25.8	26.6	25.4
Clases medias	**55.2**	**55.7**	**55.2**
Clase baja	18.9	17.6	19.3

Elaboración propia en base a los datos de Cantón y Jorrat (2007).

Como puede apreciarse, el principal caudal de votos de la UCR provino de circunscripciones de clases medias, lo que permitiría sostener la existencia de un fuerte alineamiento entre esos sectores y el partido centenario. Sin embargo, al tomar los votos totales obtenidos por el partido, no pueden observarse variaciones entre una elección y otra. Es decir que el aporte de clase se mantiene, pese a la disminución de los apoyos electorales al partido. Para sortear este problema, en el cuadro siguiente se expresa el porcentaje de votos obtenidos por la UCR a partir del total de votos emitidos en circunscripciones de clase media. De esta manera, puede observarse la disminución de los apoyos electorales a la UCR por la desvinculación de votantes de las clases medias que, con distintas variaciones, tendieron a retirarle su apoyo entre 1989 y 2003.

Votos obtenidos por la UCR en circunscripciones de clase media

Años	Votos a la UCR en circunscripciones de clase media	Total de votos emitidos en circunscripciones de clase media	Porcentaje de votos obtenidos por la UCR en circunscripciones de clase media
1991	416.751	1.024.978	40.7
1993	321.660	1.047.331	30.7
1994	155.977	1.025.170	15.2
1995	116.012	1.039.327	11.1
1997	608.202	1.056.950	57.5
1999	568.876	1.082.311	52.6
2001	141.924	998.347	14.2
2003	32.076	961.791	3.3
2005	22.131	994.607	2.2

Elaboración propia en base a los datos de Cantón y Jorrat (2007).

A lo largo de la serie de elecciones puede apreciarse la desvinculación electoral de votantes de clase media. En las primeras elecciones, la UCR conquistaba poco más del 40% de los votos, mientras que, en las últimas elecciones, solamente obtuvo el 3%. Este porcentaje evidencia el agotamiento de la relación entre votantes de clase media y el partido hacia el final del período. Otro aspecto a destacar es la creciente variabilidad electoral a lo largo de las elecciones. Una importante cantidad de electores que brindaba su apoyo a la UCR se alejó del partido en los primeros años, pero retornó hacia el final de la década, para alejarse nuevamente a partir de 2001. Esto se relaciona con la notable efectividad que demostró tener la Alianza a la hora de conquistar apoyos electorales. Los porcentajes de apoyo más altos son los obtenidos en 1997 y 1999, cuando la UCR se presentó junto con el Frepaso. En estos casos, el partido no sólo recuperó sus apoyos, sino que logró sumar nuevos sectores.

3.3 Conclusión: modernización, nueva cultura política y desvinculación partidaria

Las tomas de posición de los afiliados de la UCR frente a un conjunto de temas como la intervención y control estatal, el aborto, la educación sexual, el medio ambiente y nuevos derechos pueden ser interpretados como indicadores de una nueva cultura política, asociada a la transformación de los estilos de vida de las clases medias en el marco de la globalización. Como se afirmó anteriormente, es posible hablar de modernización en la medida en que un conjunto de tradiciones y valores heredados del pasado, tales como los ligados a los roles de género, y a la conducta sexual y reproductiva van perdiendo fuerza, al tiempo que van apareciendo nuevas demandas particulares. Este conjunto de valores y actitudes están asociados a reclamos de mayor igualdad de género y libre decisión respecto a la organización familiar, así como también a una mayor apertura frente a los cambios sexuales y una mayor preocupación por nuevas cuestiones ambientales y de discriminación. El cambio es apreciable particularmente en las generaciones más jóvenes, que incorporaron rápidamente los valores democráticos y demandan mayor igualdad y libertad en diversos ámbitos de la vida social, no necesariamente ligados a la violencia estatal y la censura, que fueron los reclamos característicos de la década del ochenta. Siguiendo la conocida distinción entre valores materialistas y posmaterialistas, se pueden denominar valores posrecuperación democrática al conjunto de demandas asociadas a la igualdad de género, medioambiente, lucha contra la discriminación. En este marco, el desfasaje entre el partido y los electores se produce por la creciente distancia entre la oferta partidaria y los posicionamientos de sus electores.

Capítulo 4

4. Los esquemas interpretativos de los votantes radicales

El objeto principal de este capítulo es analizar la desvinculación electoral de las clases medias de la UCR en la Capital Federal, a partir de los cambios experimentados por los electores radicales en su forma de pensar la política y los partidos. Para comprender estos cambios es necesario incorporar la dimensión subjetiva de los electores. En este sentido, la transformación de los esquemas de visión y división del mundo político de los electores de la UCR están íntimamente relacionados con el retiro de su apoyo electoral y con la disminución de su participación partidaria.

Como se manifestó al comienzo del trabajo, el voto recurrente a la UCR está asociado, en términos de probabilidades, a un sistema más o menos organizado de representaciones, actitudes y normas que denominamos esquemas interpretativos. Estos esquemas incluyen un conjunto de visiones y divisiones del campo político referidas a los partidos, candidatos, historia de los gobiernos, etc., pero al mismo tiempo, tal como lo indicaron Michelat y Simon, suponen un conjunto de representaciones respecto al campo social (clases sociales, organizaciones, partidos y líderes políticos), de convicciones respecto a lo legítimo y lo ilegítimo, así como opiniones sobre los principales problemas sociales y personales (Michelat y Simon, 1985:32).

El vínculo entre la UCR y sus electores estaba constituido por un conjunto de valores asociados al partido y ligado a determinadas creencias y visiones sobre el espacio político y social. En términos generales, los elementos centrales de los esquemas interpretativos de los adherentes

radicales eran la defensa de la Constitución y los derechos políticos, el reconocimiento de las virtudes cívicas y la
oposición al peronismo. Estos valores y creencias actuaban
guiando y condicionando las evaluaciones sobre las coyunturas políticas, manteniendo la identificación con la UCR
y promoviendo el apoyo electoral. A medida que esas formas de interpretación tendieron a transformarse, el vínculo
entre la UCR y sus electores comenzó a debilitarse.

4.2 La axiomática radical: los valores y principios del electorado de la UCR

La noción de esquemas interpretativos o sistemas simbólicos acentúa el carácter mediador de las categorías de pensamiento y acción entre las posiciones sociales y los discursos
partidarios. Esto supone una caracterización compleja del
voto, que no está determinado por la posición social del
elector, pero tampoco por una especie de poder performativo absoluto de la oferta política. Los esquemas de visión
y percepción política suponen un conjunto más o menos
sistemático de principios, opiniones y creencias sobre el
campo político y social que actúan como mapa cognitivo
y evaluativo, con lo que contribuyen a orientar la acción
electoral.

Partiendo de esta noción, desarrollaremos un conjunto
de visiones y evaluaciones de los votantes y adherentes
radicales en relación a los principios partidarios, al peronismo y a sus votantes, y, por último, en relación a su propia
tradición partidaria y a sus elecciones.[23]

---

23 Los términos "simpatizantes", "afiliados" y "adherentes" suponen distintos
    grados de compromiso y adhesión al partido, que van desde del voto reitera-
    do hasta la participación en actividades partidarias, tales como el voto en las
    internas o la participación en campañas. En la medida en que priorizamos el
    voto recurrente a la UCR, parte de la muestra está constituida por estas dife-
    rentes categorías. Es necesario aclarar que no encontramos diferencias sus-
    tanciales en las visiones y percepción de la UCR en función del grado de
    compromiso. Posiblemente, las diferencias se acentúen en el caso de los

Los esquemas interpretativos de los electores radicales pueden ser aprehendidos teniendo en cuenta el conjunto de valores y principios reivindicados por los adherentes, y por las formas de clasificar y categorizar a los demás partidos. Las formas que tiene un grupo de clasificar a los partidos y a sus votantes son, también, una manera indirecta de ubicarse a sí mismos como electores en el espacio político. Toda definición política de un otro es, al mismo tiempo, una definición relacional de sí mismo. Por lo tanto, el juego de oposiciones que destacan los votantes radicales revela, en parte, su propio posicionamiento en el campo político y social, así como los valores y los principios asociados a los mismos.

Como sostuvo Torre (2004:4), una característica de la UCR a lo largo de su historia fue la defensa de valores y principios abstractos. La democracia, la defensa de la Constitución, el cumplimiento de la ley y los derechos políticos fueron algunos de los componentes centrales del discurso radical a lo largo del siglo XX. Este conjunto no sistemático de principios es reproducido por la mayoría de los votantes que se reconocen como adherentes y simpatizantes radicales. En este sentido, el reconocimiento de dichos valores por parte de los votantes es producto de un trabajo político partidario históricamente acumulado. Mucho más cercana a una actitud cívica que a un programa político sistemático, la corriente radical reconoce como valores propios el orden legal, la libertad y la democracia.

> "Yo creo que lo que caracteriza a la UCR y, digamos, lo que a mí me gustó o por lo que yo voté a los radicales es, como te digo, el republicanismo, digamos, la defensa de las instituciones, los derechos, las personas. A mí me parece que es algo que siempre tuvo el partido, es decir, esto de reivindicar la democracia y el orden democrático. Pero también la ética de la cosa pública, el comportamiento ético de los políticos.

militantes y dirigentes locales. Sin embargo, en tanto indagamos las características del electorado, no tomamos en cuenta esos tipos de participación partidaria.

Yo creo que un Alfonsín, un Illia, un Yrigoyen son ejemplos de conducta y que todos los políticos deberían seguir. [...] Ese republicanismo es necesario para mejorar la vida y el desarrollo de país, la Argentina es un quilombo digamos, un caos, y me parece que los radicales, que la UCR trató siempre de combatir la corrupción y el desorden" (Leandro, 48 años, ingeniero, 2009).

La defensa de la ley y la democracia es uno de los elementos característicos del sistema de valores de los electores radicales. Estas ideas pueden estar presentes en votantes de otros partidos, pero lo que caracteriza a los electores radicales es, sin duda, la asociación de las mismas con la UCR y la creencia de que es el partido de la defensa de la ley y la democracia. En ese sentido, se valoriza la lucha del partido por imponer el orden y el cumplimiento de la Constitución, particularmente frente al peronismo y los militares.

"Yo creo que si algo caracterizó a los gobiernos radicales, a todos, digamos, es la libertad. En los gobiernos radicales siempre había más libertad que en los gobiernos peronistas o militares. Los radicales cumplían la ley, digamos, y gobernaban con la libertad. Hicieron cosas malas, por supuesto, pero se llevaban más por las leyes, por la libertad que uno tenía, se llevaban por todo eso, digamos. En el peronismo no había leyes, hacían lo que querían. Así como Menem vendió todo para llevarse la plata, Perón vendía el trigo y los cereales, y nos dejaba sin nada y él se llenaba de plata" (Julia, 78 años, jubilada, 2007).

"Los militares y los partidos siempre tuvieron una relación conflictiva. Es difícil pensar eso, la relación. Creo que sin duda los militares siempre destruyeron los partidos porque si hay elecciones no hay militares. Pero creo que el radicalismo luchó siempre con la ley y la Constitución frente a los militares, aunque el peronismo fue más contradictorio, ¿no?, desde el apoyo al peronismo o la transa como en el pacto militar-sindical, hasta la lucha de la guerrilla. En eso el PJ es, como se dice: "una bolsa de gatos", y creo que la UCR fue más ordenado, más de seguir las leyes" (Carlos, 65, empleado municipal, 2005).

En la visión de los votantes radicales, la intención de los gobiernos de la UCR fue *"ordenar un país caótico" y "sin respeto por las instituciones"*. La lucha contra los *"peronistas"*, *"la dictadura"*, *"los empresarios sin moral"* es, desde el punto de vista radical, una lucha del orden frente al caos. Entre estas luchas, se reivindica particularmente a Illia y Alfonsín. A ambos dirigentes se les reconoce, como principales atributos, las virtudes cívicas, el respeto a la ley y la conducta ética en la administración del gobierno.

"Si pienso una diferencia rápida entre radicales y peronistas, lo primero es que ningún radical se hizo rico haciendo política, un Illia, un Alfonsín, pero además hay muchos ejemplos. Creo que es la conducta ética, la responsabilidad de la administración, de la cosa pública. En eso los radicales son diferentes. Los peronistas no tienen tanto respeto por las instituciones, no es que sólo se pueden robar algo, además hacen desmanejos, hacen lo que quieren y no importa que esté mal o qué dice la ley. Es el poder por el poder. El radicalismo no es así" (Diego, 58, comerciante, 2005).

Además de la custodia de la ley y del orden democrático, otro de los componentes centrales del *ethos* radical es la defensa de las instituciones y su desarrollo. Sin bien la "defensa de las instituciones" parece una máxima abstracta e indeterminada, los electores se refieren a la misma reiteradamente, por lo general vinculándola con la defensa de alguna burocracia pública. En este sentido, aparece una reivindicación de la intervención estatal, particularmente ligada a la educación pública y al desarrollo social. Por el contrario, el peronismo aparece asociado a la decadencia institucional.

"Un país donde no importa la cultura termina como nosotros. El peronismo tiene, realmente, insisto, que llevar sobre sus espaldas la decadencia cultural argentina. Son los grandes detractores de la educación argentina y de la salud también. Hablemos del Hospital de Clínicas, del Hospital de Odontología, que tenían vínculos con la Universidad. Son una vergüenza, son rateríos humanos. Donde antes venían extranjeros a aprender cómo se hacían las cosas y se quedaban con la boca abierta de cómo funcionaban. El gobierno peronista no tiene perdón de Dios con lo que ha hecho con la salud. Y ni hablar con lo que hicieron con la justicia. Hicieron un país anárquico, donde no se respeta ninguna ley. Hay un desmedro de los valores desde hace más de 50 años. Y en esto el gobierno peronista es culpable. Y lo de ahora peor. Cada vez hacen más grande la brecha entre los ricos y los pobres, entre los cultos y los ignorantes, entre los sanos y los enfermos. Lo peor que le puede pasar a un argentino es ser un niño o un anciano, porque está totalmente indefenso. Y en épocas radicales, en épocas de Illia, en épocas de Frondizi no fue así, y la historia no me deja mentir. Los hospitales fue cuando mejor estuvieron. Las universidades fue cuando mejor estuvieron. La educación pública fue cuando más se cuidó y fue aplaudida por todo el mundo. Fueron las mejores épocas" (Carlos, 60 años, abogado, 2007).

Ligado al desarrollo social y a la intervención estatal, los votantes radicales reconocen como principio fundamental del partido la búsqueda de la igualdad social. Estos valores de desarrollo social, igualdad e intervención se sintetizan, generalmente, en la defensa de la educación pública. En este sentido, la educación es reivindicada como un deber de Estado y un mecanismo igualatorio. "[A diferencia del peronismo] *el radicalismo siempre se preocupó por la educación*", "*la educación es la única manera de acabar con la pobreza y desarrollar la Argentina*" son ideas bastante comunes en el electorado radical. Unida al aspecto educativo y al rol del Estado, la noción de igualad que manifiestan los votantes radicales está íntimamente relacionada con el progreso social, producto de la educación. En general, se reconoce la educación pública como un motor de ascenso y progreso, que tiende hacer la sociedad más igualitaria. En este sentido, el rol del Estado no está ligado de manera directa a la distribución de los ingresos, sino a la generación de condiciones para ascender en la escala social.

A modo de cierre, y en relación con las ideas y principios manifestados por los electores, se pueden retomar los principales valores que la UCR tendió a reivindicar. Según Torre, la libertad política, la equidad social, la ética pública construyeron la plataforma de valores sobre la que se levantó la casa radical. Dentro de ella convivieron distintas sensibilidades, algunas más moderadas, otras más reformistas, pero unas y otras tributarias de ese núcleo duro de valores originales (Torre, 2004:5). Sin duda, el electorado fiel de la UCR fue portador de este conjunto de principios y tendió, como veremos, a decodificar parte de las coyunturas políticas a través de los mismos.

4.3 El gobierno de Perón: dictadura y decadencia del país

El antiperonismo ha sido, desde mediados de la década del cuarenta, un componente central de la identificación radical. Gran parte de las virtudes cívicas del radicalismo y sus dirigentes reconocidas por los votantes adquieren sentido en oposición a las características negativas del peronismo. El peronismo aparece, en este sentido, como una "oposición simbólica" que estructura y organiza la propia identificación radical y funciona como alteridad.[24] Ahora bien, los adherentes radicales manifiestan y reproducen dicha oposición mediante *actos de reconocimiento*, y, por lo tanto, este reconocimiento implica que los discursos peronistas,

---

[24] La identificación política existe siempre de manera relacional y se constituye en y por la diferencia con un otro que funciona como alteridad. Aboy Carlés (2001) y Martín (1992) abordaron los principales aspectos de la constitución de las identidades políticas.

sus emblemas partidarios y sus posibles apoyos electorales resultan significativos para ellos. En los actos de reconocimiento, de desciframiento del mundo político, los votantes ponen en juego esquemas de percepción y evaluación históricamente estructurados en su experiencia social y política, pero que continuamente están sujetos a cambios y adaptaciones.

La figura de Perón está generalmente ligada al autoritarismo, la corrupción y la decadencia del país. En primer lugar, los votantes radicales clasifican a Perón como un dictador. Comúnmente se menciona la disminución de las *"libertades públicas"*, *"el cierre de diarios"* y *"la persecución de los opositores"* durante el peronismo. En segundo lugar, atribuyen al vínculo de los trabajadores y Perón un carácter demagógico y autoritario. Para muchos radicales, Perón *"engañó"* a los trabajadores, brindándoles mejores condiciones de trabajo, pero perjudicándolos a largo plazo. La relación de Perón con los trabajadores es entendida como la de un líder autoritario y una *"masa sin conciencia"*, que obedeció ciegamente los mandatos del líder. Por otro lado, el gobierno de Perón está directamente asociado a la corrupción. En general, los radicales se representan la Argentina anterior a Perón como un país rico y desarrollado, que fue empobrecido y saqueado por Perón y los peronistas. En este sentido, hay una visión histórica compartida, que supone que la decadencia argentina empezó con Perón. Para ellos, el país "perdió el rumbo" y comenzó lentamente a decaer en términos económicos, institucionales y sociales a partir del primer gobierno peronista.

"Yo vengo de familia radical, mis padres fueron radicales, aunque mi padre no votó porque era italiano, pero mi madre sí, y bueno, él le decía que vote a los radicales porque Perón era fascista, y era así, era una dictadura, perseguían a los opositores, cerraban los diarios, ponían presa a la gente. [...] y además se robaron todo, el peronismo fue siempre corrupto, pero con Perón empezó a decaer el país porque se robaron todas las riquezas y nadie trabajaba" (Mauro, 61 años, fabricante, 2006).

"Sí, mi padre siempre votó a los radicales. Cuando llega el momento de Frondizi, votó a Frondizi y también a Illia hasta Balbín. Él decía que con el fascismo no se llegaba a ninguna parte, por eso votaba a los radicales. [...] Sí, yo también soy anti-Perón. No sólo por mis padres, también por mi propia cultura. Yo soy antiperonista del modelo de Perón porque obviamente responde al fascismo de Mussolini y responde al fascismo de Hitler. Soy antiperonista de los modelos actuales porque ya no son peronistas ni fascistas, son simplemente facinerosos. Y soy antiperonista de Menem en adelante porque realmente mienten a la gente y la corrupción está arraigada en el justicialismo... a mí no me convencen" (María, 52 años, profesora 2003).

"Mi padre me contaba, y yo lo sé porque lo viví, de cómo aparecían lo muertos con Perón. Ahí se mató mucha gente. No como los militares que mataron miles y miles, esos hijos de puta. Pero con Perón también había muertos. Se decía, y mi padre decía también, que eran comunistas u opositores a Perón. Había, cerca de mi casa, un corralón donde los chicos jugaban a la pelota y todas las semanas aparecía un cuerpo muerto. Los chicos gritaban: "¡eeeh, un muerto!", y todos iban a verlo. Era gente que mataba el peronismo. Yo no digo que haya sido Evita, pero era gente de Perón. Ésa fue la parte mala del peronismo, ellos también mataron gente" (José, 50 años, comerciante, 2003).

Los votantes radicales tildan a los gobiernos peronistas posteriores a Perón de corruptos, desordenados e irresponsables, en particular con el manejo de las instituciones. La idea de que los peronistas *"hacen cualquier cosa"* hace referencia a su discrecionalidad en el manejo del poder. En este sentido, para los simpatizantes radicales los dirigentes peronistas carecen de ética y de virtudes cívicas. De forma similar son clasificados los sindicalistas. Por otro lado, se responsabiliza a los dirigentes peronistas y sindicalistas por el fracaso de los gobiernos radicales, en particular el de Alfonsín.

"Yo creo que el radicalismo siempre quiso hacer las cosas bien. Administrar bien y gobernar bien. Dentro de la ley, cómo te puedo decir. Creo que el radicalismo luchó contra la corrupción, por ordenar este país, entendés. Los peronistas siempre hicieron cualquier cosa, los militares también. El radicalismo siempre vino como a ordenar lo que dejaban los otros. También así le fue, ¿no? Si no la arruinaban los militares, te voltean los peronistas como le pasó a Alfonsín con los sindicalistas. [...] Aparte, el radicalismo se integró de personas mucho más cultas y eso estaba bien. Vos necesitás gente pensante para gobernar, para hacer leyes... no puede venir cualquiera a hacer cualquier cosa. Los peronchos siempre fueron un desastre, siempre. Ahora se quejan de Menem, ¿vos lo escuchaste a Luder alguna vez?" (Ricardo, 58 años, comerciante, 2009).

En el imaginario radical, los peronistas llevan al desorden administrativo, incluso a la caída de los gobiernos radicales. La idea central que manifiestan los afiliados radicales en relación a los dirigentes justicialistas es su falta de respeto por las normas y por la legalidad en el ejercicio del gobierno. En este sentido, el radicalismo es entendido como *"garante del orden"* y *"fuerza ética"* en contraposición al *"caos peronista"*.

"El mal que tuvo la Argentina siempre y que no se lo pudo corregir, el agujero negro, siempre fue el sindicalismo. Alfonsín hizo todo lo posible por sacarlos, pero no se pudo. Esos tipos están incrustados ahí y no se los puede tocar. Y los tipos te desestabilizan los gobiernos, joden a los trabajadores y se afanan la plata. Ésos tienen verdadero poder, hay en algún momento que corregir esto". (Carlose, 61 años, comerciante)

"Tenemos que tener un sindicalismo serio, no puede ser que sigamos con esta mafia. Aparte a los trabajadores les va a ir mejor si estos tipos se van. ¿Vos te crees que a los tipos les importan? ¿Qué les importan los trabajadores? Ellos quieren la plata del gremio y que los tipos los voten, pero nada más. Si tienen que transar, transan". (Ricardo 58 años, comerciante)

"Algún día los argentinos nos vamos a dar cuenta de que no podemos seguir haciéndonos los piolas, ¿viste? Acá todos nos creemos los más vivos, los más inteligentes, no nos importa nada. Y no es así, eso se tiene que acabar. Hay que respetar, hay que cumplir la ley, hay que ser más serios y terminar con el desorden. Pero a los peronistas nunca les importó cómo se hacen las cosas y así estamos" (José, 66 años, exempleado municipal, 2009).

Sin duda, gran parte de los valores positivamente asociados a la UCR y negativamente atribuidos al peronismo tuvieron su origen y desarrollo en los primeros años de gestión peronista. Como fue detallado por García Sebastiani (2005), el "grupo de los 44" diputados radicales realizó un importante trabajo de representación en oposición al peronismo. Dicho trabajo implicó, en el sentido de Bourdieu, la formación de un conjunto de esquemas de percepción y evaluación de los votantes. Las clases medias movilizadas en oposición a la "herejía peronista" fueron, sin dudas, las más receptivas a la interpelación radical. La efervescencia social del período contribuyó a que la UCR politizase el naciente antiperonismo de las clases medias, otorgando cierta coherencia a dicha oposición. Ese grupo de radicales, desde Frondizi hasta Sammartino, impuso un conjunto de significados que perduraron en la cultura radical al menos por dos generaciones.

4.4 Los votantes peronistas: minoría política y falta de educación

Los radicales explican el voto peronista por una falta de preparación para votar, en particular ligada a la falta de educación. Comúnmente se destaca una especie de "minoría política" de los electores peronistas: *no están preparados para votar", "no saben votar", "votan porque les pagan".* La minoridad política está ligada a la creencia de los adherentes radicales de que los votantes peronistas no están suficientemente preparados para votar por falta de discernimiento, capacidad, educación, etc.

Por otro lado, el voto peronista es explicado también por una tradición que tuvo su origen en Perón y en la relación que éste estableció con los sectores populares. Según los radicales, Perón se ganó el voto de los trabajadores mediante el engaño. En este sentido, se afirma que Perón no se interesó por "educar" a sus votantes para que pudieran ejercer sus derechos políticos, sino que *los compró con la política social".* En el imaginario radical, el movimiento popular y sindical se desvió por culpa de Perón y los gobiernos peronistas.

> "El peronismo impidió que haya socialismo en este país como hubo en todos los países desarrollados. Por eso nosotros tuvimos una historia política tan particular. Si los trabajadores hubieran apoyado a un movimiento socialista, no sólo habría mejores reformas a su favor, sino un partido que realmente los represente. Porque, en realidad, al peronismo nunca le importó mucho la cuestión obrera. Perón nunca se preocupó mucho por educar y mejorar a la clase trabajadora. Les dio mejoras, por supuesto, pero los hizo peronistas y lo siguieron. Y como el peronismo es de derecha, después los cagaron a todos [...]. Hoy pasa lo mismo, digamos. El peronismo se aprovecha de la ignorancia y la pobreza, les dan algo para las elecciones y listo, y ganan. Por eso el radicalismo siempre tuvo la intención de educar, para que la gente sepa cómo son las cosas y para que cada uno pueda expresarse con libertad" (Liliana, 44 años, abogada, 2006).

En consonancia con lo anterior, algunos electores radicales interpretan la relación de Perón con los trabajadores como una relación paternalista:

"Creo algo fundamental, importante para entender el peronismo, es el tema del voto de los trabajadores a Perón, creo
que ahí hay un aspecto central del peronismo. Sin duda, el
reconocimiento de los derechos fue importante y se dio en
todo el mundo y era necesario que se dé en Argentina, y de
hecho muchos partidos, entre ellos los primeros radicales,
habían bregado por la cuestión trabajadora, digamos. Pero en
nuestro santo país, esto se dio como una cosa paternalista,
¿no?, como el jefe o el poderoso les da algo a los de abajo y se
crea, como decirlo, una cosa religiosa, 'San Perón', digamos.
Yo creo que eso es autoritario, se hizo para tener controlados
a los trabajadores, a los votantes, y eso fue un problema porque eso genera que la gente después deje de pensar, no importa que se haga, es San Perón y como es San Perón, hay que
votar al peronismo" (Eduardo, Contador, 60 años, 2006).

Sin dudas, es un tema complejo la manera en que históricamente se fueron estructurando estas visiones e interpretaciones sobre los trabajadores y el peronismo en las
clases medias, y en particular en los electores radicales. La
generación de radicales que asume la conducción del partido luego del triunfo del primer peronismo nucleada por
Frondizi y Balbín tuvo posiciones diversas sobre el movimiento obrero y algunas de ellas pudieron contribuir en
momento de efervescencia política a modelar las interpretaciones de los electores. Pero en el radicalismo moderno, que
comienza en 1983 con el triunfo de Alfonsín, es sin duda
más difícil encontrar en el discurso de los dirigentes tomas
de posición contrarias al vínculo entre la clase trabajadora y
el peronismo. Posiblemente, parte de estas interpretaciones
de los votantes puedan comprenderse no tanto en función
de la representación partidaria, sino a partir de la propia
posición de clase, que lleva organizar distintas formas de
distinción y oposición frente a lo popular, en particular,
frente a la conducta política.

4.5 El funcionamiento de los esquemas interpretativos de los votantes

En este último apartado se busca analizar y describir el funcionamiento de los esquemas interpretativos de los votantes radicales mediante la puesta en acto de una discusión política con adherentes peronistas. La discusión entre ambas tradiciones partidarias tiene la virtud de revelar las creencias, clasificaciones y actitudes que los adherentes ponen en juego en la controversia política partidaria, y la manera en que son utilizados los esquemas ordenadores a través de los cuales los adherentes "piensan" la política.

Para caracterizar el funcionamiento de los esquemas interpretativos radicales, se han seleccionado varios diálogos escritos en un *blog* de información y discusión política. La disputa entre los usuarios giraba en torno a los posibles resultados electorales del 28 de junio de 2009, publicados en una encuesta. La primera cuestión que debe destacarse es la proximidad del acto electoral. Efectivamente, el debate se inicia el 19 de mayo de 2009 y concluye el 24 de septiembre, tres meses después del escrutinio. A lo largo de esos meses, distintos blogueros fueron participando en la discusión, dando origen a un extenso documento de cerca de 250 páginas. El segundo elemento que merece destacarse es el interés político manifestado y el alto grado de identificación partidaria de todos los participantes (aunque hacia diferentes partidos). Sólo circunstancialmente intervenían personas que menospreciaban la preocupación política; la gran mayoría se mostró interesada en los asuntos partidarios. Para comprender mejor la naturaleza de la discusión del *blog* y el fervor de los participantes, es necesario tener en cuenta la proximidad de las elecciones. Como pusieron en evidencia los trabajos de Lazarsfeld, la situación electoral en sí misma y la creciente cantidad de bienes políticos en circulación (discursos, plataformas, intervenciones, etc.) tienen la virtud de reforzar y activar las adhesiones y disposiciones de los electores, en particular de aquéllos más identificados con los partidos. Esto produce un efecto de activación y refuerzo en los electores más comprometidos e interesados en los asuntos políticos. En este contexto, los bienes políticos van a parar a los más politizados, en detrimento de los menos interesados, en quienes casi no repercute el "efecto de activación". El tercer elemento importante es la propia situación de interacción a distancia que genera el *blog*. En esta situación, los participantes no se relacionan cara a cara y, generalmente, desconocen las características (individuales y sociales) de los demás integrantes. Esto produce un efecto inmediato en la escritura: las ideas y las posturas deben explicitarse al máximo para que resulten comprensibles a los otros, lo que sin duda provoca diálogos espinosos. Por otro lado, la relación a distancia posibilita que lo que se quiere decir sea dicho sin las contenciones, cuidados o la moderación que supondría hacerlo cara a cara. Esto permitirá observar el rol que juegan las antipatías y repulsiones, pero también las cargas afectivas que guardan los posicionamientos políticos. En este sentido, las tomas de posición política, lejos de ser producto de una evaluación fría y racional, están cargadas de sentimientos políticos.

Por último, es necesario aclarar un aspecto frente a la utilización de estos datos. Como se menciona antes, los mismos aparecen en el 2009 y, por lo tanto, son relativamente recientes, lo que invalida cualquier imputación histórica que implique que en el pasado tuvo que darse de la misma manera el contenido los discursos. Sin embargo, no nos centraremos en los argumentos políticos de los votantes, que sin duda son importantes, sino particularmente en el modo de organización de los esquemas interpretativos en un marco de interacción y nos preguntaremos idealmente cómo funcionan para comprender su transformación.

Nati: Espero que de una vez dejen de gobernar los peronistas.
Mónica: Los radicales nunca terminaron un gobierno, se fueron como ratas.

Fede: ¡Porque siempre estuvieron los mafiosos de los peronchos atrás organizando golpes sociales! Ese comentario es típico de una peronista que no sabe nada y de los que se excusan en lo único que pueden decir, ya que el radicalismo podría decir que, aunque el peronismo terminó los mandatos: ¡siempre se robaron todo, siempre tienen a los pobres subordinados y nunca gobiernan para ellos, como demagógicamente se llenan la boca! ¡El peronismo es el mal de Argentina! ¡Crea pobreza, roba, trafica, es mafioso y deshonesto!

Marcelo: Ahora que se murió Alfonsín parecería que los radicales son lo mejor del mundo... FELICES PASCUAS, HIPERINFLACION, PACTO DE OLIVOS, RENUNCIAS... ¿De qué estamos hablando? ¡Por favor!!!

Nati: Claro, porque *alpargatas sí libros no* lo dijo un radical, ¿no? Argentina en su deplorable papel pro-eje en la Guerra, dejando entrar a los nazis y rompiendo relaciones a 2 semanas de que los aliados ganen, un asco. El que dijo: "por uno de nosotros, caerán 5 de ellos" fue un radical también, ¿no? ¿El que vendió las empresas del país fue un radical? ¿El que dio aguinaldo y vacaciones pagas, renunciando a nuestros derechos políticos fue un radical? Y el aguinaldo y las vacaciones pagas ya estaban en todo el mundo, Convención Internacional del Trabajo, 1948, el voto femenino, ¡leé quién fue Alicia Moreau de Justo! Mussolini y su amigo Perón... jajaja, de los últimos 20 años, 18 bajo el peronismo, ¿los radicales tienen la culpa de todo? ¿Quién indultó a los militares?

Los sistemas interpretativos radicales y, sin duda, los provenientes de las demás tradiciones cumplen la función de "ordenar la historia", de dar un sentido, aunque diverso, al pasado. Si, tal como advertimos al inicio, el imaginario radical está constituido primeramente por clasificaciones que ordenan la realidad política, los sistemas interpretativos son entonces portadores de una visión histórica sobre los gobiernos radicales, los peronistas o militares, y tienen como referencias algunas épocas de supuesto progreso, libertad, dictadura o decadencia. Es decir una referencia histórica. Por otro lado, los esquemas actúan más o menos mecánicamente con un doble registro, tanto político partidario como social. Características político-partidarias y rasgos sociales (positivos y negativos) están constantemente entrelazados en los discursos de los electores.

Ahora bien, este sistema de referencia histórica está constituido por un conjunto de creencias más o menos dadas por sentado y sostenidas independientemente de cualquier tipo de comprobación sistemática. Son, en realidad, ideas y visiones sobre la historia política que, como sostenía Bourdieu, cobran sentido legitimador y ordenador en tanto son creídas, y no guardan relación con la "verdad" o "falsedad" de sus constataciones.

> **Nicolás**: Los Radicales jamás podrán gobernar porque son pobres de espíritu y les falta carisma. Jamás gobernaron para la clase trabajadora... Fijate lo que hicieron con la flexibilización laboral... Dejó argentinos muertos el 20 de diciembre, mientras de la Rúa daba ascenso a los militares en casa de gobierno... Nefasto e intolerable...
> **Nati**: Si lo que te importa es el carisma, votá a Piñón Fijo, por favor, argumentos infantiles, votá con propiedad, no lo hacés sólo por vos. [...] De la Rúa gobernó 2 años y lo aplastaron, lo condenan como si hubiera estado 20 años, ¡miren su patrimonio al llegar y al irse!! No robó, cometió errores como todos, pero los peronistas gobiernan hace 19 años, así que no busquemos excusas, sabemos cómo se llaman los que arruinaron el país [...]. El peronismo cultivó siempre la ignorancia, hace creer que habrá una redistribución de la riqueza, frase muy gastada y que nunca hicieron, que destinen presupuesto a la educación, que saquen las villas, no que le regalen cosas, que no usen a esa gente para hacer bulto en los actos, que les preguntás para qué están ¡y te dicen que les dio $ 50 un puntero peronista!!! Es muy bajo, ¿por qué no vienen a la facultad a ofrecer plata para ir a los actos? ¡Porque los sacamos a patadas!!! ¿Por qué no tenemos todos derecho a ir a la universidad? ¡Porque no les conviene!!!! Porque desde el momento en que tenés acceso a informarte y dejás de opinar por lo que viviste sólo vos o lo que te contaron, podés decir que el peronismo es nefasto.

Gus: No pienso votar a los K porque quiero la Argentina tilinga de los 90; me encantaba la capacidad de gestión de De la Rúa; los Patacones y Lecops que tan digna hacían nuestras economías. Que vuelva el club del trueque y la desocupación del 25%, y también la pobreza del 60% que con radicales y menemistas supimos conseguir. Pienso votar al principal partido de la oposición: "Clarín".

Juan: Es que ése es el lema del "peronismo": crear pobreza, desocupación e ignorancia ¡porque no les conviene que la gente piense, sino no ganan nunca más! ¡Y ésa es su política, por eso los presupuestos para Salud y Educación no alcanzan! ¡Nunca vi tanta impunidad ni tanta falta de respeto hacia nosotros!

Claudio: No, la pobreza la dejaron Alfonsín y De la Rúa, que fueron RADICALES, ¿o no te acordás?, los que se fueron como ratas.

Nati: ¿Quién se fue como rata? ¿Y la Triple A, y la UES? ¿Y quién denigraba al pueblo, tratándolo de grasitas, tirando pan dulce desde los trenes, quién fomentó la ignorancia? Obligaban a tener el carnet de afiliado para una limosna, ésa es la patria peronista, ¿quién quemó la Iglesia cuando ya no le convenía?, me parece que falta lectura, falta tanto, todo esto es fruto de lo que sembró Perón, nada digno de recordar, lamentablemente ahora queda la escoria, que sigue gobernando, que sigue anulando mentes, porque les conviene que no pensemos, a la patota le gusta la violencia, ya es hora de que se vayan, y si los radicales se fueron, es porque entendieron que debían irse, algo que éstos no quieren ver.

Los sistemas interpretativos de los adherentes promueven determinadas explicaciones y justificaciones de los fracasos o crisis de los gobiernos. En este sentido, son capaces de promover respuestas más o menos coherentes ante las imputaciones de los otros, más allá de los posibles desacuerdos con tal o cual medida de gobierno o posición del partido y, por lo tanto, son capaces de mantener la adhesión partidaria con cierta independencia del desempeño partidario. Además, las repuestas que pueden motorizar los sistemas interpretativos no son estáticas (como lo evidencia el caso de Nati), sino que se adaptan a los argumentos de los interlocutores, generando nuevas respuestas. La capacidad explicativa y la adaptabilidad de los sistemas interpretativos permiten comprender los mecanismos que promueven la lealtad partidaria, en tanto vínculo de compromiso e identificación más o menos perdurable con una tradición política.

Ahora bien, ¿cuáles son las condiciones de posibilidad para funcione y se mantenga la identificación? En primer lugar, que el conjunto de visiones y definiciones sobre el mundo de la política que promueven los sistemas interpretativos radicales se conserve más o menos estructurado. En segundo lugar, que parte de los referentes y sus características se mantengan relativamente constantes. En tercer lugar, que el partido pueda brindar explicaciones y relatos más o menos consistentes a sus adherentes. Por lo tanto, si los esquemas se desorganizan y/o el partido, en tanto promotor de relatos políticos, no mantiene una socialización política continua y coherente con los esquemas de sus potenciales electores, pueden producirse rupturas que promuevan la desvinculación política electoral.

Como se analizaremos en los capítulos siguientes, retomando también algunas consideraciones de la primera parte, la desvinculación de los electores radicales puede interpretarse a partir de la desorganización y desestructuración de los esquemas interpretativos que sostenían la identificación partidaria.

4.6 Conclusión: los esquemas interpretativos radicales

El sistema de evaluación y percepción de los votantes radicales promueve un conjunto de visiones y divisiones sobre el mundo social y político. En primer lugar, la identificación con la UCR supone el reconocimiento de un conjunto de valores ligados al partido. Las virtudes cívicas, el respeto a la ley y la Constitución, la honradez en la administración de la cosa pública, la intervención estatal y el progreso social son los principios más reconocidos del partido. Estos principios están también relacionados directamente con los dirigentes,

que son percibidos como responsables, honrados, preparados para ejercer el gobierno, etc. En este sentido, las evaluaciones sobre el partido son análogas a las de los dirigentes.
Las evaluaciones se trasladan del partido a sus miembros y
de sus miembros al partido.[25]

En el sistema de evaluación radical, los peronistas asu-
men los atributos opuestos, lo que da cuenta del carácter
relacional del sistema de categorías radical. El peronismo está ligado a la corrupción, al autoritarismo, a la falta de respeto por las reglas y las instituciones, etc. Mientras que los dirigentes radicales son ponderados por su
responsabilidad, honradez y preparación, a los peronistas se los describe como irresponsables, faltos de ética e
incapaces para el gobierno. En este sentido, las categorías de clasificación y evaluación se oponen casi punto
por punto: éticos-corruptos, responsables-irresponsables,
autoritarios-demócratas, etc.

Pero este sistema de diferencias y distinciones no sólo
funciona sobre el espacio político, promoviendo evaluaciones sobre los partidos y los dirigentes, sino también
sobre el espacio social, estableciendo clasificaciones sobre
los votantes. El voto peronista es explicado por la incapacidad y la falta de preparación de los electores. Dicha
incapacidad se relaciona con la falta de educación de los
votantes peronistas y con el aprovechamiento que hacen
los dirigentes de la ignorancia y la pobreza. En oposición
a los electores peronistas, los votantes radicales se sienten

---

[25] La referencia a valores y principios abstractos no es una particularidad de la
identificación radical y pueden encontrarse también en la "identidad peronista". Ahora bien, como pusieron en evidencia James (1990) y Auyero
(2001), las creencias peronistas reconocen, en parte, una vinculación entre el
partido y la "clase trabajadora", que hace referencia a los derechos conquistados en el '45, y a las figuras de Perón y Eva Perón. Sin pretender una comparación exhaustiva, podemos afirmar que en el imaginario radical no existe
una vinculación directa entre el partido y la defensa de los "intereses de clase
media", ni tampoco referencia a políticas específicas de un gobierno radical
en particular, sino que el reconocimiento de los líderes se extiende a diferentes administraciones y períodos.

mucho más preparados para votar y elegir a sus representantes. La relación que establecen los adherentes radicales con su partido es, para ellos, un vínculo con las ideas, los valores y los principios, que no está basado en el intercambio material. Nuevamente, se puede encontrar un conjunto de categorías que establece diferencias entre los votantes radicales y peronistas: capacidad-incapacidad, educación-ignorancia, libertad de elección-voto cautivo, etc. En este caso, las evaluaciones sobre el voto peronista se contraponen a las virtudes reales o supuestas de los votantes radicales. Es, sin duda, en estas clasificaciones negativas sobre los votantes peronistas donde puede apreciarse con más claridad la relación entre las posiciones sociales y políticas, entre la clase y las afinidades partidarias. En las identificaciones políticas propias y en la identificación política de los otros se entrelazan atributos sociales.

Las relaciones establecidas entre los principios políticos de la UCR reconocidos por sus votantes y las características "negativamente privilegiadas" de los peronistas, y entre las virtudes de los votantes radicales y las supuestas particularidades de los votantes peronistas dan cuenta, a grandes rasgos, del esquema simbólico radical: un conjunto más o menos sistemático de representaciones del mundo social y político que funciona como guía para decodificar los agentes y las luchas (partidos, dirigentes, votantes) y como orientador de prácticas (voto, manifestación, movilización, etc.).

Capítulo 5

5. Los tipos ideales de los votantes radicales y su transformación

Vamos a reconstruir ahora algunos perfiles del electorado típico de la UCR. Si bien puede encontrarse cierta unidad sistemática en la identificación radical que atribuye atributos contrapuestos a la UCR y al PJ, y a votantes radicales y peronistas, promoviendo evaluaciones y prácticas sobre el mundo social y político, la pertenencia ligada a cierta posición de clase y a la trayectoria individual y familiar imprime características particulares a los adherentes y votantes radicales. En este sentido, los condicionamientos propios ligados a una posición y la experiencia vivida da lugar a diferentes perfiles políticos del electorado radical. La construcción de estos perfiles debe ser entendida como una construcción ideal-típica en sentido weberiano, en la medida en que se seleccionaron ciertas particularidades de los casos en busca de la coherencia de cada tipo de perfil. De ningún modo deben entenderse los tipos ideales de votantes radicales como un promedio o muestra. La construcción es arbitraria y busca ordenar a partir de una serie de rasgos la diversidad del electorado de la UCR.

Si anteriormente se destacó el carácter performativo del discurso partidario, en la medida en que tendía a estructurar un conjunto de visiones y divisiones sobre el espacio político a través de la imposición de categorías de pensamiento político, en este capítulo se observarán los límites que imponen la posición y la trayectoria social. La performatividad del discurso partidario está limitada por condiciones de realización externas a ese discurso y mediada por el trabajo de interpretación que realizan los propios electores de los discursos partidarios. Así, por ejemplo, un discurso de izquierda dentro del partido tiene más afinidades con los electores más educados y ligados a una actividad profesional que con los electores con menores capitales educativos y vinculados al comercio. Pero, a su vez, estos condicionamientos están sujetos a modificaciones y cambios en función de la tradición política familiar y la propia trayectoria individual.

La construcción de tipos ideales de votantes radicales también nos permitirá caracterizar de manera más consistente los cambios que han tenido lugar en los modos de pensar de los distintos electores y la relación de dichos cambios con las transformaciones estructurales analizadas al inicio. Así, en la media en que opera seleccionando un conjunto limitado de elementos de lo real, la metodología de los tipos ideales permite una comprensión más acabada de los cambios sociales amplios.

5.1 Los profesionales. Antiperonismo y cultura

Los profesionales radicales se caracterizan por tener una apreciación de la historia política y de los partidos ligada directamente a la posesión de un capital educativo. En general, los profesionales radicales tienden a pensar a la UCR como el partido de la igualdad, los derechos políticos y la intervención estatal. Según estos votantes, los dirigentes radicales se caracterizaron por luchar por la democracia y los derechos cívicos. Se relata, en este sentido, la *"gesta de Yrigoyen"* y la formación de la UCR a principios del siglo XX como un *"gran movimiento popular tendiente a abolir la oligarquía y fundar la democracia"*. Por el contrario, el gobierno de Perón es caracterizado como un régimen autoritario y limitador de las libertades públicas. En este sentido, muchos de los entrevistados mencionaron las persecuciones sufridas por sus padres o abuelos durante el peronismo. Por otro lado, se recuerda la oposición *"alpargatas sí, libros no"*, y el primer peronismo es simbolizado como *"un movimiento bárbaro en contra de la cultura y la educación"*. Además, estos votantes tienden a reconocer y destacar los atributos culturales de los dirigentes radicales.

> "[..] Si hablamos del peronismo, creo que es un partido de masas de gente que sigue a un líder carismático en general, Menem, ahora Kirchner, pero el radicalismo es un partido más de pensamiento, son tipos que han sido pensantes, pero ahora se han venido abajo porque no hay quién los conduzca como hizo en su momento Frondizi, o pudo haber sido el famoso Yrigoyen, pero creo que los radicales son distintos, el partido radical no es populista, no busca la masificación, como el partido peronista, para mi gusto personal, pero creo que hay una diferencia grandísima entre una corriente y la otra, una es populista totalmente y la otra es, más vale, sujeta a estereotipos o a condiciones o a conceptos que se han formado a lo largo de los años en el partido" (Claudia, 54 años, maestra).

> "[...] el peronismo es un partido que está muy arraigado en el sentir de la gente, sobre todo, ahora voy a ser un poco peyorativa, pero creo que el peronismo es un partido de gente no pensante que se deja llevar y que, lo que en un momento enarboló Perón como sus banderas ha dejado de existir, porque no me hables ahora de libertad económica, libertad social, económicamente justo, bla bla bla, en este momento no existe más, sólo existe el que tiene capacidad de gobernar".
> *¿Entonces, la gente busca alguien que los conduzca solamente?*
> Alguien que los conduzca, sí, sin ir más lejos, hay que ver la actuación del peronismo en el Congreso, votan incluso las leyes sin leerlas, las votan sin saber de qué tratan.
> *¿Y en el radicalismo las leen?*
> En el radicalismo debe haber más que las leen que en el peronismo (Beatriz, 75 años, diseñadora, 2005).

Las relaciones entre igualdad, intervención estatal y educación mencionadas anteriormente son comunes en este grupo. Sin duda, para esta fracción de las clases medias, el progreso social está ligado a la educación pública. La UCR es para estos votantes el partido que sintetiza esas ideas. El valor acordado a la educación y a la cultura otorga reconocimiento a los dirigentes radicales. La inteligencia y la capacidad de Frondizi y la oratoria de Alfonsín son comúnmente destacas como virtudes. En sentido inverso, los peronistas aparecen como mal formados para ejercer la política, sin la capacidad intelectual de los políticos radicales. Menem y los dirigentes sindicales posiblemente sean los más descalificados como ignorantes, incultos e incompetentes.

"Siempre los radicales tuvieron mejor discurso. Hablaban mejor, se expresaban bien. Te convencían, te seducían. Me gustaba Terragno y Caputo también. Esos tipos eran buenos, tenían ideas, proyectos. Creo que eso siempre caracterizó a los políticos radicales. Ahora los políticos en general son más ignorantes y ninguno piensa muy bien. Pero bueno, yo creo que eso tiene que ver, digamos, con el partido, con la historia del partido. La importancia de formarse, de tener ideas, de hablar y de hablar bien. Un Frondizi, un Alfonsín. Creo que en eso se destacó el partido. Digamos que los peronistas siempre fueron un poco más brutos..." (Gabriela, 53 años, medica, 2006).

"Hay un problema relacionado con la política y los partidos que nunca se dice muy en serio, pero creo que es importante, yo creo que hay que discutir el tema de la formación intelectual de nuestros gobernantes, de nuestros políticos, porque parte de los problemas, me parece, de los problemas de la Argentina, hay que verlos como un problema de la formación de aquéllos que gobiernan. Y esto es fundamental porque en su mejor momento la Argentina tenía también sus mejores políticos, con De la Torre, con Yrigoyen, con Frondizi y Balbín, con esos políticos había desarrollo, había universidades, había un Estado, el radicalismo hizo también la reforma universitaria. Yo creo que lo que le faltó al peronismo es un conjunto de políticos buenos, formados y que pensaran un país desarrollado. A ver, si un país se desarrolla y mejora la vida de las personas es porque alguien pensó en hacer eso, ¿qué pudo pensar Ermiño Iglesias? Nada" (José, 65 años, profesor, 2003).

En el imaginario de los profesionales radicales, la UCR aparece como el partido que se opuso a los grandes intereses económicos y corporativos. El régimen, la oligarquía o el poder de los grandes empresarios surgen como los grandes antagonistas del partido centenario. El "golpe de mercado" a Alfonsín y el desplazamiento de Illia son, sin duda, los ejemplos históricos más nombrados a la hora de dar cuenta de esta lucha. En este sentido, los militares son entendidos como el brazo armado de los grandes grupos económicos que históricamente desplazaron a la UCR del gobierno. En este sentido, algunos profesionales radicales asocian a la UCR con un movimiento de izquierda.

> "Al radicalismo lo cagaron siempre, si vos te fijas los militares lo derrocaron a Yrigoyen para restablecer el poder de la oligarquía que los radicales habían enfrentado con un movimiento popular basado en la participación. Después, esa historia se repite con Frondizi e Illia, ellos querían desarrollar el país y respetar los derechos, pero los militares, apoyados por los grandes empresarios, volvieron a derrocar al radicalismo, aunque ahora con el apoyo de los peronistas. Los peronistas que habían tenido siempre una raigambre popular cercana al radicalismo siempre se comportaron apoyando los derrocamientos y siendo más antipopulares y antidemocráticos de lo que dicen ser. El ejemplo más cercano es Alfonsín, vos tenés el pacto sindical-militar y la salida del gobierno anticipada por culpa de los peronistas que no dejaban gobernar y los terminaron aplaudiendo los militares y los empresarios hijos de puta. Realmente el peronismo es una contradicción en sí misma" (Julio, 59 años, ingeniero, 2003).

Muchos profesionales radicales manifiestan un marcado interés por informarse y conocer la historia política. Esta disposición se realiza a través de la lectura de periódicos y del consumo de programas políticos televisivos, pero también mediante la lectura de libros periodísticos y de historia nacional. Félix Luna y José Luís Romero son, entre otros, algunos de los autores consultados y comentados. El conocimiento de las fechas históricas, de los nombres y de

la vida de ministros y presidentes dota a estos adherentes radicales de una importante coherencia discursiva a la
hora de exponer sus razonamientos y opiniones. Es necesario destacar esta actividad formativa de los profesionales
radicales, ya que, sin duda, es una característica propia de
esta categoría.

En resumen, el tipo social de votante radical profesional de la Capital Federal tiende a atribuir al partido una
tradición de izquierda, en la medida en que se opuso a
grandes intereses corporativos. Por otro lado, reivindica los
valores de progreso e intervención estatal, y parte de su
antiperonismo responde a la supuesta pérdida de libertades
y al atraso cultural generado por Perón. En cuanto a sus
características sociales, la actividad laboral de los votantes
radicales está vinculada con las profesiones tradicionales de
despacho (abogado, médico, contador). Los electores radicales muestran, a su vez, un particular interés por la política
y la historia política, y utilizan parte de su tiempo en formarse e informarse sobre estos temas.

5.2 Pequeños comerciantes y trabajadores. La ética radical

Los pequeños comerciantes e industriales, que tienen
menos capital educativo y muestran menos interés por la
cultura y sus valores, tienden a representarse el radicalismo
como el partido del orden y la defensa de la ley. En este
sentido, el peronismo aparece mucho más ligado al caos
administrativo, a la corrupción y a la falta de ética.

Los radicales de este grupo recuerdan en forma recurrente los saqueos a los comercios en el primer peronismo. Varios comerciantes, en particular los que heredaron
el comercio familiar, afirmaban que sus padres habían sido
obligados a dar mercaderías a los peronistas para distribuir
a los pobres. Por otro lado, también recuerdan a quienes

fueron presos durante el gobierno de Perón por *"no enlu-tarse con la muerte de Eva"* o *"no colgar una foto de Perón en el comercio"*.

Los pequeños comerciantes e industriales radicales destacan, mucho menos que los profesionales, la intervención estatal, la búsqueda de igualdad y de los derechos políticos como principios del partido. Más alejados del discurso progresista de la UCR, los empresarios radicales reivindican la necesidad de cumplir la ley, mantener el orden y actuar seria y responsablemente como los atributos principales de los dirigentes radicales.

> "Yo creo que lo más destacable del radicalismo, por lo que he vivido (y fue bastante), es actuar dentro de la ley. De respetar la ley. Creo que hicieron muchas cosas, algunas malas, algunas buenas, pero siempre actuaron dentro de la ley y eso es importante. Siempre fueron correctos, nunca se salían de las leyes. Creo que un ejemplo fue Alfonsín. Bueno, y también Balbín, él fue, como siempre, muy correcto y respetuoso de las leyes, era un político ejemplar. Como le dijo a Perón 'despido un gran adversario'. Otro era Illia, él era, como radical, lo más puro que había y lo bajaron los militares. Él era un tipo serio, que actuaba pensando cada cosa, y lo llamaron la Tortuga" (Carlos, 77 años, comerciante, 2004).

En este sector también se puede encontrar una afinidad entre la condición socioprofesional y las posiciones políticas de sus miembros. El valor acordado a la ética del trabajo, al esfuerzo individual por prosperar y a la conducta honrada lleva, sin duda, a privilegiar el orden, la ley, y a oponerse a la corrupción y a las conductas fáciles que buscan progresar sin esfuerzo. En este sentido, los votantes peronistas son catalogados como aquéllos que no quieren progresar, que *"prefieren que les den cosas y no trabajar"*, que *"no se preocupan por mejorar su condición"*.

> "El peronismo es, cómo te digo, es la cosa fácil, actúa como con la cosa fácil, regalada, se manejan dando cosas pero no ayudan a la gente y no quieren. Acá vienen algunos y me

dicen: 'vamos a hacer algo por el barrio' o por lo que sea y siempre me quieren sacar algo del negocio. Y no se puede, digamos, está mal. Yo no voy a pedirles nada y no quiero que me molesten. Y la gente así los vota, porque los tipos están para dar y como la gente necesita, pero lo que en verdad se necesita es trabajo. Mi padre era conservador, radical, en realidad, y siempre decía que él quería progresar trabajando y que los peronistas querían progresar sin trabajar. A mí esa frase me quedó siempre y creo que sigue siendo verdad, por eso siempre voté a los radicales, aunque ahora tengo mis dudas porque el radicalismo como que no tiene una persona, un líder digamos y está como sin rumbo" (María, 50 años, comerciante, 2003).

"Para mí, el político peronista, cómo te digo, el dirigente peronista es el que tiene una trayectoria más sindical a lo mejor. No tan puramente política. Y la trayectoria sindical yo la asocio siempre con el patoterismo, con el llevarse por delante a la gente, con imponer cosas, aunque no tengan la razón. Históricamente fueron unos chorros y nadie los pudo sacar. Alfonsín quiso, pero no pudo. En algún momento, los argentinos vamos a entender que con esa gente no se puede. Que hay que hacer la cosas bien, poner gente seria" (Juan, 45 años, comerciante, 2008).

En términos generales, la identidad radical de los comerciantes e industriales está, sin duda, atravesada por su condición de empleadores. Si la identificación de los profesionales con la UCR está permeada por su condición educativa y los valores asociados a la misma, el *habitus* radical de los comerciantes y empresarios está constituido y sostenido en parte por su propia condición laboral, que promueve la oposición con los trabajadores y el movimiento sindical.

Pero tal vez es en los trabajadores poco calificados de clases medias donde pueden encontrarte las posiciones más recalcitrantes frente al peronismo.

"Un día antes de que yo entrara al Banco Provincia, el 2 de mayo de 1950, Perón y Eva Perón habían hecho un acto, eso hizo que el 3 de mayo, cuando yo entré al Banco, los delegados y jefes estuvieran todos enfervorizados por lo del día anterior. Allí vi el ambiente peronista que había. Los delegados y los empleados de jerarquía estaban todos elegidos por el gobierno peronista. Me acuerdo que, a pocos años de haber entrado a trabajar al banco, pasó lo de la muerte de Eva Perón. Para ese momento decidieron que los empleados del banco en casa central desfilaran con la cinta negra en el brazo y el escudo del partido peronista en la solapa. Lo que yo hice fue cambiar el escudo del partido peronista por el escudo del banco. Ya ves cómo eran las cosas en el gobierno de Perón: la gente comía, pero era autoritario, como Mussolini o Hitler, tanto se parecía que así también le fue. Imagínate que todos hablábamos con miedo en el banco porque había soplones que si decías que eras contrario a Perón, iban con el chisme a los superiores, que eran todos peronistas, y te echaban del trabajo. En las casas o los departamentos estaban los porteros o los vecinos que hacían de soplones. Así toda la gente andaba cuidándose de qué decía. Esto fue así hasta que vino la Revolución Libertadora. Eso fue un alivio. Pero cómo se logró eso fue terrible… en el momento del bombardeo a Plaza de Mayo, yo estaba trabajando en la casa central del Banco Provincia. Por esto te digo que fue una masacre, no sé cuántos mataron ese día. Eso fue una maniobra militar, no fue algo político, no se resolvió como corresponde, fue una masacre. Pero igual, el ambiente peronista no se podía aguantar, tenías a un jefe que poco antes de eso había sido ordenanza, y que porque tenía llegada al partido peronista había podido convertirse en jefe. Éste que era un bruto, que había sido ordenanza y servía café en la sucursal 14, y que no sabía ni leer ni llenar correctamente un papel, había llegado, gracias al ambiente de alcahuetería y acomodo político, a ser jefe en casa central. Este bruto había pasado de vestir gorrito y musculosa a vestir un traje caro, con las uñas lustrosas… ¡Cada uno ha habido!" (Martín, jubilado bancario, 70 años, 2005).

La entrevista anterior refleja el punto de vista de un parte del electorado de radical sobre la historia política y los partidos, que sin duda aparece como quijotesca. Es el caso de un empleado bancario, hijo de clases medias en ascenso, que se incorpora al mundo laboral y a la participación política a comienzos de la década del cincuenta. Portador de un antiperonismo extremo, su esquema político responde más al viejo balbinismo que a la modernización alfonsinista. Contiene, además, un claro componente antipopular, un *habitus* de clase media capitalina que interpretó como ilegítimo el ascenso de sectores populares durante el peronismo. Es en los votantes radicales de esta generación donde puede apreciarse con mayor claridad el componente "clasista" del voto radical. La "herejía del peronismo" estuvo dada por el reconocimiento material y simbólico de las clases populares, que fue en gran medida repudiado por las clases medias, y politizado por el radicalismo.

5.3 El antiperonismo conservador y progresista

Se puede establecer una nueva tipología para caracterizar al conjunto de votantes de la UCR, cuya principal característica es el antiperonismo. Estos votantes no manifiestan, en el sentido de Campbell, una identificación política fuerte con el partido radical, no se definen a sí mismos como radicales, y no reconocen los valores y principios asociados típicamente a la UCR, pero comparten con los adherentes radicales una marcada aversión hacia el peronismo. En este sentido, interrogados sobre sus preferencias partidarias, muchos de ellos afirmaron ser simplemente "antiperonistas" y negaban toda pertenencia partidaria. Los votantes antiperonistas manifestaban un tipo de apoyo más ocasional la UCR, particularmente en las elecciones presidenciales. Más que caracterizar a estos votantes por un conjunto de ideas más o menos consistente, conviene mostrar algunas de sus trayectorias electorales.

En primer lugar, se puede postular la existencia de un tipo ideal de votante antiperonista, más cercano a una tradición socialdemócrata, que reivindica la intervención estatal y la búsqueda de la igualdad social entre las distintas clases sociales. Este votante comparte con la tradición radical una visión autoritaria y demagógica del peronismo. Si bien estos

votantes reconocen los avances en legislación social logrados por el peronismo, advierten que muchas de las reformas
habían sido planteadas por los socialistas y radicales a principios de siglo, y que el gobierno de Perón las utilizó de
forma personalista y demagógica. En términos de trayectoria electoral, estos votantes apoyaron al Partido Socialista
o al Partido Intransigente, entre otros, y, posteriormente,
aportaron un gran caudal de votos al Frente Grande.

¿Cómo eran esos momentos, cómo viviste el retorno a la democracia?
Era increíble, la esperanza, la gente, el entusiasmo. Mirá, yo
vi a Alfonsín asumir y decir el Preámbulo en la televisión.
Estaba arrodillada en casa, sola, y lloré. No te imaginás lo
que era que él haya ganado, el tema del Preámbulo, lo que
significaba para nosotros. Era increíble, yo lloraba. Eso no
me volvió a pasar.
¿Te identificaste con el radicalismo?
No sé si "estuve identificada con el radicalismo", nunca voté
en esa época a los peronistas. Eran unos impresentables y
muchos lo siguen siendo, y obviamente nunca voté a Menem.
A partir del 85, empecé a votar por el PI y luego a partidos
chicos, mucho después voté al Frente Grande.
¿Cómo es eso?
Mirá, siempre me pareció una boludez lo de votar al mal
menor. Esa estupidez de que no vale la pena votar partidos
chicos que aunque tengan razón no ganan. Creo que hay
que votar con conciencia, es decir, los que uno cree que son
los mejores.
¿A quién votaste en los ochenta, después del 83, en las legislativas?
Como te dije, en el 83 voté a Alfonsín y un par de años
después me acerqué al PI. Tenía un montón de compañeros
de trabajo que estaban en el PI. Pero al final se disolvió. No
sé quién dijo en su momento, creo que algunos de los "dirigentes", que había que votar al peronismo, al final, todos mis
compañeros iban a votar al peronismo en el 89. ¡Qué bronca,
qué calentura, no lo podía creer! Por qué yo tenía que votar
al PJ, ¿quién me consultó?, nadie, ¿entendés? Desde ahí voté a
quien yo quería. No dejo que decidan más por mí.
¿Cómo es eso de que no querés que decidan más por vos?

Mirá, yo ya no me banco que hablen por mí, que decidan por mí. Cuando los políticos dicen: "la gente quiere…" me da una rabia. "¿Qué sabes vos, hijo de puta?". Mirá, me da una bronca… ¿Quién sos vos para decir que yo tal cosa o yo tal otra? Si yo quería al PI y no votar al PJ, ¿por qué tenía que votar a los peronistas? Porque el partido decidió a poyar al PJ, ahora ellos deciden como si fuéramos unos estúpidos, "ahora hay que votar por esto". Yo no voté al PJ y no me volví a acercar a ningún partido (Alicia, 48 años profesora).

En segundo lugar, es posible identificar un antiperonismo vinculado a la derecha, pero que la UCR en ocasiones pudo captar.[26]

A diferencia de la trayectoria electoral anterior, el votante antiperonista conservador tendió a fluctuar entre el voto a la UCeDé y Menem, el partido de Béliz o Cavallo y, posteriormente, a RECREAR de López Murphy. Al igual que en el caso anterior, el apoyo a la UCR lo brindaba principalmente en las elecciones presidenciales, donde era poco probable que un partido pequeño accediera a la presidencia, mientras que en las elecciones legislativas apoyaba a partidos menores. En términos ideológicos, el antiperonismo conservador es cercano a los postulados de no intervención y regulación estatal, y tiende a ver con antipatía a los partidos tradicionales mayoritarios. En este sentido, comúnmente manifestaba una importante desconfianza hacia los partidos de masas y sus votantes. El antiperonismo de estos votantes presenta un matiz antipopular, manifestando cierto desprecio por los sectores trabajadores y las clases bajas.

¿Por qué cree usted que mucha gente descree de la política y del gobierno?

---

26 Caracterizando estos votantes, Mora y Araujo afirmó que el triunfo del radicalismo en el '83 supuso una alianza electoral de diferentes sectores, en la cual primó el apoyo de antiperonistas de derecha o conservadores. Sin duda, en 1989, Angeloz trató de movilizar esos apoyos al postularse como candidato del Partido Independiente, con la fórmula Angeloz-Guzmán.

Hoy se cree que la política es sucia pero yo, por lo que recuerdo, también en el viejo conservadurismo y el viejo radicalismo había corrupción, no como ahora, pero no creas, había... claro que las cosas empeoraron cuando vino Perón: les dio cosas a la gente para que lo votaran, trajo a los vagos que tocan el bombo... Claro que había trabajo, no como ahora que hay hambre, miseria y robos por todas partes, no se puede estar tranquilo... no, algunas cosas no son iguales, parece que las cosas en eso empeoraron.

¿Qué partido votaste desde 1983?

En el 83 obviamente voté a Alfonsín. Después vino el quibombo. Me acuerdo del año 89, cómo aumentaban los precios de las cosas. No había sueldo que alcanzara. Ibas a comprar algo a la mañana y los supermercados por ahí cerraban para remarcar los precios de los productos. Ya no se podía aguantar más. A los pocos meses hubo elecciones y voté a la UCeDé. El Estado estaba lleno de vivos, los tenías ahí adentro viviendo de todos nosotros. Con Menem hubo más estabilidad, eso me tranquilizó, es más, lo voté en el 95. Pero las cosas no fueron buenas con él porque creo que la corrupción empeoró y la gente empezó a dejar de creer en el gobierno. Pero yo no creo que haya sido tan diferente que en otros tiempos. La diferencia está en los hombres. Ya no se ven hombres como Ricardo Balbín. Ese sí que era un gran político. Tenía un porte de estadista, conocía de política, de economía. El gesto que más me emocionó fue cuando, en el momento del funeral de Perón, le dijo que despedía a un amigo, éste era un hombre que sabía unir a la patria. (Roberto, 70 años, exempleado bancario, 2005).

El votante antiperonista muestra, en términos generales, un sistema interpretativo menos sistemático que el simpatizante radical. Como se mencionó antes, los antiperonistas no manifiestan una identificación partidaria importante con la UCR, y es, básicamente, su oposición al peronismo lo que orienta su acción política electoral. En este sentido, los principios asociados a la UCR, tales como la defensa de la ley, la Constitución y la igualdad social y política, son menos consistentes, salvo en aquéllos que tienen una formación cultural importante, como son los provenientes de familias con tradición socialista, en donde se valoraba el conocimiento de la política y la historia.

La falta de consistencia de sus esquemas interpretativos y la falta de sistematicidad en sus ideas los situaron muchas veces a distancia de las coyunturas electorales y de las luchas discursivas de los principales partidos. Como tempranamente lo advirtió Lazarsfeld, los votantes más independientes de los partidos tienden a interesarse menos por las elecciones y las discusiones políticas coyunturales, y por esa razón los discursos y la propaganda partidaria casi no refuerzan sus ideas políticas. La distancia con la UCR y su aversión al peronismo llevaron a algunos de estos votantes a elegir pequeños partidos más o menos desconocidos, cuyas propuestas (e incluso candidatos) en muchos casos ignoraban, y, en consecuencia, al malentendido político, como en el caso de votantes con tradiciones progresistas que dieron su voto a partidos de derecha, o votantes de tradición de izquierda que apoyaron a Angeloz para oponerse a Menem.

La identificación casi inexistente con el radicalismo situó a estos votantes en una posición más autónoma frente al partido y más crítica frente los resultados de sus gobiernos. En este sentido, por estar menos ligados a la tradición radical, posiblemente fueron los primeros en retirar su apoyo al partido tras la crisis alfonsinista, evidenciando los débiles lazos de lealtad que los unían al partido centenario. Debido a la poca relación que tenía con los partidos mayoritarios, el votante antiperonista sufrió un temprano desencanto con respecto a la política partidaria de la UCR.

5.4 El cambio estructural y la reproducción política y social de los tipos ideales de votantes radicales

Las transformaciones estructurales ligadas a los procesos de globalización y los cambios correlativos en los estilos de vida alteraron sin dudas la reproducción de los tipos sociales de votantes radicales, en la media en que las categorías sociales entre las que la UCR cosechaba sus apoyos tradicionales comenzaron a desvanecerse. En este sentido, una de las condiciones que pudieron contribuir indirectamente a la reducción de la base electoral del partido es el cambio social que afectó a sus votantes típicos, alterando el mantenimiento y la reproducción de la tradición partidaria.

En el caso de los comerciantes y pequeños productores, los cambios morfológicos implicaron una disminución extraordinaria de estas categorías, entre otras razones como consecuencia de la instalación de grandes supermercados y del aumento de las importaciones. Particularmente, se redujo notablemente el pequeño y mediano comercio barrial, cuya reproducción económica se basaba en el trabajo familiar. Junto con la economía familiar del comercio se desarticuló también parte de la tradición política familiar. Buena parte de los comerciantes adherentes de la UCR reconocían una tradición política que se remontaba a sus padres y abuelos. Esa tradición encontró menos posibilidades de reproducción a medida que el modelo familiar que la sustentaba entraba en crisis y las generaciones más jóvenes iban alcanzando mayores niveles de educación y diversificando sus consumos culturales. En el caso de los productores y pequeños empresarios, no sólo disminuyen las categorías más tradicionales, sino que surgen nuevos sectores vinculados a los bienes culturales, basados en los intercambios globales, que, al igual que el caso anterior, tienen estilos de vida más modernos y consumos culturales más diversificados.

Para comprender la declinación de este tipo social de empresario radical también es necesario tener en cuenta los cambios que se dieron en los referentes que mantenían más o menos estructurada la identificación política. La existencia de un adherente radical reaccionario, cuyo antiperonismo estaba sustentado en una animadversión hacia las clases obreras y a la representación sindical, comenzó a desestructurarse cuando la clase obrera organizada se debilitó, producto de la desocupación y del trabajo informal a lo largo de la década del noventa. Así, no sólo entró en crisis el modelo de subsistencia económica de los comerciantes y productores radicales tradicionales, sino también el del mundo social y político que actuaba como sustrato de su sistema de ideas. Por otro lado, la transformación del peronismo que supuso el menemismo tendió asimismo a debilitar la vieja oposición peronismo-antiperonismo como sostuvieron Yannuzzi (1995) y Novaro (1995). Efectivamente, la construcción política del discurso del menemismo supuso la expulsión del adversario y el conflicto, acorde a una escenificación sustentada en el liderazgo de Menem.

En el caso de los profesionales radicales, las transformaciones morfológicas vinculadas al desarrollo de nuevas profesiones ligadas a los servicios actuaron diversificando de forma extraordinaria el estrato social al que pertenecían. Comienza así el ocaso del profesional tradicional de despacho ligado a ciertas profesiones clásicas como las de médico o abogado, y aparecen nuevos intermediarios culturales, en buena parte, provenientes de universidades privadas. Sin dudas, estos profesionales de consumos más globalizados y actividades profesionales menos ligadas a la universidad pública presentan menor interés por la política partidaria y la historia nacional, y son menos propensos a defender consignas tradicionales de la UCR como la intervención estatal y la defensa de la educación pública.

5.5 Conclusión: perfiles políticos de los votantes de un partido atrapa-todo

Las relaciones establecidas entre las posiciones sociales y las afinidades políticas posibilitan destacar ciertos rasgos importantes del vínculo entre la UCR y sus bases de apoyo electoral. Una primera cuestión que cabe resaltar es el carácter flexible de la identificación radical. Lejos de suponer la adhesión a un programa político organizado o tomas de posición ideológicas más o menos sistemáticas, la identificación radical se basa en un conjunto de principios adaptable a las diversas posiciones sociales. Como sostuvo Torre (2004), la UCR es "un partido de valores". Así, más que proponer la existencia de un votante radical "de derecha", "de izquierda", o "moralista", resulta más pertinente hablar de la existencia de diferentes sensibilidades políticas en el seno del electorado radical. Posiblemente, el conjunto de valores abstractos con los cuales el partido tendió a identificarse históricamente favoreció la conformación de un tipo de identificación lábil, capaz de adecuarse a diferentes categorías sociales sin por eso generar grandes contradicciones.[27] Por otro lado, la historia vivida por los electores, la tradición familiar y las características sociales tendieron a conferir ciertas particularidades a la identificación radical y a constituirla como tal, limitando la pura performatividad discursiva. En este sentido, la filiación radical no sólo dependía de los discursos y proclamas partidarias, sino también de las condiciones sociales, familiares e individuales de los propios electores. La particular visión que los diferentes adherentes del radicalismo tienen de la historia política, de las luchas partidarias y de los "enemigos históricos" da cuenta de cierta autonomía de los electores radicales para organizar y estructurar su propia identificación con la UCR. Esto no supone la existencia un individuo "independiente" que construye su propia afiliación política racionalmente, sino un tipo de adhesión partidaria ajustada a las condiciones de vida de los votantes. En este sentido,

---

[27] La movilización electoral conjunta de las diversas categorías de clases medias es, en parte, una particularidad de la UCR, ya que las categorías pueden fragmentarse. Por ejemplo, Nonna Mayer (1983) analizó la división electoral de la clase media francesa a partir del voto de pequeños comerciantes y productores a la derecha y cuadros asalariados a la izquierda. En términos ideológicos, los patrones expresaban ideas más liberales, menos "colectivistas" y manifestaban posiciones anticomunistas. Sin duda, parte de las condiciones para esta movilización de todas las categorías, incluso las más pobres, se debe al discurso abierto de la UCR (moralizador, democrático, de progreso generalizado) y a la casi inexistente interpelación a una "representación de intereses" económicos, lo que hubiera supuesto una clarificación de los sectores que se proponía beneficiar.

podemos proponer un carácter dual de la identificación radical. Por un lado, la adhesión al partido está sustentada en el reconocimiento de principios propiamente políticos sostenidos por la organización partidaria: democracia, orden, intervención estatal, valores cívicos y republicanos. Por otro lado, esos principios son, en parte, reinterpretados y reformulados en base a las condiciones socioeconómicas, familiares e individuales de los propios adherentes, dando lugar a diferentes sensibilidades políticas.

Al transformarse las condiciones sociales que las sustentaban, las sensibilidades políticas de los adherentes encontraron menos condiciones para su reproducción. Los tipos sociales de votantes, que eran característicos del electorado radical, comenzaron un proceso de declinación cuyos inicios pueden situarse en los primeros años de la década del noventa. Un primer aspecto ligado a esta declinación está dado por la imposibilidad de reproducción social y económica de las categorías socioprofesionales características del electorado la UCR. Los procesos de globalización alteraron la morfología de las clases medias, afectando la existencia de una parte de los estratos que eran portadores de la identificación radical. Un segundo fenómeno correlativo es el hecho de que los nuevos sectores profesionales y pequeños empresarios ya no manifiestan un conjunto de ideas e intereses solidarios con la identificación partidaria. Posición de clase y valores políticos aparecen ahora mucho más alejados. Esto es particularmente observable en el caso de los comerciantes, cuya aversión a los trabajadores y sindicalistas encontraba en la UCR el vehículo para oponerse al peronismo en el campo político. No sólo este estrato se redujo notablemente, sino que los nuevos sectores del comercio y los intermediarios culturales ya no manifiestan esa lógica de oposición social en su desarrollo. Por último, además de la falta de reproducción social y de afinidades, la interconexión global y el desarrollo de nuevos servicios educativos debilitaron algunos referentes clásicos de la identificación radical, como la creencia en la necesidad de intervención estatal y la importancia otorgada a la universidad pública.

Capítulo 6

6. La conversión de las disposiciones políticas

A partir de los primeros años de la década del noventa, el rendimiento electoral del radicalismo comenzó a mermar de forma cada vez más pronunciada, dando muestras de que la tradicional base de apoyo del partido tendía a desvanecerse. En este capítulo, caracterizaremos algunas de las transformaciones centrales del electorado radical, para comprender la pérdida de votos del partido. A diferencia del capítulo anterior, ahora nos abocaremos a aquellos electores que, si bien apoyaron al partido en la década del ochenta, o incluso con anterioridad, tendieron a retirarle su apoyo a partir de 1990. Teniendo en cuenta la totalidad de los exvotantes, buscamos establecer regularidades entre los cambios que tuvieron lugar en las disposiciones políticas, manteniendo como punto de comparación las características de los votantes detalladas anteriormente. La pregunta central que recorre este capítulo es: ¿cómo afectaron las transformaciones sociales relevadas en la primera parte las disposiciones del electorado fiel de la UCR? La respuesta a la que llegamos fue la siguiente: un conjunto de creencias, que aparecían como componentes centrales de los esquemas interpretativos de los votantes de la UCR se debilitaron, dando lugar a nuevos esquemas de percepción y evaluación del mundo social y político. Destacaremos sólo algunos de los cambios que se dieron en las disposiciones, en particular aquéllos que consideramos más importantes: el debilitamiento de la creencia en el progreso y su vinculación con el partido, la pérdida de legitimidad estatal y la declinación del antiperonismo. A lo largo de las entrevistas realizadas, estos componentes comunes generalmente articulaban la identificación partidaria; la desorganización de estas disposiciones promovió un creciente distanciamiento con respecto al partido centenario.

6.1 Debilitamiento de las expectativas de progreso y desconfianza partidaria

La creencia en el progreso y el ascenso social ha sido uno de los atributos más destacados de las clases medias. Como vimos anteriormente, los votantes radicales reivindicaban la búsqueda de la igualdad y el progreso social como uno de los principios de la UCR. Sin duda, el vínculo entre el ascenso social y el partido centenario estuvo condicionado por el propio trabajo de legitimación de la UCR que, a lo largo de su historia, proclamó el ascenso social, en particular ligado a la educación, como uno de sus pilares. Como sostuvo Torre (2004) cierta búsqueda de equidad social fue uno de los valores históricos proclamados por el partido. Incluso, en el retorno democrático, Alfonsín acentuará particularmente el vínculo entre el mejoramiento de la vida social y la política partidaria. "Alfonsín no sólo vinculó la democracia con la necesidad de recrear el orden político, sino que también la relacionó con el progreso colectivo e individual" (Catterberg, 1989). Cuando caracterizamos los modos de pensar la política partidaria por parte de electores fieles, éstos reconocían, aunque con diferentes matices y claves, un vínculo entre mejoramiento de las condiciones de vida y política partidaria. De manera directa, en algunos casos, el progreso social se ligaba a la defensa de la educación pública y formas de intervención estatal, en otros casos, el vínculo entre condiciones de vida estaba centrado más en la calidad institucional o el resguardo de derechos políticos para encontrar condiciones de desarrollo individual, por último, algunos electores también reconocían una ligazón entre mejoramiento social y la defensa de la libertad y de la autonomía. Uno de los cambios centrales que encontramos en los electores radicales que abandonaron la tradición radical es la ruptura entre política partidaria y expectativas de mejoramiento social relacionada con ella y, por lo tanto, del reconocimiento que el partido puede influir en el progreso social de los electores.

Ahora bien, para comprender el cambio en las disposiciones y las expectativas de progreso en relación con la política partidaria, es necesario volver a enfocarse en las transformaciones estructurales que sufrieron las clases medias a lo largo de la década del noventa. Los cambios morfológicos tendieron a redefinir las expectativas de ascenso; no sólo las de aquellos sectores de las clases medias que, como sucedió en el caso de los pequeños industriales y comerciantes, tendieron a reducirse considerablemente durante los años noventa, sino también las de los jóvenes profesionales que se incorporaban a un mercado laboral flexible, con altos grados de inseguridad laboral (desocupación, contratos flexibles, salario variable). Se podría afirmar que todo proceso de cambio y transformación social que implica el ocaso de ciertos grupos sociales y el desarrollo de otros tiende a alterar la relación entre las expectativas y las posibilidades. Sin embargo, el cambio por sí mismo no explica la mutación de las expectativas; es necesario caracterizar el tipo de cambio. La novedad del cambio estructural consistió en la aparición de una mayor incertidumbre respecto al futuro que fue generada por las nuevas condiciones de trabajo: desocupación, pérdida de control de las condiciones de trabajo y debilitamiento institucional (Castel, 2010). Ambos aspectos aparecen entremezclados en las referencias de los entrevistados, evidenciando una percepción de crisis y de incertidumbre con respecto al futuro.

"Las instituciones que había antes a uno lo hacían sentir protegido. Vos tenías un trabajo antes y vos decías: 'bueno, si yo soy cuidadoso con mi trabajo, soy prolijo, voy a tener un ascenso dentro de mi trabajo porque además yo voy a estar protegido por la empresa', ¿mm? Había gente que pasaba 20, 30 años de su vida trabajando en el mismo lugar y se jubilaba en ese lugar" (Carlos 45, empleado).

"¿Cuál es la línea que separa al dueño de una empresa o al dueño de un negocio de hoy que es esclavo de un negocio? Cuando yo salgo a caminar por Cabildo un domingo a la tarde y veo los dueños de todas las mueblerías trabajando, ¿por qué?... no trabajan para hacerse ricos, trabajan para pagar el alquiler. Es muy difícil tener fe en medio de todo esto. Hoy, si vos no tenés laburo, te caíste del mapa, ¿qué margen? ¡Estás afuera del sistema! Y además quedás afuera del sistema, aunque vos no hayas hecho las cosas mal. Hay gente que tiene 30, 40 años de laburo más, que llega a los 50 años, lo despidieron, ¡chau!! Ese tipo no se jubila más. Porque no consigue más un trabajo en blanco. ¿Y? ¿Qué hacemos?" (José, 65 años, contador y exempleado bancario, 2007).

La manera en que el empobrecimiento y la desocupación afectaron las expectativas de ascenso y la identidad social de las clases medias ha sido ampliamente documentada entre otros autores por Minujin y Kessler (1995), Kessler (2000) y Lvovivh (2000). En este sentido, Kessler y Di Virgilio sostienen que la transformación estructural trajo aparejada una redefinición de la identidad social. "Esta coacción al cambio produce una creciente complejidad en la vida cotidiana. Se realizan permanentes esfuerzos para estabilizarla; necesidad tanto más acuciante porque desde el punto de vista de los individuos existe no sólo una dislocación de la situación personal, sino también del mundo lindante. La pauperización se experimenta simultáneamente como una dislocación personal y como una desorganización del mundo social que los rodea" (Kessler y Di Virgilio, 2003:15).

Cuando interrogábamos a diferentes afiliados y adherentes que habían dejado de votar a la UCR, la mayoría señalaba la incapacidad del partido para mejorar sus condiciones de vida. Si bien muchos manifestaban la esperanza de una "salvación individual", daban por descontado la falta de capacidad e interés de los dirigentes del partido por mejorar su vida. La idea de que *los radicales no pueden hacer mucho por sus votantes* o de que *no les interesa* atraviesa la mayoría de los relatos de los exadherentes radicales. La creciente distancia y desconfianza con respecto al partido y a la política en general está relacionada con la percepción de una separación entre las condiciones de vida y la actividad política partidaria. Los exvotantes afirman que pueden progresar y mejorar en base a su esfuerzo individual, pero no como producto de la política del partido. En este sentido, progreso social y política partidaria se separan en el imaginario radical.

"Es que el partido se equivocó mucho en esa época (mediados de los noventa). Le dieron todo a Menem y encima después te lo ponen a De la Rúa. Yo creo que el partido se equivocó, se separó de la gente o le dejó de importar. Por eso yo no participé más y no los voté más. No sacaron uno bueno. A Alfonsín yo lo respeto pero... y Angeloz, y De la Rúa, unos impresentables. Bueno, Massaccesi ni hablar. En el 95 todo se iba al diablo, nadie tenía un peso y repartían manzanas..." (Raúl, 55 años, comerciante, 2003)

Quienes sufrieron un descenso social más marcado, producto del desempleo o de la disminución progresiva de sus ingresos, critican al partido su falta de interés o su incapacidad para mejorar sus condiciones de vida de manera más nítida, hablan de una *"traición del partido"*. Pero la pérdida de confianza en el partido para mejorar la vida de los electores no sólo se da en los que vivenciaron una caída, sino también en los que se mantuvieron o, incluso, pudieron subir. En algunos de estos casos, más que la idea de traición del partido lo que emerge es una sensación de abandono y desinterés por parte de la dirigencia radical.

"Son todos un desastre: los radicales, los peronistas, todos. ¿Vos pensás que a Alfonsín, a los Nosiglia, a todos esos les importa la gente? No. ¡Que se mueran! Si no los vota nadie que se jodan. No se preocuparon por nada. Nunca les interesó nada más que juntar más plata. Ellos comieron y vivieron con la democracia, la gente no. [...] Vos te quedaste sin laburo o no encontrás trabajo, no tenés plata. ¿Dónde estuvieron los radicales? Ellos abandonaron a la gente y si ahora no pueden salir a la calle, que se aguanten" (Enrique, 51 años, comerciante, 2003).

Ahora bien, los cambios en las condiciones de vida ligados a la desocupación y a la disminución de los ingresos afectaron a un conjunto mucho mayor que excede a los electores radicales. Posiblemente, estos cambios también motivaron una desconfianza frente a los dirigentes políticos en general. Lo que caracteriza a los electores radicales es, sin duda, la idea de traición, abandono o desinterés por parte del partido, que previamente era reconocido como promotor del progreso social y asociado a su propia condición de clases medias.

El cambio en la ligazón entre condiciones de vida y partido no se refiere al agotamiento de un tipo particular de votantes, sino a la manera en que el cambio social afectó las disposiciones de los votantes de la UCR y alteró la conducta electoral. Una de las condiciones del vínculo entre el partido y sus electores estaba dada por la creencia compartida de que el partido podía mejorar las condiciones de vida de los electores. Y si bien no se reconocía la defensa de un conjunto de intereses específicos, la mayoría de los electores asociaba a la UCR con la lucha por el progreso y la defensa de sus derechos y garantías. Como mencionamos antes, al privilegiar el ascenso social y la educación como principal instrumento, la UCR reproducía las creencias y expectativas de los mismos electores. Dos fenómenos pudieron afectar las expectativas de progreso y motivaron la separación entre mejoramiento de las condiciones de vida y partido. En primer lugar, el ocaso de un conjunto de categorías tradicionales de clases medias, que se vieron disueltas por los procesos de cambio estructural; y, en segundo lugar, los cambios que tuvieron lugar en la organización del trabajo y en las protecciones laborales, que contribuyeron a aumentar el riesgo y la incertidumbre.

6.2 El desdibujamiento del rol acordado al Estado

Es necesario destacar ahora los cambios que se dieron en el imaginario radical en relación con el Estado. Como vimos anteriormente, parte de los valores asociados al partido y sus políticas estaban relacionados con la defensa de la intervención estatal y el rol acordado al Estado como promotor del progreso y la igualdad social. En este sentido, la "escuela pública", las "universidades de excelencia", "la calidad de los hospitales" aparecían como logros de las administraciones radicales, particularmente de Illia y Frondizi, pero también como ideales programáticos del partido, reconocidos y valorados por los adherentes. Incluso, los electores caracterizaban a los gobiernos peronistas como administradores deficientes y hostiles a la universidad y a la educación pública.

Este vínculo más o menos difuso entre Estado y partido, y entre intervención estatal y política partidaria, es producto no sólo a la interpelación del partido a sus adherentes, que proclamó esos valores a lo largo de toda su historia, sino también a la cultura propia de las clases medias que reconocían en el Estado, y particularmente en la educación pública, un motor de ascenso social. En este sentido, los sectores medios encontraban en el discurso de la UCR una defensa de la intervención estatal acorde a sus aspiraciones.

Ahora bien, como mencionamos al inicio, la relación entre las clases medias y el Estado comienza a transformarse en la década de los noventa, cuando una parte considerable de las clases medias se desplaza al sector privado para la obtención y cobertura de servicios educativos y de salud, entre otros. Así, se debilita la ligazón entre las clases medias y el Estado, que, tal como lo destacó Germani, tenía como protagonista a sectores medios en ascenso y, como una de sus condiciones esenciales, el aumento de la burocracia pública. Como afirma Del Cueto para el caso educativo, "se trata de un proceso más general en el cual los sectores medios han abandonado la escuela pública, que en sus orígenes funcionó como un instrumento de su promoción social" (Del Cueto, 2007:82).

Esta relación entre clases medias y Estado no fue particular de la Argentina, sino que estuvo presente en otros países de la región. Como sostienen Franco, Hopenhayn y León:

> "la expansión de la clase media en la región se produjo merced a la expansión del Estado y el aumento del empleo público. Dicho sector medio sería además portador de una cultura que habría dado soporte al imaginario de toda la 'clase', basado en la preocupación por la educación y en determinado estilo de vida" (Franco, Hopenhayn y León, 2011:9).

Las reformas estructurales de la década del noventa tendieron a socavar este vínculo en diversas regiones de América Latina, como pusieron en evidencias los trabajos de Klein y Tokman (2000) y Torche (2006).

Para comprender la relación entre los cambios que afectaron al Estado y al comportamiento político, conviene partir de las visiones y percepciones del Estado. Una característica que se repite en aquéllos que se desvincularon electoralmente del partido a lo largo de los noventa es que la importancia acordada al Estado como generador de mejora social se desvaneció. Más allá de lo complejo de la relación entre los sectores sociales y el Estado, lo que es necesario destacar es el proceso de desdibujamiento del componente estatal que se dio en el imaginario de los votantes. En este sentido, no sólo aparece una creciente crítica a las burocracias estatales asociadas a la corrupción y a la deficiente calidad de su gestión, sino que también se desvanece la idea del Estado como promotor de igualdad y progreso social.

> "Yo creo que la escuela pública es muy importante porque se junta el chico del vecino de al lado con el otro, y el del otro y el otro. Y este… creo que la escuela pública tiene un rol importante, pero también eso se fue deteriorando. Los chicos

que antes iban a la escuela privada era porque, de pronto, no podían rendir el ritmo que tenían... el ritmo de enseñanza de una escuela pública. Creo que eso ahora también cambió. Y hoy la mujer trabaja, el hombre trabaja, entonces no es fácil. Entonces, hay más escuelas privadas de doble escolaridad que escuelas públicas. Obviamente que hay un montón de cosas. El maestro gana mal. Con los edificios se mandaron también grandes negociados, los que no son viejos los construyeron y fueron un negocio también. Creo que en la época del Proceso hicieron un montón de escuelas, pero todas mal hechas que hoy hay muchas que se están cayendo" (Celia, 60 años, empleada administrativa, 2007).

"Mirá, la cuestión del Estado es una lástima, una verdadera lástima, toda la decadencia, la desazón que te da. Vos tenías en Capital Federal las mejores escuelas, los mejores hospitales, las universidades...y todo se vino abajo. Y fueron todos, los radicales, los peronistas, todos. Ahora nadie quiere pasar por el Estado, pero te digo que ahí hay gente muy buena, muy capacitada, en los hospitales, en las escuelas, pero está lleno de gente, no hay recursos y, por si fuera poco, por ahí se te cae un techo o una pared encima. Entonces, ¿qué hacés?, ponés plata, pagás la escuela, pagás la prepaga y no confías más en los políticos" (Esteban, 47 años, comerciante, 2009).

Algunos electores radicales reflexionan en torno a las tensiones ideológicas que se producen entre los nuevos vínculos con las instituciones educativas privadas y las viejas tradiciones políticas que defendía la educación pública.

"Mirá, el tema de la escuela es una cuestión complicada que siempre debatimos con mi mujer, el tema de dónde mandamos a los chicos, es un problema, no sé, un problema ideológico, moral. Nosotros crecimos en el barrio (Caballito) y siempre fuimos a las escuelas públicas del barrio, y siempre defendimos la escuela pública y la cosa igualadora de la escuela y también formativa. Como 'buen radical', como te contaba hace un rato, nunca estuve a favor de la educación religiosa y privada. Al más grande lo mandamos un tiempo a la escuela pública, pero bueno, ya no era la escuela pública a la que nosotros fuimos, ahora se nivela para abajo y la escuela se transformó en un aguantadero de chicos y los maestros en unos 'administradores' que no enseñan nada. Y terminamos haciendo un poco lo que hace todo el mundo, lo pasamos a la escuela privada. No fue fácil y no lo es, pero no nos quedó otra" (Carlos, 45 años, abogado 2003).

La pérdida de legitimidad de las prestaciones estatales y del rol igualatorio asociado anteriormente al Estado afectó sin dudas el interés por la política y el vínculo partidario. El desdibujamiento del componente estatal en el imaginario de los exvotantes radicales puede ser entendido como una consecuencia del creciente *distanciamiento* con respecto a las prestaciones estatales. Como analizamos en el Capítulo 2, una de las características de los cambios en los modos de vida de las clases medias estuvo dada por el alejamiento de las burocracias estatales (escuelas, hospitales, universidades), y el viraje hacia los servicios privados de cobertura. Como consecuencia, la vida cotidiana de las familias de clase media de la Ciudad de Buenos Aires fue perdiendo al Estado y sus aparatos como referencia inmediata de sus preocupaciones y apuestas. De esta manera, se debilitó un vínculo con el partido que estaba sustentado en un conjunto de disposiciones de las clases medias que situaban al Estado como promotor del progreso y al partido como defensor de políticas de intervención y mejoramiento de la actividad estatal.

6.3 La declinación de la oposición peronismo-radicalismo

En lo que respecta a los cambios en la percepción y evaluación del peronismo, tres transformaciones resultan centrales en relación a la identificación radical construida anteriormente. En primer lugar, desaparece la visión del peronismo como movimiento autoritario que llevó a la decadencia del país. En segundo lugar, las oposiciones entre radicalismo-peronismo y los atributos ligados a los partidos se debilitan. Por último, se diluye la creencia en los partidos como organizaciones portadoras de propuestas e ideologías.

La primera cuestión está ligada a la transformación de la visión que responsabilizaba a Perón y a los peronistas de la decadencia o de la falta de desarrollo del país. Las ideas que conjeturaban que las crisis y el retroceso de la sociedad argentina eran responsabilidad de Perón y los peronistas perdieron la fuerza que solían tener antaño. En general, las crisis o la falta de desarrollo se atribuyen ahora a los políticos en su totalidad.

> "Este país se vino abajo y la verdad es que todos los políticos son los culpables, ya no es éste o aquél, ya no se puede decir: 'esto lo hicieron los peronistas o, en todo caso, los radicales'. Yo vengo de tradición radical, en mi familia siempre se votó al radicalismo, pero ya no más. Como te digo, todos los partidos te defraudan, y creo que todos son responsables de la falta de trabajo, de seguridad, de que las cosas funcionen mal" (Julio, 54 años, comerciante, 2003).

Por otro lado, la asociación entre dirigentes peronistas, sindicalistas y trabajadores se desvanece. Pocos exvotantes reconocen el poder de los sindicatos para movilizar a los trabajadores o la capacidad de los dirigentes peronistas para manejar a los sindicatos.

> *¿La gente cree en el gobierno de Néstor Kirchner?*
> Y, uno en algo tiene que creer, porque si no: "vamos todos a tirarnos abajo del tren", yo creo que el gobierno en sí está haciendo las cosas bien, tratando de ser equitativo con todos los sectores. Fijate vos por ejemplo los partidos, no existen más, yo antes era afiliada a la UCR, pero después me desafilié porque no me representa. En el 83 era importante estar afiliada al partido, hoy por hoy es casi motivo de risa, y eso te da la pauta de que los partidos se perdieron del mapa. Ya no generan esa cosa, viste vos, de la pertenencia o adhesión de la gente. Ya no tienen el poder de antes, al igual que los sindicatos. Ah, pero con los sindicatos es peor, porque esos sí

que estaban mal acostumbrados a que la gente les obedezca, y hoy la CGT... ¿qué es la CGT? Son un montón de sinvergüenzas... (Patricia, 44 años, empresaria, 2003).

Además, las oposiciones entre radicales y peronistas que se basaban en atributos positivos y negativos dejan de articular la visión sobre el campo político. En este sentido, los dirigentes radicales pueden ser tan corruptos y deficientes administradores como los peronistas. Los valores de honestidad, responsabilidad y preparación asociados al radicalismo pierden fuerza a medida que cambian las clasificaciones sobre los dirigentes peronistas y sobre los mismos dirigentes radicales. Es decir, todo el sistema de coordenadas que utilizaban los electores radicales tradicionales para pensar el espacio político se desfigura.

"Es que, como te digo, te cambia la mentalidad. Yo no creo ya que los radicales sean muy diferentes a los peronistas, tal vez antes puede ser. Pero ahora creo que no. Me parece que la mayoría de los políticos se parecen, dicen cosas parecidas, son todos medios delincuentes. [...] Seguro encontrás gente que dice 'éstos son peores' o 'éstos son así', pero bueno, creo que no. Me parece que esa gente piensa como antes, digamos, que si vienen unos, que si vienen otros. Pero las cosas ya no son así. Hay buenos y malos políticos en todos los partidos, no es que hay un partido que sea el mejor y otro lo peor de lo peor. Me parece que tenemos que acostumbrarnos a elegir los mejores candidatos de cada partido y no votar siempre a los radicales o a los peronistas o a quien sea" (Mario, 58 años, odontólogo, 2009).

Por último, se transforma la visión organizada que tenían los electores del campo político y de la existencia de partidos. Los mismos electores ven en la falta de convocatoria y de movilización de las organizaciones partidarias, y en la imposibilidad de reconocer propuestas y programas específicos, muestras de la transformación sufrida por los partidos, que a su vez debilitan las creencias y los supuestos de la propia tradición partidaria.

"Con respecto a cómo veo a los partidos políticos hoy. Bueno… pienso que los partidos políticos prácticamente perdieron todo sentido. Antes uno era radical y se sentía hasta orgulloso inclusive, o peronista en otros casos, antes se juntaban multitudes por el solo hecho de que el candidato a presidente o a gobernador o ambos iban por los barrios. Anteriormente o antiguamente, cada partido defendía su ideología, defendía su postura, tenía representante en el radicalismo, el justicialismo, encabezado por Perón, por ejemplo, el radicalismo que se asentó con Alfonsín. Hoy en día, los partidos no persiguen una ideología, ya no tienen una ideología en común, no levantan una bandera cada uno, sino que cada cual tira para el lado que más le convenga. Por eso surgió la Alianza, para poder luchar contra Menem, así también ganó Kirchner con el apoyo de todos los que no lo votaron a Menem" (Miguel, 45 años, Comerciante, 2005).

Se puede afirmar que, durante los años noventa, la tradición partidaria perdió peso en las visiones y percepciones que tenían los exvotantes radicales acerca del campo político y social. Los mitos de Perón, los obreros y los "abuelos presos" por los peronistas dejaron de ser significativos a la hora de promover el voto y la identificación partidaria. Esas representaciones comunes, que sin duda actuaban orientando parte de las visiones sobre el espacio político y cohesionando al electorado radical, tendieron a debilitarse, promoviendo un mayor distanciamiento del partido centenario.

Ahora bien, ¿cómo se relaciona el debilitamiento de la oposición peronismo-radicalismo con el cambio social? Para reflexionar sobre la declinación de los tipos ideales de votantes radicales es necesario recuperar algunos de los argumentos expuestos anteriormente. El cambio social desarticuló los referentes y las relaciones que mantenían las disposiciones del antiperonismo. En primer lugar, se agota la referencia política del peronismo a la clase obrera y merma el poderío de las organizaciones sindicales. Con los nuevos cambios sociales, aflora la cuestión de la pobreza, la desocupación y los nuevos movimientos sociales, lo que motoriza también cambios en el propio peronismo de los noventa, como sostienen Martuccelli y Svampa (1997). Así, se debilitaron las condiciones de posibilidad del antiperonismo: clase obrera–movimiento sindical–Partido Justicialista. En segundo lugar, el antiperonismo era también una tradición que suponía una serie de mitos y creencias, que los mismos afiliados entendían como parte de una tradición familiar. Al transformarse las condiciones sociales y políticas que sustentaban esta tradición, un conjunto de creencias dadas por supuesto comenzaron a perder el carácter evidente de antaño y a transformase. Este proceso debe enmarcarse en un contexto de cambios en los modos de vida, en el cual las clases medias modernizaron sus formas de vida, organización familiar y consumo.

6.4 Cambios interpretativos y debilitamiento de la lealtad partidaria

El vínculo de los adherentes y votantes con la UCR se sustentaba en un conjunto de creencias, disposiciones y actitudes que mantenían una identificación con el partido centenario. Como vimos anteriormente, los esquemas interpretativos del electorado radical tendieron a fragmentarse a medida que la morfología social se transformaba y se alteraban los modos de vida de los electores.

El debilitamiento de las expectativas de progreso social como fruto de la gestión del partido, el mayor desinterés por la política estatal y la declinación del antiperonismo promovieron una creciente desvinculación partidaria. Estas transformaciones actuaron desgastando y minando la lealtad electoral. Los esquemas interpretativos funcionaban, como sostuvo Torre (2003), promoviendo "explicaciones" y "justificaciones" a las crisis de gobierno y al mal desempeño de los dirigentes. Al debilitarse estos esquemas tradicionales, la lealtad partidaria comenzó a decaer. En la visión de los antiguos adherentes, la *"decadencia"* partidaria comienza con el Pacto de Olivos o la formación de la Alianza. Sin embargo, es posible invertir la explicación: lo que entra en decadencia a mediados de los noventa es la identificación partidaria y, con esto, la lealtad partidaria.

Podemos interpretar la visión negativa y crítica de los afiliados como producto de las transformaciones que se dieron en los esquemas interpretativos de los mismos electores que anteriormente ordenaban las visiones sobre los dirigentes y las políticas de gobierno. En este sentido, estos esquemas compartidos por el electorado radical cumplían no sólo una función aglutinadora, sino también defensiva, en la medida en que "filtraban" parte de las apreciaciones negativas sobre partido, promoviendo juicios y evaluaciones solidarias con el desempeño partidario. A medida que los atributos positivos del partido y sus dirigentes (y negativos de los demás partidos) dejaron de darse por supuestos, aumentaron las miradas críticas y la desconfianza frente a la conducta de los dirigentes y las acciones de gobierno. Si a finales de la década del ochenta el "golpe de mercado", "los saqueos peronistas" y "las trabas al gobierno en el Congreso" funcionaban como *explicaciones* del mal desempeño partidario, para mediados de los noventa las justificaciones de los dirigentes al Pacto de Olivos y el apoyo a la reelección de Menem resultaron mucho menos creíbles a los electores. En el caso de la crisis del gobierno de la Alianza, directamente ya no aparecen ni la oposición peronista ni las dificultades económicas o los impedimentos del FMI como justificativos del "mal gobierno". En este sentido, los electores radicales vivenciaron un cambio análogo a ese proceso que, en sociología de la religión, se denomina *conversión*, y que supone el retiro de la fe y el cambio de las creencias ligadas a una organización religiosa (Berger, 1997). La conversión política supone la transformación de los marcos de referencia tradicionales de los votantes y produce una mayor autonomía para definir y evaluar a los partidos y a los dirigentes por fuera de las narraciones y justificaciones de los dirigentes y las burocracias partidarias. Esto supone un tipo de elector más desconfiado de las burocracias partidarias y con menos capacidad de lealtad electoral a una organización política.

6.5 Conclusión: la conversión de los fieles

El conjunto de creencias y actitudes características del sistema interpretativo radical sufrió un proceso de conversión. Por un lado, la confianza depositada en al partido como agente promotor del progreso y como defensor de ciertos valores comenzó a debilitarse. La certeza de que el partido poco podía hacer por modificar las condiciones de vida de sus electores contribuyó a aumentar el desinterés por la política partidaria de adherentes y afiliados. Tampoco faltaron acusaciones de traición y abandono al partido por parte de votantes que sufrieron un distanciamiento de sus representantes. Por otro lado, la desvinculación estatal de una parte considerable de las clases medias y de los electores radicales desdibujó del imaginario radical la importancia anteriormente acordada al Estado como promotor de la igualdad y progreso social. Al obtener ahora distintos servicios sociales del mercado y no del Estado, muchos adherentes radicales pasaron a representarse la política estatal como un fenómeno ajeno a ellos. Por último, el antiperonismo, que ocupaba un lugar central en el imaginario radical, tendió a fragmentarse. La identificación radical se había constituido en oposición al peronismo, y el sistema de valores y principios defendidos por los electores radicales adquirían sentido en función de esa oposición. Al desdibujarse los atributos positivos del partido frente al peronismo, parte del sistema de referencia radical se desvaneció. Con esto, la evaluación del campo político y del desempeño partidario perdió el condicionamiento propio de las identificaciones y tradiciones políticas partidarias, y el accionar del partido y sus dirigentes quedó al descubierto de las miradas y evaluaciones más críticas de sus electores.

El proceso de conversión de los votantes fieles a la UCR puede comprenderse mejor estableciendo relaciones entre la alteración de las disposiciones y el cambio social. En primer lugar, se rompe la asociación entre mejoramiento en las condiciones de vida y política partidaria. Esta ruptura es, en gran parte, una consecuencia de los procesos de globalización, que, al generar una declinación de categorías tradicionales de las clases medias y al promover una mayor incertidumbre en las condiciones de empleo, debilitaron la creencia en el progreso. En segundo lugar, como producto del mayor distanciamiento estatal se desdibujaron las disposiciones que situaban al Estado como generador del progreso y al partido como defensor de políticas de proposición para la clase media. Como una consecuencia indirecta, el alejamiento del Estado redundó en un alejamiento de la política partidaria. Una parte del interés y del compromiso con la política de las clases medias radicales se anclaba en sus relaciones y expectativas frente al accionar estatal. Al redefinirse las mismas frente al mercado, la política partidaria perdió interés y capacidad de cohesión. Por último, el cambio social afectó las relaciones y referentes que sustentaban el antiperonismo. Si parte del *ethos* antiperonista tenía un arraigo clasista fundado en una oposición de clases, el debilitamiento de la clase obrera organizada y su representación sindical desarticularon sus referentes, contribuyendo a que la oposición radicalismo-peronismo perdiera la fuerza de antaño. Como sostuvieron Escolar y Calvo, las bases electorales de estos partidos, a su vez, no han sido inmunes a los recientes cambios políticos. Los descamisados de Evita han dejado de ser columnas de trabajadores, privados de beneficios sociales y organizados por sus centrales obreras, para constituirse en columnas de desocupados, parcialmente subsidiados por los ejecutivos nacionales o provinciales, y en estado de movilización permanente. En un contexto de nuevo pragmatismo económico, la agenda distributiva del

peronismo ha perdido gran parte de sus ropajes desarrollis-
tas al tiempo que el radicalismo ha perdido gran parte de su
vehemencia antiperonista (Escolar y Calvo, 2005:20).

Capítulo 7

7. La salida de la tradición radical y el voto a otros partidos

Es posible dividir el desempeño electoral de la UCR entre 1983 y 2003 en tres períodos. El primero se extiende a lo largo de la década del ochenta, cuando logra ampliar su base de apoyo en los primeros años y conservar el promedio histórico hacia el final del período. El segundo, a partir de 1991, en el cual disminuye su caudal tradicional hasta la formación de la Alianza. Por último, un tercer período que va desde 1997 y hasta 2003, donde consigue dos triunfos electorales y posteriormente desaparece como partido predominante en la Capital Federal. Podemos caracterizar al primero como un período en el que conserva su base de apoyo constante, aunque pierde los electores sumados en el 83; al segundo, como de dispersión de su base tradicional; y al último, como un período en donde los apoyos se muestran variables y eclécticos y el partido no parece contar con una base social consistente de apoyo electoral.

Nos centraremos ahora en los cambios en las opciones electorales de los votantes radicales. Tomaremos particularmente el segundo y tercer período enunciados anteriormente. El retiro del apoyo electoral en los primeros años de la década del noventa puede caracterizarse como la primera etapa de desvinculación. La segunda, mucho más intensa, tuvo lugar entre 2001 y 2003 y estuvo ligada a la crisis de la Alianza y la posterior división partidaria. Esta primera etapa es de gran importancia, ya que el voto a Menem resulta paradigmático por tratarse de un candidato del peronismo, en tanto el voto de las clases medias al Frente Grande y al Frepaso es significativo en la medida en que modificó el peso electoral del radicalismo en la Capital Federal, evidenciando la mutación política de los electores del radicalismo[28].

El proceso de disgregación del electorado radical durante los primeros cinco años del menemismo debe interpretarse a la luz del debilitamiento del partido durante la última etapa alfonsinista y de la crisis posterior a la derrota del 89. Como se mencionó anteriormente, las duras luchas internas y las distintas posturas frente a las reformas impulsadas por el gobierno impidieron que el partido ofreciera una oposición unificada y coherente frente al oficialismo. A mediados de la década, el pacto de Olivos profundizó aún más los enfrentamientos partidarios y situó a la UCR frente a sus electores como un partido más asociado al oficialismo que de oposición. Para Fidanza (1998), el Pacto de Olivos contribuyó a una notable pérdida de votos del radicalismo y la aparición de un "votante radical desilusionado" que migrará a nuevas opciones electorales. En una encuesta realizada en la Capital Federal días después de la elección a Constituyentes de 1994, los votantes radicales daban cuenta del alejamiento del partido.

¿Por qué razones no votó a la UCR en las últimas elecciones?*

Se siente defraudado por el partido	28
El partido no tiene propuestas	23
Los candidatos no eran buenos	23
Desacuerdo con el pacto de Olivos	13
La UCR dejó de ser oposición	9

---

[28] Gervasoni (1998:15) describe a los votantes "desencantados" de la UCR, que en las elecciones presidenciales de 1995 votaron al peronismo o al Frepaso, como electores de nivel socioeconómico y educacional por encima del promedio, que en su mayoría habían apoyado a Angeloz, en 1989. En su mayoría, mostraban una actitud privatista, aunque también crítica del modelo, y se volcaron principalmente al Frepaso.

Los problemas internos del partido	4
Otras razones	10

*Base: los que votaron a la UCR en 1993 y a otro partido en 1994.
**Los porcentajes suman más de 100 porque se aceptó más de una respuesta por entrevistado (Fuente Fidanza 1998).

7.1 Afinidades electivas: El voto al Frente Grande–Frepaso

Como afirmaron Cantón y Jorrat (2007), el crecimiento electoral del Frente Grande (FG) y el Frepaso en la Capital Federal estuvo ligado directamente a la pérdida de votos de la UCR. En este sentido, los mayores aportes electorales de ambas agrupaciones provinieron de exvotantes radicales. En términos políticos, tanto el Frente Grande como el Frepaso disputaron con la UCR el voto de las clases medias de la Capital Federal. En su interesante análisis de las elecciones de 1995, Gervasoni (1998) construye una tipología de votantes fugados de la UCR y que apoyaron electoralmente al Frepaso y a Menem, y capta de forma general el proceso de conversión. Refiriéndose a los votantes radicales que apoyaron al Frepaso, afirma que este grupo de radicales desencantados tienen un nivel socioeconómico y educacional por encima del promedio, provienen de una tradición radical y, si bien manifestaban una imagen mala del PJ y de la reformas económicas, evaluaron al Frepaso como la mejor opción de oposición, posiblemente a partir del Pacto de Olivos y la inconsistencia del discurso partidario (Gervasoni, 1998:16).

La oposición a la corrupción del gobierno de Menem y la renovación política son los principales rasgos tanto del FG como del Frepaso que destacan los exvotantes radicales. En este sentido, no encontramos diferencias importantes en la percepción de esas agrupaciones. Ambas fueron evaluadas en términos positivos porque representaban una renovación y un enfrentamiento al menemismo. En el caso de la UCR, los exvotantes afirman que el partido perdió su lugar de oposición al apoyar las reformas de Menem, no luchar contra la corrupción y tampoco renovarse, lo que, según ellos, motivó el retiro de sus apoyos electorales.

¿Por qué dejaste de votar al partido?
Es que el radicalismo ya venía en decadencia, era un desastre y no me convencía ninguno, y por eso yo voté al Frente Grande en el 92 ó 93, no me acuerdo. Me parece que ese espacio le traía un poco de renovación a la política por fuera de Menem, de Alfonsín y Angeloz. Pero, además, yo creo que eran tipos capaces, más allá de lo que pasó después. Graciela y Chacho, y toda esa gente que estaba con ellos, yo creo que eran buenos tipos, que eran honestos, y que, bueno, después les explotó la cosa (Juan, 50 años, profesor de secundario público, 2009).

Un cambio importante en el imaginario radical es la pérdida por parte de la UCR del valor que históricamente le había sido acordado como partido de oposición y como defensor de la legalidad y la buena administración. El pacto de Olivos y el apoyo a la reelección de Menem son los aspectos más criticados de la UCR a mediados de los noventa. En este sentido, el FG y el Frepaso aparecen como representantes de los principios que anteriormente eran adjudicados a la UCR, pero sólo en términos de lucha contra la corrupción y en tanto defensores de valores morales.

"Yo definiría el Frepaso como el partido que se animó a denunciar la corrupción del menemismo y a reivindicar también los derechos humanos, todo esto en un momento donde nadie lo hacía. Hay que acordarse que el radicalismo transaba con Menem y no lo denunciaba, y ya los peronistas ni se preocupaban por los Derechos Humanos, después del indulto nadie dijo nada. En eso, creo yo, estuvo la fuerza del Frepaso, lucha contra la corrupción y justicia. Esas ideas fueron la base de la Alianza, pero eso es otro tema, me parece" (Carlos, 47 años, abogado, 2009).

La pérdida de valor de la UCR implicó también que, en la percepción de los votantes, el partido resulte asociado con el gobierno de Menem. Posiblemente, las críticas frepasistas a la vieja política, que incluía tanto al radicalismo como al peronismo, promovieron una visión de confluencia de ambos partidos. Ligado a esto, las distinciones que oponían al radicalismo con el peronismo se debilitaron. La sospecha de corrupción política de una parte de los votantes radicales no sólo recayó en los funcionarios menemistas, sino también en los dirigentes radicales.

> "Es que el pacto con Menem no se tendría que haber hecho. ¿Cómo le van a dar la reelección? El tipo se estaba afanando todo y vos le das la reelección. No podés. Por eso la gente los dejó de votar y está bien. Después vino el Frepaso, y se opuso a eso y bueno, la gente les creyó y yo también [...]. El Frepaso creo que vino como a reformar la política y era como necesario, había mucha corrupción y mala administración, y de todos, afanaban los radicales y afanaban los peronistas, y eso de renovar me pareció bien. Después gobernando fueron un desastre, pero bueno" (Julio, 43 años, empleado, 2003).

> "El Frepaso ganó en la Capital, venía haciendo buenas elecciones, o sea una tenía el sentimiento de que era la nueva fuerza, que estaba en el cambio y que iba a marcar su impronta en el gobierno. Nunca me esperé que con el radicalismo fuera a hacer el desastre que fue la Alianza" (Felisa, 61 años, Felisa, médica, 2003).

Sin duda, la pérdida del crédito partidario del radicalismo estuvo ligada a la competencia con un nuevo partido que reivindicó también la defensa de la ley y la buena administración, y compitió por los mismos votantes de la UCR. Además, la salida de la tradición radical estuvo también motivada por el cambio de posición de la UCR en el espacio político, cambio que fue percibido por los electores radicales como una anuencia al gobierno de Menem. Por otro lado, puede encontrarse una "afinidad electiva" entre ciertos valores del electorado radical y el tipo de oposición que realizaron el Frente Grande y el Frepaso. El acento moral y las denuncias contra la corrupción resultaron afines a las disposiciones de los electores radicales, que ya no depositaban en el partido centenario esos valores. En los exelectores radicales continuó existiendo sin duda una "sensibilidad republicana" ligada a las nociones de ética pública, defensa de la ley y orden administrativo que estos nuevos partidos supieron movilizar a su favor, debido a que esas ideas y valores ya no estaban asociados directamente a la UCR.

A partir del apoyo de electores radicales al Frepaso es posible entrever las relaciones entre la UCR y su base social, y el desarrollo que tomó la misma. Teniendo en cuenta el conjunto de valores y principios reivindicados por el partido y reconocido por sus votantes, resulta evidente el carácter formativo de valores democráticos y republicanos que tuvo la UCR sobre su base de apoyo y, posiblemente, sobre sectores más amplios. La UCR (y en particular el alfonsinismo) ejerció un efecto democratizador sobre las clases medias y, posiblemente, sobre una parte importante de la sociedad en general, y esto resulta uno de sus grandes aportes históricos como organización política. El aspecto interesante que debe remarcarse es que gran parte de las clases medias aparecen ahora como portadoras de esos valores, pero ya desvinculados de la UCR; valores y principios que, además, son reclamados por otros partidos. Así, se podría afirmar que la socialización política del partido sobrevive a la identificación partidaria. ¿Cómo es posible comprender esta paradoja? Lo que parece haber desaparecido en estos votantes es la idea de partido asociado a estos principios. En este sentido, el voto al Frepaso puede ser tomado como un indicador de despartidización de las clases medias. Se disuelve el vínculo con la UCR, pero queda un conjunto de principios que los electores ponen en funcionamiento para comprender y evaluar el campo político.

7.2 El apoyo a Carlos Menem en 1995

Como sostuvo Sidicaro (1995), Menem fue reelecto en 1995 con el apoyo de las clases populares y de algunos sectores de las clases medias y altas. En la Capital Federal, parte de ese apoyo provino de las clases medias que anteriormente votaban a la UCR. Aunque minoritario, este apoyo resulta particularmente interesante, porque implicó el voto a un candidato peronista por parte del electorado que, supuestamente, se encontraba en las antípodas de ese movimiento, y esto revela algunas de las transformaciones profundas que sufrió el electorado típico de la UCR. Retomando el análisis de Gervasoni, en su tipología del voto a Menem sitúa un conjunto de electores radicales que, si bien apoyaron a Alfonsín y Angeloz, manifestaron una ideología privatista y una opinión altamente positiva de Menem y de la política económica oficial (Gervasoni, 1998:15).

Generalmente, a la hora de justificar su voto a Menem, los exradicales alegan razones tales como la estabilidad, las privatizaciones y el consumo. Podemos categorizar el apoyo de gran parte de los exvotantes radicales a Menem como una valorización positiva de la modernización económica y social. En este sentido, es el cambio en los modos de vida lo que se revaloriza de la gestión menemista. Los viajes al exterior, el uso de tecnologías, el funcionamiento de los servicios son ejemplos comunes de esta transformación. Por otro lado, cuando se interroga a los adherentes radicales sobre su voto a un candidato peronista, la mayoría afirma que Menem no es peronista o no se corresponde con esa tradición. Creemos que es necesario vincular en el análisis ambos fenómenos: la transformación de los modos de vida y la percepción de Menem como no peronista. El primero de ellos nos remite al cambio sociocultural de las clases medias durante la década del noventa, y el segundo, a las transformaciones que se dieron en el campo político.

"Sí, lamentablemente yo lo voté a Menem para la segunda presidencia. Para la primera no, por supuesto. Creí que realmente había hecho un buen gobierno y que le tenían que dar otra oportunidad y me equivoqué muy mal. No creí que Menem fuera peronista, aunque parezca mentira. Para mí Menem era menemista. [...] Menem le sacó el alambre de púas al país. Permitió que tuviera teléfono. Mirá, yo tenía un sueño recurrente cuando era joven. Un teléfono negro que sonaba y cuando yo iba a atender se callaba. Le busqué miles de interpretaciones con mi terapeuta. Un sueño recurrente que me persiguió toda mi vida. Y era un problema de comunicación, se llamaba ENTEL. Cuando privatiza Menem y logro tener teléfono, nunca más vuelvo a tener el sueño. El problema era ENTEL, no era ningún problema psíquico, ningún trauma. El trauma me lo había producido ENTEL. Y yo creí en Menem porque al principio los trenes funcionaban, creí porque tenía televisión por cable, me gustaba escuchar la CNN, me gustaba ver los pantallazos de la televisión alemana en español. Podía escuchar la BBC, podía escuchar la RAI. Podía enterarme de lo que pasaba en el mundo. Con el gobierno de Menem se abrieron las puertas y no lo negamos. Entró la globalización en el país. También entró mucha porquería importada. Como también en la época de Martínez de Hoz. Pero se abrió el mundo a nuevos mercados y se abrió a un mundo de conocimiento que era necesario. Sacaron los alambres de púas. Por eso lo voté. Después me quise morir, cuando me di cuenta de la corrupción, de las armas, de la muerte del hijo" (Ana, 50 años, maestra, 2007).

Los cambios de los modos de vida de las clases medias ligados a las nuevas formas de consumo y a la globalización cultural y tecnológica, entre otros factores, fueron interpretados positivamente por muchos electores, más allá de si resultaron "ganadores" o "perdedores" del modelo. Cuando se los interroga sobre los cambios que afectaron sus formas de vida durante los noventa, generalmente los comparan con sus formas de vida en los años anteriores. Los consumos limitados y los deficientes servicios estatales aparecen entre los aspectos más criticados. La rápida ampliación del consumo en los primeros años de la década, luego de control de la inflación y el mejoramiento de algunos servicios producto de las privatizaciones, generó un contraste extraordinario con el periodo alfonsinista. Pero, sin duda, los cambios en el campo político también contribuyeron a hacer que percibieran al menemismo como un gobierno no peronista. La transformación del discurso tradicional del peronismo, las políticas liberales y el debilitamiento del poder de los sindicatos, entre otros factores, contribuyó a modificar las ideas y las visiones que tenían los electores radicales de los gobiernos peronistas. Así, en la evaluación del gobierno de Menem que realizan los exvotantes radicales ya no priman las ideas antiperonistas anteriores.

> "Menem, en su momento, me gustó, y me gustó mucho, y yo estaba bien con Menem, personalmente yo, humildemente, durante el primer gobierno de Menem, yo estaba mejor que ahora mil veces, sin embargo, ahora le tengo una rabia bárbara por lo que hizo últimamente, y porque no me gustó que se llevara la plata de la gente... obvio, él nunca dijo eso, y entonces por eso me gustaba; nos engañó, nos mintió, nos manejó, nos engrupió... y después se le salieron todos los trapitos al sol y ahí se me vino el ídolo al piso en la segunda presidencia... la primera etapa de él me gustó mucho, yo hasta me acuerdo los discursos, pero ya después cuando empezó toda esa parte, cuando le mataron al hijo, ahí ya me pareció que no... y él sigue queriéndonos convencer" (Carlos, 57 años, empleado, 2003).

En síntesis, podemos afirmar que la modernización de los modos de vida y los cambios dentro del peronismo debilitaron extraordinariamente el imaginario radical y contribuyeron a que exvotantes del partido votaran a Carlos Menem. Las visiones más tradicionales sobre el peronismo, que suponían el "desorden y el caos", "el autoritarismo" y el "gobierno de los sindicatos", tendieron a desvanecerse, fomentando el cambio electoral de los adherentes radicales. En este sentido, Palermo y Novaro (1996) también dieron cuenta de la transformación de los "esquemas de reconocimiento" que trajo aparejada el menemismo. En este sentido, sostienen que dicho gobierno contribuyó al "reemplazo de la clásica oposición entre peronistas y antiperonistas, entre liberalismo y nacionalismo, planteó la oposición entre cambio y atraso. Las interpelaciones a los trabajadores fueron sustituidas por un difuso "hermanas y hermanos", mientras la libre empresa y el mercado remplazaban a la comunidad organizada y al Estado Protector" (Palermo y Novaro, 1996: 30).

Es necesario destacar que muchos de los exradicales que votaron al FG–Frepaso o a Menem entre 1993 y 1995, posteriormente apoyaron a la Alianza. Sin embargo, esto no supuso un regreso a la vieja tradición partidaria. Estos apoyos electorales se caracterizaron por su debilidad y fluidez. El rápido retiro de los votos en las elecciones de 2001 y 2003 evidenciaron que la UCR ya no contaba con una base sólida de apoyo electoral en la Capital Federal.

7.3 El apoyo a la Alianza en 1999: Un voto de confianza activa

La formación de la Alianza logró suscitar cierto entusiasmo en el electorado de la Capital Federal, que evaluaba en términos negativos los últimos años de la gestión menemista. La percepción crítica del gobierno se basaba en un conjunto elementos como la corrupción, los problemas económicos como la desocupación y la recesión, y un conjunto de cuestiones vinculadas más al desempeño de las burocracias estatales como ligadas a la educación y la justicia. La coalición entre la UCR y el Frepaso sintetizó ese conjunto de problemas en su propio nombre: Alianza por el Trabajo, la Justicia y la Educación. Pero, lejos de ofrecer un programa sistemático y coherente de gobierno, los integrantes de la Alianza tendieron más a acompañar y reproducir las mismas críticas del electorado hacia el gobierno que a proponer formas de solución a esos problemas en caso de acceder al poder.

En este contexto, resulta innegable que el voto a la Alianza estuvo motivado, principalmente, por la oposición al menemismo. Ahora bien, la cuestión más importante para nosotros surge del análisis del vínculo entre la UCR y sus electores en la elección de 1999. Uno de los puntos más destacados por nuestros entrevistados es que su voto estuvo orientado en contra de Menem y por la confianza que les despertaban sus principales candidatos, Fernando De la Rúa y Carlos Álvarez; es decir: un vínculo más personalista que partidario.

> *¿Votaste a la Alianza?*
> Voté a la Alianza. A mí me gustaba muchísimo Chacho Álvarez, es un tipo que no sé si decirte que me defraudó, pero es un tipo que para mí es un tipo inteligente, realmente De la Rúa no me gustaba. Porque yo creo que más que votar a la Alianza, voté una vez más en contra de Menem, yo nunca lo voté a Menem, ni en el año 95, aparte tenía un montón de gente cercana que lo votó a Menem porque, supuestamente, estábamos viviendo en una panacea, que yo no la veía tan así, te repito, yo veía que las cosas a mí me iban bien, pero tampoco tan bien, tenías acceso a cosas. (Diego, contador público, 40 años, 2006).

> En la interna con Chacho voté a De la Rúa, por su propia trayectoria. Siempre fue un político recto, claro, honesto. Y si bien en la UCR creo que había muchos inoperantes y hasta corruptos, creo que en ese momento, en el 98 ó 99, De la Rúa era como una garantía frente al menemismo. Chacho también me gustaba, pero "Chupete" había hecho una gestión bastante buena en la Ciudad. Comparado con Domínguez, ¿no? (Ricardo, 50 años, comerciante, 2007).

¿Qué significa votar *en contra*? Desde nuestro punto de vista, significa votar sin identificación partidaria, en el sentido de Cambpell. Como mencionamos, la identificación partidaria supone el reconocimiento de un vínculo con el partido que implica un lazo afectivo, el autoposicionamiento en una tradición, y un conjunto de ideas y posturas relativamente estructuradas frente al campo político. El apoyo a la Alianza no contó con ese conjunto de predisposiciones y elementos que suponen una relación de identificación partidaria.

Las posibles impresiones de los electores sobre el proceso de formación de la Alianza pueden ser extremadamente variables y, sin duda, están condicionadas por las evaluaciones negativas del resultado del gobierno y la crisis final del 2001. Resulta necesario, entonces, tomar en cuenta las prácticas electorales y la trayectoria electoral de los entrevistados, para caracterizar el cambio del vínculo entre la UCR y sus electores. Si, entre 1983 y 1989, la UCR pudo mantener un caudal de votantes en la Capital Federal cercano al 40% en elecciones, a partir de 1991, el apoyo electoral y la participación interna comienzan a reducirse de forma notoria. Así, una parte de los electores tradicionales de la UCR se desplaza hacia el Frente Grande, en 1993, y hacia el FREPASO y el peronismo en 1994 y 1995. La Alianza suscitó el apoyo de un conjunto de electores que, anteriormente, ya se habían alejado de la tradición radical. Además, los lazos de identificación partidaria, los grados de lealtad y la estructura de disposiciones radicales se habían debilitado ya durante el menemismo, dando lugar a nuevas prácticas electorales. Retomemos, entonces, la pregunta inicial: ¿cómo puede definirse el vínculo entre la UCR y sus electores en la elección de 1999? Podemos comprender la relación entre la Alianza y sus electores, particularmente aquéllos de origen radical, utilizando el concepto de confianza activa. Giddens define la confianza activa como un tipo de relación social en la cual la confianza depositada en las instituciones o los partidos adquiere un carácter contingente y contextual. Para el sociólogo inglés, este tipo de relaciones son propias de órdenes sociales en los cuales las tradiciones se debilitaron y las relaciones de lealtad anterior ya no condicionan la acción (Giddens, 1996:100). En este sentido, es útil a la hora de comprender el apoyo electoral de individuos cuya identificación partidaria se había atenuado, cuya tradición electoral se había debilitado y cuyos esquemas interpretativos del mundo político se habían transformado. Además, caracterizar el vínculo entre la Alianza y sus electores de confianza activa nos permite comprender también el rápido retiro de los apoyos electorales en 2001. Efectivamente, la vertiginosa pérdida de votos de la Alianza evidenció la debilidad y fluidez de los vínculos de confianza activa.

7.4 Elegir en la división: El voto a R. López Murphy y E. Carrió

Antes de analizar los apoyos electorales al ARI y RECREAR, es necesario reflexionar sobre el método de entrevistas, la indagación de acontecimientos pasados y las condiciones de la memoria. Un hecho llamativo promueve esta reflexión: una parte considerable de los entrevistados no recordaban a quién habían votado en el 2003, pese a poder rememorar con facilidad su voto de 20 años atrás.

Cuando comenzamos a realizar las entrevistas a votantes radicales, albergábamos serias dudas sobre la viabilidad de las mismas, ya que implicaba indagar a los entrevistados sobre sus conductas pasadas en base a sus recuerdos. Estas dudas desaparecieron rápidamente, cuando comprobamos que la mayoría de los afiliados y adherentes radicales recordaban no sólo sus trayectorias electorales, sino también distintas elecciones, candidatos, campañas, etc. Se pudo constatar, además, que la claridad de los recuerdos variaba en función de la identificación partidaria y del compromiso con el partido. Así, los afiliados tenían más nociones históricas que los simples adherentes y votantes ocasionales. Siguiendo la vieja noción de círculos de Duverger, se puede afirmar que militantes, afiliados y adherentes responden a diferentes tipos de integración partidaria, y que la memoria política varía en función de la integración del grupo político, como tempranamente lo manifestó Halbwachs (2004:30). De esta manera, la capacidad de recordar no sólo está dada por la lejanía del hecho que se trata de rememorar, sino también por la relación del entrevistado con el grupo al que pertenece; en este caso: al radicalismo o la tradición radical.

Como mencionamos, un conjunto importante de entrevistados no recordaba a qué candidato había votado en el 2003. Si bien todos negaban haber apoyado a Moreau, no recordaban con certeza si habían apoyado a Carrió, López Murphy o a un candidato del peronismo. El primer aspecto a tener en cuenta es la cantidad de partidos y candidatos que se presentaron en el 2003. Sin duda, la fragmentación del campo político operó dificultando la memoria. Por otro lado, es necesario relacionar la identificación partidaria con la memoria. Efectivamente, el vínculo con el partido se había disuelto antes de la formación de la Alianza y, para 2003, se había agotado ya el sentido de pertenencia a la UCR de la mayoría de los votantes radicales. La falta de memoria respecto a la elección presidencial puede ser entendida a la luz del debilitamiento del compromiso y de la identificación con la UCR, en particular, y con los partidos, en general. Esto no significa, por supuesto, que los electores no recuerden nada de la coyuntura, sino que el voto resulta más azaroso para los votantes que ya no manifiestan un interés en el partido o sus dirigentes. Digamos, por último, que la viabilidad de los métodos no está dada, solamente, por las potencialidades de los instrumentos, sino también por las características propias de los objetos que se indagan y que, por lo tanto, resulta necesaria una reflexión sociológica sobre las características de los instrumentos y las condiciones de posibilidad de su utilización y resultado.

El voto al ARI y a RECREAR estuvo motivado más por el capital político de sus líderes que por un reconocimiento a las agrupaciones. Las figuras de Ricardo López Murphy y Elisa Carrió fueron asociadas positivamente a un conjunto de ideas y valores cercanos al radicalismo, pero también reconocidas por su ruptura y oposición al viejo partido.

"Voté a Lilita porque me parece una persona confiable, que denunció la corrupción, que luchó contra los negociados. Me parece que ella fue como una renovación y nos trajo esperanza de cambio, de renovación. [...] Creo que Lilita es una persona íntegra, de moral, de valores y que denunció la injusticia, la corrupción, incluso dentro de la UCR, y eso es valorable porque siempre es más difícil luchar contra tus supuestos compañeros" (Marcela, 42 años, maestra, 2006).

"Bueno, para mí Ricardo López Murphy representa la seriedad del político honesto. Me parece que es una persona que creyó en la necesidad de recuperar las instituciones cuando todo estaba tan, pero tan en crisis, hace dos o tres años. Creo que es un profesional formado y que puede gestionar, pero que como radical medio típico es alguien que va a hacer las cosas por derecha, digamos, respetando la ley, el orden. Pero eso te digo que voté a López Murphy" (Sebastián, 57 años, empresario Pyme, 2006).

Un conjunto de ideas y principios fueron asociados con los dos candidatos: defensa del orden y la ley, moral y ética pública, lucha contra la corrupción, capacidad intelectual para ejercer el poder, etc. Si bien algunos votantes identificaban a los candidatos como de izquierda o derecha, los principios mencionados antes se repetían de forma constante.

Estos principios están cercanos al viejo sistema interpretativo radical, pero ya no aparecen ligados directamente a la UCR. En ese sentido, puede hablarse de un proceso análogo al descripto respecto al voto al Frepaso, pero que ahora se caracteriza por un apoyo menos estable. Se puede afirmar, por último, que esos partidos suscitaron una confianza mínima en los electores, inferior incluso a la suscitada por la Alianza. Efectivamente, ARI y RECREAR desaparecieron rápidamente de la escena electoral debido a la extrema fluidez de sus apoyos. La habilidad política de Elisa Carrió consistió en buscar alianzas con otros dirigentes y sumar partidos más pequeños para conservar cierto rendimiento electoral y sortear relativamente el problema de la volatilidad.

7.5 Conclusión: cambiar el voto

El cambio de comportamiento electoral y la desvinculación partidaria son fenómenos correlativos a la conversión de las disposiciones políticas. Sin los esquemas interpretativos y los mapas cognitivos que sostenían la identificación partidaria radical, el apoyo electoral se desplaza hacia otras ofertas, pero pocas veces esto da lugar a una reafiliación. En este proceso de transformación de los electores, la *oferta electoral* de los partidos competidores tiene un rol central a la hora de promover y objetivar la metamorfosis del votante. Para no caer en un determinismo absoluto de los cambios sociales sobre el voto, o en una especie de poder incondicional del discurso partidario para promover el apoyo –que tendría la posibilidad de modificar los esquemas de pensamiento, una vez enunciado–, es necesario analizar los cambios en la trayectoria electoral de un grupo relacionando el estado de las disposiciones en una coyuntura política determinada con las interpelaciones partidarias.

A mediados de la década del noventa, la identificación con la UCR se encontraba debilitada como producto de la erosión de las creencias y disposiciones de los votantes radicales. La estrategia del menemismo de presentar el período alfonsinista como el caos y el desgobierno, además de resaltar al extremo las virtudes del modelo, contribuyó a aumentar al descrédito de la UCR y a atraer apoyos electorales. Por otro lado, el candidato radical H. Massaccesi no pudo contrarrestar esa caracterización general del partido que realizaba el oficialismo, ya que en el tramo final de la campaña era su propia gestión provincial la que parecía un caos producto de las protestas por la falta de pago a los empleados del distrito. Por su parte, el Frepaso tuvo, sin duda, una importancia mayor a la hora de promover el cambio electoral de los votantes radicales. Al caracterizar el pacto de Olivos como un acto espurio entre los dos partidos mayoritarios, ejerció un efecto de realidad y de legitimación del discurso frepasista que desde tiempo atrás venía denunciando el agotamiento de los partidos tradicionales y la necesidad de renovar la política. De esta manera, el cambio en el voto tradicional se concretiza en el apoyo a otros partidos, y la principal condición de este cambio es el debilitamiento de la identificación partidaria. En esta dialéctica, la oferta electoral potencia el debilitamiento de las identificaciones, contribuyendo al cambio del voto.

A partir de las dos condiciones del cambio electoral (*desconversión partidaria/apoyo a nuevos partidos*), fenómenos, ambos, que se retroalimentan, es posible comprender los apoyos a la Alianza como *un voto de confianza activa*. Es decir: un tipo de vínculo electoral temporal y débil, propio de votantes reflexivos, en los que el peso de las tradiciones políticas se vio reducido. La Alianza no fue un nuevo partido o un espacio duradero de construcción política, sino una estrategia electoral exitosa que les permitió a los jefes de ambas agrupaciones llegar al poder. Luego del fracaso de su gestión, los grados de confianza del electorado hacia ambos partidos se debilitaron aún más, e invirtiéndose lo suficiente como para generar lo que, alterando la fórmula de Giddens, se puede denominar una *desconfianza activa* hacia los referentes políticos. Es decir: un tipo de rechazo más o menos generalizado a los dirigentes partidarios.

Capítulo 8

8. División partidaria y fragmentación interna del partido (1990-1996)

¿En qué coyuntura político-partidaria se produce la desvinculación de los votantes de la UCR? ¿Qué relación puede establecerse entre el estado de la organización partidaria y la pérdida de votantes fieles? Estas preguntas generales estructuran el presente capítulo sobre las características del campo partidario. Las mismas se establecen a partir del supuesto de que resulta imprescindible poner en relación el cambio en la conducta de los votantes con el estado de una organización política. Sin duda, un conjunto de explicaciones sobre la desvinculación electoral que desatienda el aspecto político partidario resultaría sumamente parcial, porque los partidos pueden generar adaptaciones a los cambios sociales y a la transformación de sus electores. Siguiendo los modelos establecidos por Hirchman (1997), a partir de la salida de los miembros de una organización, es posible sostener que la misma puede adaptarse a los cambios mediante el mejoramiento de los bienes-discursos ofrecidos, la redefinición de los mismos a partir de las nuevas expectativas-intereses de los miembros, o a través de la búsqueda de nuevas clientelas que reemplacen a las preexistentes.

En el presente capítulo, se analizará la dinámica partidaria a partir de las tomas de posición del partido en el campo político y de los cambios que se dieron en la organización y en la lucha interna. El punto de partida teórico-conceptual otorga al campo político partidario una autonomía relativa frente a los electores y afiliados del partido. Se considera que en la organización partidaria tienen lugar un conjunto de luchas, apuestas, acuerdos y estrategias que responden, en gran medida, a una lógica interna más que a una demanda externa de los electores. Sin embargo, el resultado de las luchas y apuestas internas tiene un efecto considerable en los afiliados y votantes, y en la movilización y apoyo de los mismos.

En el primer apartado, se describe el sistema de posiciones de los principales referentes de la UCR frente a las disputas internas y al gobierno de Carlos Menem. A partir del análisis de la distribución del poder del aparato y de la lucha por los puestos internos, se busca comprender las formas de legitimación de las posiciones y sus efectos correlativos en los votantes. En el segundo y tercer apartado, se analizan las consecuencias de la dinámica de lucha y la disgregación de los grupos sobre la producción de ideas y programas partidarios. Por último, se describen los límites y fragmentación del aparato radical en la Capital Federal para mantener la participación de adherentes y afiliados.

8.1 Sistema de posiciones internas y lucha partidaria (1990-1993)

Durante la campaña presidencial de 1989, Eduardo Angeloz se vio en la difícil tarea de moderar sus críticas a la gestión de gobierno, para no desacreditar a su partido poniendo en riesgo posibles apoyos electorales. Así y todo, no dejó de señalar ciertos "errores", ejercicio obligado para atraer posibles votantes desilusionados con la política oficial. En realidad, todo candidato de partido gobernante que enfrente una coyuntura electoral en un período de crisis económica o política (o ambas) se encuentra ante la necesidad de ejercer al mismo tiempo la defensa y la crítica al gobierno de su partido. Los desafíos no son menores para el gobierno y sus dirigentes, obligados a ceder espacio a las críticas y nuevas posturas. Situaciones coyunturales como éstas pueden revelar algunas de las fortalezas y debilidades de las organizaciones partidarias, en particular la plasticidad de las estructuras partidarias para soportar el disenso y las críticas sin rupturas, y absorber el cambio. La UCR superó gran parte de estas dificultades entre 1988 y 1989: incorporó en su plataforma nuevas propuestas de su candidato, tales como la reforma del Estado y las privatizaciones. Por su parte, el gobierno de Alfonsín realizó los cambios solicitados por Angeloz, en función de las necesidades de la coyuntura electoral[29]. A su vez, sectores que respondían a Angeloz respaldaron la candidatura de Alfonsín para la conducción de la UCR (*La Nación* 28/07/89). Así, los acuerdos internos permitieron una distribución del poder interno en manos del alfonsinismo y sellaron los apoyos externos para la candidatura de Angeloz a la presidencia. La UCR, en tanto organización o subcampo, tuvo como característica general a lo largo de su historia permitir la coexistencia de diversas fracciones y líneas que conviven en su interior, y luchar por el acceso a los cargos internos y candidaturas. El cierre y el congelamiento de los puestos y de sus ocupantes no fue, casi nunca, un aspecto que limitase la dinámica y el cambio partidario; al contrario, la estructura abierta del partido llevó en distintas circunstancias a rupturas y divisiones. Ahora bien: la articulación relativamente armoniosa entre las disputas internas y la unificación necesaria para la lucha externa que mostró la UCR a fines de la década de los ochenta comenzará a resquebrajarse luego de la derrota electoral.

A partir del triunfo de Menem, en 1989, la conducción partidaria se dividió bajo la órbita de sus dos grandes referentes: Raúl Alfonsín y Eduardo Angeloz. El primero mantuvo la conducción formal del partido en los primeros años, mientras que el segundo ejerció un liderazgo basado en los apoyos que logró conquistar con su candidatura

---

[29] Angeloz presionó al gobierno para remover al entonces ministro de economía, Juan Sourrouille, debido a su creciente inconformidad con las medidas adoptadas y el riesgo de pérdida de votos (*Clarín*, 14/05/93). Sin dudas, estos cambios no se realizan sin conflictos –que en ciertas circunstancias pueden promover rupturas–, pero lo importante es que se lleven a cabo.

presidencial y sus reiterados triunfos electorales en Córdoba. Ambos dirigentes serán los portavoces de la UCR durante los primeros años del menemismo y competirán internamente por la estructura partidaria.

En lo que respecta a las tomas de posición frente al nuevo gobierno peronista, Angeloz apoyó y reivindicó las privatizaciones, la reforma del Estado y, posteriormente, la convertibilidad. Uno de sus primeros acercamientos al gobierno consistió en entregarle un Plan Económico a Erman González, en marzo de 1990, y proponerle al partido un diálogo con el gobierno, que fue rechazado por los dirigentes más cercanos al alfonsinismo. El cordobés afirmó en varias ocasiones que el presidente Menem aplicaba el programa que él había propuesto en 1989 y –frente a las críticas internas del sector alfonsinista– proclamó que el partido debía apoyar las reformas estructurales. En lo que respecta a la organización partidaria, Angeloz sostenía que era necesaria una renovación de las ideas y propuestas del partido, en particular lo que respecta a la intervención estatal y regulación de la economía.

Por el contrario, Alfonsín se diferenció de la posición de Angeloz por sus constantes críticas al gobierno de Menem. La alianza con la UCeDé, las privatizaciones y la corrupción fueron algunos de sus principales blancos durante los primeros años de la gestión peronista. En este sentido, proclamó sostenidamente que el menemismo representaba un modelo neoconservador, que tendía a excluir a los sectores más desprotegidos. Para Alfonsín, resultaba necesaria una alianza entre sectores progresistas de distintos partidos para combatir a la coalición de derecha integrada por el gobierno, la UCeDé y los sectores más concentrados de la economía.

Esta situación de la coyuntura partidaria que supone la coexistencia de dos grandes referentes políticos que hablen en nombre del partido, pero con disímiles posturas frente a las reformas llevadas adelante por el menemismo, llevó a distintos dirigentes y analistas externos a proponer la existencia de dos líneas políticas dentro del partido: una de derecha y otra de izquierda, o, en otras palabras, una liberal y otra progresista. A riesgo de tomar como reales las propias clasificaciones internas y naturalizar la existencia de grupos o fracciones que son en sí mismas objeto de apuestas y luchas por parte de los dirigentes políticos, resulta necesario poner en relación las tomas de posición externas frente al gobierno con las posiciones internas dentro del partido, particularmente con los puestos conquistados. Teniendo en cuenta, entonces, las posturas frente al gobierno y el poder interno dentro del partido en función de los cargos ocupados en el Comité Nacional y en los Comités distritales de mayor peso, el número de delegados y Convencionales, en el siguiente cuadro se reproduce la estructura del campo partidario entre 1989 y 1993.

Estructura del campo partidario y posiciones frente al gobierno

Apoyo al gobierno
A favor de las privatizaciones, reformas del Estado, y Plan de Convertibilidad. Modelo económico caracterizado como modernización.

E. Angeloz
H. Massaccesi

H.   Usandizaga, M. Posse

Más control del   F. De la Rúa   **Menos Control**
aparato partidario   **del aparato partidario**
(+peso distrital)   **(-peso distrital)**

R. Alfonsín, M. Stubrin   F. Storani R. Terragno
L. Moreau   J. Rodríguez

L. León, S. Montiel

Crítica al gobierno
Modelo caracterizado como de exclusión y pobreza.
Posturas a favor de la intervención estatal
y crítica a las privatizaciones y la reforma del Estado.

El primer punto que debe aclararse es qué es lo que está en juego y qué resulta objeto en lucha en el campo partidario a principios de los noventa. En primer lugar, lo que está en disputa en la lucha interna es el poder del aparato, de los puestos internos y, por ende, el control de las candidaturas para acceder a los cargos de gobierno. Como lo refleja el cuadro anterior, en los comienzos de la década, el alfonsinismo monopolizaba el control de los cargos partidarios, con Alfonsín como presidente del partido, una mayoría de delegados en la Convención Nacional y los presidentes distritales de mayor peso en la provincia de Buenos Aires y la Capital Federal. Por su parte, los angelozistas tenían un peso menor en el aparato, aunque eran dirigentes exitosos en términos electorales en sus distritos (Angeloz en Córdoba, Usandizaga en Santa Fe, De la Rúa en la Capital Federal), o mantenían el control del partido a nivel provincial, como Montiel en Entre Ríos o León en Chaco.

Así, entre las diferentes formas de lucha y oposición que se ponen en juego en un momento determinado, en este período tendieron a predominar dos formas de legitimación para representar y hablar por el partido: una propiamente interna –basada en el control del aparato del partido, a través de los apoyos de dirigentes de distrito, militantes y afiliados– reivindicada por los alfonsinistas, y otra, externa –sustentada en los éxitos electorales y el reconocimiento público– pretendida por los angelozistas y un conjunto de dirigentes opositores al alfonsinismo. Una vez caracterizada la estructura del campo partidario y la distribución de las posiciones, así como las distintas formas de capital y legitimación que se ponen en juego en la lucha política, es posible avanzar sobre el problema de las ideas y las tomas de posición frente al gobierno y los opositores internos.

8.2 El avance de las luchas internas sobre el campo externo y la crisis del trabajo de representación (1990-1993)

Con vistas a la conquista de los cargos partidarios, Angeloz y sus aliados circunstanciales (De la Rúa, Posse, Usandizaga, etc.) enunciaron públicamente la necesidad de renovar los cargos y las ideas del partido. En este sentido, tacharon a los alfonsinistas de profesionales políticos que se apoderaron del aparato y que, por estar preocupados por sus propios intereses partidarios, se alejaron de los problemas de la ciudadanía. En lo que respecta a las ideas, si bien ninguna de las grandes líneas enunció un programa consistente, los angelozistas bregaron por una modernización de los programas que incorporara las reformas del Estado y redefiniera las relaciones entre Estado y mercado. De forma general, las críticas hacia el aparato y sus ocupantes y las ideas de cambio y reformas se explican en razón de las posiciones que sostienen por fuera del aparato y de la lucha que llevan adelante contra quienes monopolizan la estructura partidaria. Si los angelozistas llevaron adelante una estrategia basada en la necesidad de ruptura y recambio, los alfonsinistas, por su parte, propusieron una estrategia de conservación de los puestos y las ideas. Así, el grupo que respondía a Alfonsín (Stubrin, Storani, Rodríguez, Moreau) alertó sobre la posible desviación del partido y de sus ideas en caso de que "la derecha" angelozista se apoderara del partido, y llamó a la resistencia. Alfonsín repetirá en los primeros años de la década que "si la sociedad se vuelve de derecha, la UCR no va a acompañar ese movimiento, aunque le cueste no ganar elecciones por mucho tiempo". Sostenían así la necesidad de conservación y de congelamiento de las ideas y los puestos, postura ligada más a la defensa de las posiciones de poder interno y a los intereses que estaban en juego que a un programa consistente y unificado.

La lucha interna y posicionamiento frente al gobierno (1990)

Alfonsinistas	Angelozistas
Alfonsín declara que "nunca se incorporaría al gobierno de Menem" (Clarín 25/2/90).	Menem negocia con Angeloz su incorporación al gobierno (El Cronista 21/2/90).
Jesús Rodríguez: "Ningún acuerdo es posible con Alsogaray" (*Clarín* 26/3/90).	Angeloz entrega un Plan Económico a E. González y llama a los referentes de todos los partidos a lograr acuerdos con el gobierno (*La Prensa* 25/3/90).
El exministro de Economía B. Grinspun sostuvo que Angeloz representa un proyecto que no pertenece a la UCR (*El Cronista* 3/5/90).	El exministro del Interior A. Troccoli afirmó que Angeloz representa mejor que Alfonsín el proyecto modernizador que reclama la sociedad y que es necesario un acercamiento con el gobierno (*La Prensa* 14/4/90).
Alfonsín declara que con sus críticas al gobierno expresa el pensamiento de la UCR y afirma que Angeloz tiene un proyecto político personal (*Clarín* 4/5/90).	Angeloz apoyó desde EEUU el plan de reformas del gobierno de Menem (*El Cronista* 2/5/90).
Menem sostiene que Angeloz debe remplazar a Alfonsín en la jefatura de la UCR como parte de la renovación. Grosso afirma que la UCR tiene dos jefes (*Clarín* 1/6/90).	Angeloz sostuvo en su discurso de asunción a presidente de la UCR cordobesa, la necesidad de renovar las ideas del partido y luchar contra los profesionales del poder y hechiceros del aparato partidario (*Clarín* 23/5/90).
J. Rodríguez alerta contra el peligro de que la UCR legitime la política menemista de exclusión social (*Clarín* 21/6/90).	Angeloz considera que la UCR está en deuda con la sociedad y se "deben reconocer los errores cometidos, en vez de empecinarnos en explicaciones que nadie cree" (Todos 23/6/90). Además felicita a Menem por llevar adelante la privatización de ENTel (*La Nación* 23/6/90).
El bloque de diputados de la UCR cuestiona la privatización de ENTel (*Clarín* 23/6/90).	

El ministro del Interior Mera Figueroa afirma que el gobierno no encuentra interlocutores válidos en la UCR para negociar (*Clarín* 2/7/90).	Angeloz declara que es un éxito personal de Menem haber insistido con las privatizaciones (*La Nación* 10/7/90).
Storani sostiene que el éxito de Menem es el fracaso del país (*El Cronista* 18/7/90).	El exintendente de Rosario H. Usandizaga sostuvo que la presidencia de Alfonsín en el Comité no le hace ningún bien al radicalismo (*La Nación* 18/8/90).
Para Luís Cáceres, Angeloz representa una corriente menemista dentro de la UCR (*Clarín* 19/8/90).	
Alfonsín le advirtió a Angeloz que la UCR no será una hoja en tormenta, ya que el partido no es seguidor de las encuestas ni se arrastra detrás del péndulo (*La Nación* 23/9/90).	Durante una reunión de la Línea Córdoba, Angeloz afirmó que Alfonsín no puede salir solo a la calle y que la UCR está tercera en todos los distritos (*La Nación* 23/9/90).
Beccerra respondió a Angeloz afirmando que hay que ser un radical muy mal parido para endilgarle esas acusaciones a Alfonsín (*La Prensa* 24/9/90).	Usandizaga afirma que apoya en grandes líneas la gestión menemista y recomienda a Alfonsín "sembrar rabanitos" (*Clarín* 6/10/90).
Alfonsín aseguró que Angeloz es una variante prolija del gobierno y lo acusó de traicionar el voto popular por su apoyo al gobierno de Menem" (*La Nación* 13/10/90).	

Como puede apreciarse en el cuadro anterior, existe un dialogo más o menos implícito entre los diferentes dirigentes del campo partidario, en el cual la postura política proclamada está en relación directa con la postura de otro dirigente, de manera que las tomas de posición deben comprenderse relacionalmente. En el caso de las posturas frente a las reformas del gobierno de Menem como las privatizaciones, la reforma del Estado y los cambios en la Corte, los angelozistas tendieron a apoyar las medidas, y a propiciar un acercamiento con el gobierno, mientras que los alfonsinistas tendieron a rechazar el diálogo y se opusieron firmemente a las propuestas del gobierno. Las tomas de posición externa, de apoyo y rechazo total frente al campo externo, adquieren sentido en la medida en que se comprende el enfrentamiento en el campo interno y la necesidad de diferenciarse en función de la lucha. Por otro lado, los angelozistas buscaron, por los menos a partir de 1991, afirmar su legitimidad y reconocimiento público, acercándose a un gobierno que resultaba exitoso en términos electorales y en algunos objetivos propuestos como el control de la inflación.

La existencia en los hechos de una jefatura compartida del partido entre Angeloz y Alfonsín, que llevó al gobierno a negociar con ambos dirigentes el apoyo a las reformas en el parlamento, y la dinámica que adquirió la lucha en el campo partidario y frente al gobierno impidió que el partido tenga una posición unificada y coherente frente al gobierno y pueda realizar un trabajo de representación consistente en las elecciones de 1991 y 1993. Efectivamente, el apoyo y rechazo conjunto a las medidas de gobierno (privatizaciones, reforma del Estado, plan de convertibilidad, presupuesto, etc.) y la incapacidad de partido de enunciar un conjunto de medidas con las que los distintos sectores estuvieran de acuerdo llevó a que el partido no pudiera posicionarse como oposición al gobierno ni como alternativa de gobierno. La creciente inconsistencia de las posturas políticas y tomas de posición de los distintos referentes en los primeros años de gestión menemista adquieren sentido a la luz de la dinámica que adquirió la lucha en el campo partidario. Dicha dinámica puede caracterizarse como un avance constante de la lucha interna sobre el campo externo. Es decir: un traslado (más o menos directo) de los enfrentamientos del subcampo partidario al campo de competencia contra al gobierno y los demás partidos. Esta dinámica debe comprenderse como efecto de un debilitamiento de las estructuras y los límites del campo, y de las fronteras que separan (relativamente) los posicionamientos internos y externos. El avance de la dinámica interna sobre el campo externo actuó, a su vez, desordenando las ideas y las posturas propias de la organización partidaria, que no pudo contener la lucha en su interior ni presentar una propuesta más o menos unificada como organización.

Así, en los primeros años que van de la derrota angelozista al triunfo electoral masivo del peronismo en 1993, puede apreciarse un importante debilitamiento del campo partidario de la UCR en lo que respecta a la contención y barreras de lucha entre el flanco interno y externo. Sin duda, en los partidos mayoritarios y de estructura abierta, como es el caso de la UCR, siempre es posible encontrar coyunturas donde las oposiciones internas rebasan los límites partidarios y se superponen con los enfrentamientos con otros partidos. Pero es generalmente en ciertas coyunturas en las cuales una cúpula partidaria es desplazada por otra donde ocurren estos fenómenos. Lo particular de la UCR en este período, y lo que permite interpretarlo como un debilitamiento de las condiciones del campo, es la dinámica a largo plazo que determinó un tipo de oposición contradictoria e incoherente frente al gobierno entre 1990 y 1993.

8.3 La Convención de la UCR en 1990: un debate de ideas imposible

Las posiciones de Angeloz y Alfonsín no fueron continuas y uniformes. Las tomas de posición frente al gobierno, así como las propuestas sobre la estrategia partidaria tendían a modificarse en función de la dinámica interna y de la lucha. En coyunturas de elecciones internas, ambos dirigentes polarizaban sus posiciones de apoyo y crítica al gobierno, para diferenciarse internamente. Luego de las elecciones, generalmente se acercaban las posturas y se relativizaban los enfrentamientos. Como todos los años, se realizó algún tipo de elección interna, ya sea para candidatos o cargos partidarios. La UCR adquirió un movimiento espasmódico, signado por reiteradas polarizaciones internas. Esto llevó a dirigentes menores, que ocupaban posiciones más intermedias (Storani, De la Rúa, Terragno y Rodríguez, entre otros) a denunciar la lucha descarnada por los puestos y el aparato, y a relativizar los desacuerdos entre Angeloz y Alfonsín frente a Menem. En términos de posicionamiento frente a la lucha en la cúpula, las posturas de estos dirigentes se explican a partir de sus posiciones intermedias respecto al esquema expuesto más arriba.

La creciente división de la cúpula partidaria durante los primeros meses de gestión menemista produjo algunos efectos positivos en el partido: la mayoría de los dirigentes proclamó la necesidad de debatir y reordenar las ideas, para unificar la oposición frente al gobierno. A partir de mediados del año 90, se llegó a un acuerdo entre los distintos sectores para debatir en la Convención Nacional que tendría lugar en Mar del Plata, en el mes de octubre. La CN se reuniría para expedirse sobre dos temas centrales: las nuevas Bases de Acción Política, que remplazarían las vigentes desde 1948, y la reforma de la Carta Orgánica. Con vistas a la Convención, Angeloz propone un proyecto propio para reformar las Bases, acorde a sus reclamos de renovación ideológica del partido. En agosto, comienzan a circular internamente los primeros borradores del proyecto angelozista, y gran parte de los debates giran en torno al rol del Estado. Finalmente, en octubre de 1990, Angeloz presenta su propuesta. En el proyecto propone una reforma del Estado, aunque caracteriza como erróneo el mero achicamiento del gasto. En este sentido, el documento reivindicaba como responsabilidad del Estado la educación, las prestaciones de salud y seguridad social, así como también la aplicación de justicia, seguridad, moneda y medioambiente. A su vez, proclamaba la necesidad de elevar la eficiencia en la prestación de servicios, así como el abandono de regulaciones excesivas que desalentaran la acción individual. Lejos de ser un documento puramente liberal, el proyecto angelozista combinaba la búsqueda de eficiencia con la reivindicación de ciertas áreas de prioridad estatal.

A medida que se acercaba la reunión de la Convención, las disputas se fueron acentuando, a tal punto que el referente cordobés decidió no presentarse, aunque sí envió delegados para defender su proyecto. El día de la apertura de la Convención, hubo un duro enfrentamiento entre las barras de alfonsinistas y angelozistas, y la reunión concluyó con heridos y algunos detenidos. Los enfrentamientos evidenciaban la creciente rispidez interna que existía entre los distintos sectores del partido (*Clarín* 10/14/1990, 15/10/90).

En la segunda jornada, comenzó el debate sobre la reforma de las Bases de Acción Política, que giró principalmente sobre la cuestión estatal. Pese a las diferencias internas, la mayoría de los referentes nacionales de la UCR reconocían la necesidad de que el partido se pronunciara sobre nuevas formas de regulación e intervención estatal. La transformación ideológica del menemismo era ya evidente, y la UCR no había logrado, hasta el momento, consensuar nuevas posturas. Los distintos discursos de los convencionales radicales combinaron críticas al gobierno y ataques a los posicionamientos internos. Sorpresivamente, angelozistas y alfonsinistas coincidían respecto a la necesidad de intervención estatal para el desarrollo económico, la necesidad de planificar y de otorgar mayor eficiencia a la administración, sobre todo en lo referente a las prestaciones sociales. Pese a estos acuerdos básicos, comenzó una disputa entre ambos sectores sobre la manera en que se iba a votar la reforma de las Bases de Acción Política, hasta que finalmente, luego de varias horas, los angelozistas se retiraron del recinto. Si bien los alfonsinistas intentaron continuar la discusión y aprobar un documento propio, terminaron enfrentándose entre sí, revelando sus propias discordias internas. Luego del debate frustrado, la UCR no logró conciliar una postura unívoca frente al gobierno y sus reformas ni tampoco debatir sobre las reformas de ideas y programas, en particular lo concerniente al tema estatal.

La imposibilidad del partido de acordar un nuevo discurso y definir una toma de posición orgánica frente al menemismo fue menos el producto de las diferencias ideológicas internas –las propuestas de las Bases de Acción Política de alfonsinistas y angelozistas mostraron más puntos en común que desacuerdos– que el resultado de la trabazón de la lucha interna, que paralizó todo el campo partidario como efecto del bloqueo que ejercieron ambos grupos.

El empate constante tendió a mantener y proyectar sobre el campo externo una doble representación partidaria, y contribuyó a acrecentar las disputas internas. Al mantenerse más o menos congelada la dinámica interna, producto de la falta de resolución de los enfrentamientos, el partido perdió parte de su capacidad de ofrecer bienes políticos (discursos, programas, posicionamientos coyunturales frente al oficialismo). En este estado de la lucha, la reforma de un artículo, la aprobación de una propuesta o la definición de la manera de votar pasaron a significar el triunfo o la derrota de un sector, de manera que los cambios mínimos eran entendidos como resultado de las relaciones de fuerza y de dominio de un grupo sobre otro. Así, cualquier toma de posición de un dirigente o sector interno frente al gobierno o hacia los posibles electores era inmediatamente descalificada y desautorizada por otros dirigentes. La dinámica de la lucha interna tendió a trabar diversos aspectos de la vida partidaria en los años siguientes, bloqueando los debates internos e invalidando los posicionamientos externos frente al menemismo o la opinión pública.

8.4 La disgregación interna y la UCR en la Capital Federal

Paralelamente a la división que tenía lugar en la cima de la UCR y a la creciente dinámica de lucha, en los primeros años de la década del noventa, comienzan a desfigurarse y desintegrarse también las líneas internas partidarias de carácter nacional, como Renovación y Cambio, Línea Nacional, Movimiento de Afirmación Yrigoyenista y Junta Coordinadora, que aglutinaban a los referentes partidarios de diferentes regiones. Desde el punto de vista organizacional, la UCR comienza un lento proceso de desintegración de los grupos internos que competían por los puestos. Algunas de las líneas internas, como Renovación y Cambio o Línea Nacional, habían logrado unificar ciertas posturas de gobierno y de reformas partidarias, y, en tanto grupos más o menos sólidos, lograban renovar las ideas del partido a través de la lucha.

Este proceso de desintegración de las grandes líneas, correlativo al enfrentamiento de Alfonsín y Angeloz, sin duda contribuyó a la prolongación de este último, en la medida en que ninguno de los grandes referentes logró consolidar un espacio interno lo suficientemente fuerte como para desplazar al otro. La oposición entre angelozistas y alfonsinistas era un enfrentamiento de cúpula que conminaba al resto de los dirigentes a tomar partido, pero cada vez con menos relación a líneas políticas organizadas. El alfonsinismo estaba compuesto por un conjunto de dirigentes pertenecientes a distintas líneas, que comenzarían a desvincularse del caudillo a partir de 1993; Angeloz, por su parte, si bien anunció en reiteradas ocasiones la formación de una línea interna propia, nunca llegó a formalizarla, entre otras razones, debido al mismo proceso de desintegración interno que disolvía los grupos y aumentaba las disputas individuales. Luego de la desintegración de las grandes líneas de representación nacional, comenzaron a fundarse pequeñas agrupaciones distritales, que, por lo general, tenían una duración de un ciclo electoral. En el cuadro siguiente pueden observarse las nuevas líneas fundadas entre 1990 y 1992 en la Capital.

Año de fundación de líneas y corrientes internas con representación en la Capital Federal

1990	1991	1992
-**Corriente Nacional** (Storani-Caputo) -**Movimiento de participación** (De la Rúa) -**Ateneo del Centenario** (J. Rodríguez) -**Movimiento Federal** (Montiel–León)	-**Línea Renovación** (Stubrin, Nosiglia, F. S. Lastra)	-**Movimiento por la Democracia Social**–MODESO (Alfonsín, Moreau, Caputo) -**Convergencia Radical** (Storani, Casella, A. Guerrero)

En Capital Federal y Buenos Aires, diversos dirigentes como Fernando De la Rúa, Jesús Rodríguez, Federico Storani y el propio Raúl Alfonsín formaron una línea interna a comienzos de la década. Y si bien cada uno de los dirigentes lanzó su agrupación con la intención de conquistar el plano nacional y renovar las ideas, éstas acabaron teniendo, básicamente, un carácter territorial y limitado. Sin duda, las propias disposiciones prácticas llevaban a los dirigentes a orientarse hacia la construcción de nuevas líneas, pero las condiciones de los afiliados y adherentes invalidaban esas estrategias del pasado. Efectivamente, en un contexto de disgregación de las bases de apoyo, la conformación de nuevos agrupamientos que lograran reclutar resultó sumamente difícil. La creciente fragmentación interna del partido adquirió la forma de pequeños agrupamientos territoriales bajo la égida de un líder. La necesidad de diferenciarse y luchar por las candidaturas y los puestos llevó a extremar los enfrentamientos, dividiendo aún más el discurso y las estrategias partidarias. Se asiste así al proceso de territorialización del partido que Escolar y Calvo (2005) describen como una pérdida de la esfera nacional y una localización de las líneas internas.

En el caso de la Capital Federal, la diáspora de la Junta Coordinadora Nacional y el crecimiento de la figura de De la Rúa dividieron el aparato. La JCN había mantenido la conducción del partido e, indirectamente, el control de las candidaturas desde el 85. El liderazgo de M. Stubrin y E. Nosiglia, ambos apadrinados por Alfonsín, comenzó a decaer en 1990, cuando J. Rodríguez y F. De la Rúa conforman sus propias agrupaciones para competir en elecciones internas, llevándose parte de los referentes y punteros barriales que respondían al alfonsinismo de la Capital. En los primeros años de los noventa, la UCR presentará tres líneas en el distrito: *Participación Radical,* comandada por F. De la Rúa, *El Ateneo Centenario*, conducido por J. Rodríguez y *Renovación* de M. Stubrin. En la mayoría de las disputas internas de la Ciudad se impuso De la Rúa. Los triunfos internos de De la Rúa y sus aliados en la Capital fueron producto de la movilización de los afiliados más independientes del aparato en la Ciudad, aunque esto no impidió que De la Rúa buscase el apoyo de reconocidos punteros tradicionales.

La disgregación interna del partido en la Capital Federal coincide con la pérdida de votos en las elecciones generales y la disminución de la participación interna de afiliados y militantes. Luego de la formación de estas líneas internas en la Capital Federal, la UCR perdió las elecciones de 1993 y 1994, y se evidenció de forma notable la disminución de la participación interna. La pérdida de las elecciones legislativas de 1993 frente al peronismo capitalino de Herman González encendió la alarma en el partido, porque desde mediados de la década del cincuenta la UCR no era derrotada por el peronismo en la Capital.

A lo largo de la década, ninguna de las agrupaciones internas de la Capital Federal logró politizar a los afiliados y movilizarlos masivamente. El enfrentamiento entre las cúpulas y la incapacidad del partido para renovar sus ideas y programas se vieron agravados por la disgregación interna en el distrito, donde tendieron a primar las alianzas coyunturales para la obtención de puestos y candidaturas.

Participación en elecciones internas de la UCR en la Capital Federal según porcentajes del padrón de afiliados

1985 Padrón (191.000)	78%
1987 Padrón (220.000)	40%
1988 Padrón (220.000)	36%
1991 Padrón (220.000)	40%
1992 Padrón (220.00)	24%
1993 Padrón (220.000)	38%
1994 Padrón (223.000)	23%
1995 Padrón (224.000)	23%

Fuentes: *Clarín*, 14/05/93, 21/3/95; *El Cronista*, 01/07/91; *La Nación*, 12/05/87, 22/11/88, 28/04/92, 28/11/94; *Tiempo Argentino*, 1/7/85.

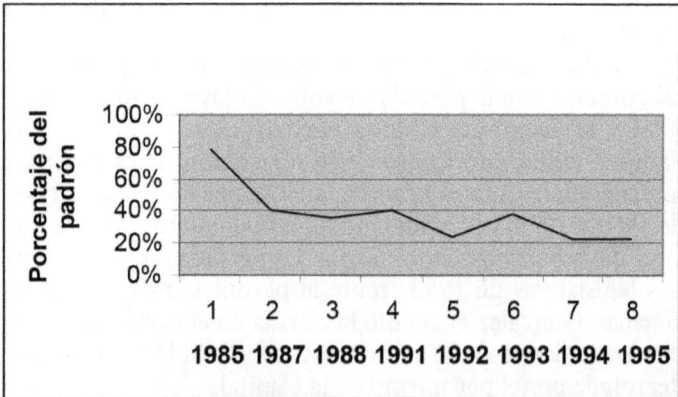

Participación Interna Capital Federal

Es posible relacionar la creciente desvinculación electoral de votantes y afiliados con la disgregación interna. El agotamiento de las líneas partidarias no opera en el vacío de la organización ni es producto de la lucha de la cúpula, sino que estuvo condicionado por la creciente desvinculación electoral, tanto de la participación interna como de los apoyos electorales en elecciones abiertas. Dado que la participación interna y las líneas (autoridades) de representación interna están conectadas, y que la primera le da básicamente existencia a la segunda, se puede establecer, entonces, una homología de la disgregación: a medida que se desintegran las bases de afiliados, se descomponen, a su vez, las agrupaciones de referentes políticos que las tenían como sustento. O, a la inversa, las agrupaciones internas de dirigentes se descomponen a medida que pierden el sustento de afiliados y votantes.

8.5 Límites y ocaso del aparato radical en la Capital Federal

Entre 1983 y 1991, la UCR de la Capital Federal recibió cerca de 40.000 nuevos afiliados que, en su mayoría, se adhirieron al partido en los primeros años de la década del ochenta. En este período, la efervescencia social y política ligada a la recuperación democrática había determinado una afiliación masiva hacia los diferentes partidos. A nivel nacional, la UCR pasó de contar con medio millón de afiliados a tener cerca de un millón y medio.

En lo que respecta a la participación de los afiliados, la tasa de participación interna se mantuvo relativamente alta en los primeros años de la década, pero comenzó a reducirse notablemente a partir de 1987, y disminuyó aún más a partir de los noventa. La pregunta que surge es qué condiciones impidieron que el aparato partidario de la Capital no pueda retener a los nuevos afiliados y militantes interesados en participar en las actividades del partido.

Unos de los aspectos más significativos del aparato de la UCR de la Capital Federal es el peso extraordinario que tienen los caudillos y punteros en la estructura de poder interno. Efectivamente, desde la recuperación democrática, gran parte de la lucha entre las diferentes líneas pasaba más por la captación de caudillos y punteros por parte de los candidatos que por la politización directa de afiliados y militantes. El poder de los punteros se evidenciaba en la necesidad de los candidatos de atraerlos a sus listas para contar con el apoyo de los afiliados movilizados por el aparato. El poder de los caudillos en las negociaciones por los puestos determinaba quiénes ocuparían los primeros lugares de las listas a candidatos para diputados y concejales. Así, las listas de la UCR porteña mostraban un contraste extraordinario: los primeros puestos de las listas del espacio social más moderno del país lo ocupaban los representantes más tradicionales de la política de aparato, junto con intelectuales y políticos de carrera. Lejos de operar tras bambalinas (al estilo del *boss* americano), el caudillo radical capitalino tendió a ocupar lugares importantes en las listas para acceder a los puestos de gestión de gobierno. Uno de los míticos caudillos radicales, Liborio Pupillo, perteneciente a la sección 21 del barrio de Mataderos, fue titular de la parroquia desde 1946 hasta 1992, siendo reelecto de forma ininterrumpida. Perteneciente a la línea Renovación y Cambio e hincha de Nueva Chicago, fue concejal en 1962, y en 1983 encabezó la lista de diputados por la Capital. Por cuestiones del azar, el Primer Proyecto de Resolución de 1983 tratado en la Cámara luego de la recuperación democrática le correspondió a Pupillo: un pedido de anulación de los descensos en el campeonato de fútbol de Primera, porque Nueva Chicago estaba por descender. A principios de 1991, cuando Raúl Alfonsín lanzó su nueva línea interna MODESO, eligió el barrio de Mataderos, y los apoyos y la organización de Liborio para promocionarse en la Capital.

El cierre del aparato a los nuevos participantes debido al poder que concentran los caudillos y referentes barriales es una de las razones de la deserción de participantes de la UCR en la Capital Federal. En este sentido, J. Rodríguez realizaba una interesante reflexión, dando cuenta de la baja de participación:

"Es cierto que las estructuras tradicionales de la UCR fueron rebasadas con creces, pero no es menos cierto que poco o nada se hizo para mantener ese flujo participativo originario por encima de un umbral aceptable [...]. Lo cierto es que, un par de años antes de la derrota de 1989, el partido ya había saturado su capacidad de agregación. La mayoría de los dirigentes, como es natural de acuerdo al modo de acumulación de poder interno del partido, estaban replegados. Preferían un partido desmovilizado y dócil, fácil de dominar, sin acechanzas a nivel interno, sin "arribistas" que vinieran a disputar los espacios que tanto les había costado ganar. Desde 1983 a la fecha, la UCR ha visto disminuida su oferta participativa global. Finalizando el comienzo de la transición, signado por el crecimiento y la expansión, la dinámica partidaria comenzó naturalmente a volverse rutinaria. [...] Al llegar los años 1987-88, el partido, a los ojos de los nuevos afiliados, había vuelto a ser, con algunas innovaciones, lo que siempre fue: una formidable máquina electoral. Ganar elecciones, competir por ocupar cargos, asegurar la provisión de personal para la administración propia y del gobierno fueron las funciones a las que se redujo el partido" (J. Rodríguez 1992:12-15).

El cierre del aparato a los nuevos participantes y a la renovación debe entenderse como una característica propia del tipo de organización. Como lo destacaron Rouquié y Mustapic, la estructura de los comités radicales está, básicamente, formada por cuatro elementos: el caudillo, que tiene en su poder la organización de la sección con vistas a las elecciones internas y generales; el candidato, que generalmente puede ser un abogado o un intelectual del partido; el puntero, encargado de recolectar la mayor cantidad de votos e interceder ante los afiliados; y, por último, el adherente, que concurre a las actividades partidarias (Rouquié, 1967:61, Mustapic 2002:117). Fuera de los períodos electorales, los adherentes participan muy poco en las actividades del comité. Esto se debe a que la estructura de relaciones y roles que organiza la vida de los comités está, básicamente, preparada para la movilización electoral periódica, más que para un activación y participación continua de los adherentes y afiliados. Lejos de estar condicionados para la incorporación y politización masiva de nuevos afiliados, los comités dificultan el acceso de nuevos participantes. Esto, que tiene más que ver con el aspecto organizacional que con las intenciones individuales de los dirigentes o los caudillos, es, sin duda, otro elemento importante a la hora de comprender la incapacidad del partido para mantener en el largo plazo el caudal de participantes entusiasmados con la recuperación democrática y la actividad política.

El vaciamiento y desmovilización del aparato radical en los primeros años de la década del noventa también fueron impulsados por los cambios sociales de los afiliados. En términos estructurales, la diferenciación de las clases medias –que multiplicó los intereses de los individuos– y el aumento extraordinario de los niveles educativos, contribuyeron a vaciar las estructuras de comités, poco preparadas para contener participantes reflexivos y con intereses diversos. Como manifestaban exafiliados en las entrevistas expuestas al final del apartado, las lógicas de comité les resultaron tremendamente desalentadoras y llenas de prácticas políticas espurias. Sin duda, la organización del aparato resultaba cada vez más desfasada en relación a sus adherentes, en la medida en que mostraba un funcionamiento tradicional, con jerarquías y simbolismos, que no lograban satisfacer a unos adherentes más modernizados en lo que se refiere a sus ideas y a las formas de pensar la política. En términos teóricos, este proceso puede ser caracterizado como un creciente desajuste entre el campo partidario y los esquemas interpretativos, entre el juego y sus prácticas, por un lado, y las disposiciones para reconocer y aceptar el valor del juego y reproducir las prácticas, por el otro. La transformación más o menos generalizada de las disposiciones políticas produjo un vaciamiento vertiginoso del otrora poderoso aparato radical capitalino, dejando así al descubierto uno de los aspectos más velados de los aparatos políticos: que gran parte de su fuerza y capacidad de reproducción no está dada por el poderío y los recursos de quienes los comandan, sino por la capacidad de encontrar en los fieles y adherentes las disposiciones para acordar legitimidad y adhesión al mismo. Cuando los cambios sociales y políticos promueven una transformación del estado de las disposiciones de los afiliados y adherentes, los aparatos pueden diluirse rápidamente.

El desajuste entre la organización y sus adherentes

E: ¿Participaste en la UCR?
Hoy no participo, participé cuando participamos todos, cuando volvió la democracia, cuando le creíamos a Alfonsín que todos éramos parte de lo que estaba pasando... llegamos a afiliarnos con mi esposo a la UCR y, aunque participábamos poco, íbamos al comité, a las marchas... a la última que fuimos fue a la famosa de Felices Pascuas... ese momento fue el momento en que más comprometidos estábamos con lo que estaba pasando... sabíamos que éramos más, que de vuelta los milicos no nos iban a sacar de la plaza, que éramos fuertes... quizás por semejante ilusión que nos habíamos creado la traición la sentimos mucho más profundo.
E: ¿Seguiste militando?
No, ya no podíamos seguir, era ser cómplices de lo que se estaba haciendo... no, desde ahí no aparecimos más en el partido, nos volvieron a llamar pero no volvimos. Yo creía que en el partido podía cambiar las cosas, que podía desde ahí resolver los problemas del país... suena

idealista pero es así... entonces yo dejé de creer, porque el partido me traicionó, porque creí que el partido era un puente y terminó siendo una barrera... porque lo que peleábamos en la calle se resolvía en las oficinas... ésa es mi experiencia... no ven más que las mismas caras, las mismas mafias, los mismos arreglos... (Virginia, 57 años, profesora de biología, 2003).

[...] Empecé la facultad en el 80, una época bastante politizada. Estábamos todavía en la dictadura, así que no era una época fácil. Mis viejos siempre fueron radicales, de alguna manera yo también, y encima en el 83, cuando asume Alfonsín, me terminé de hacer radical. Milité en el radicalismo como tres años. La verdad que después me desilusioné un poco. En mi casa mis viejos siempre militaron, pero entiendo que era otra época. Mis años en el radicalismo fueron buenos, era el inicio de una nueva era, acompañada de ilusiones y proyectos. Yo colaboraba en un comité cerca de donde vivía, en Almagro. Lo que sucedió es que me empecé a desilusionar porque empecé a ver manejos medio turbios. Lo mío era pura ilusión, si bien era consciente de que no podía cambiar el mundo como lo quisieron hacer los muchachos de los 60 y 70, pensaba que con mi colaboración, a través de tareas solidarias y otro tipo de cosas, podía aportar algo. Pero la gente es terrible. Yo no sé si la política es tan mala como dicen, me parece que lo complicado son las personas que forman parte de la política. Empecé a ver cosas que no me gustaron. La lucha por un puesto político, los punteros de barrio, los famosos ñoquis. Porque te digo una cosa, en la época de Alfonsín también pasaba eso, no es que sólo los peronistas son terribles. Los radicales sólo son más cautos, no lo hacen ver tanto. No lo podía creer, teníamos una oportunidad histórica en el país de cambiar las cosas, veníamos de años de dictadura nefasta, sabiendo

> y teniendo tan fresco el recuerdo de cómo se vivía en los 70, y la gente veía que se interesaba sólo por obtener dinero, un carguito, unos mangos. Yo pensaba otra cosa, tenía la idea de que todo el mundo realmente se iba a unir y tirar para adelante. Pero la verdad que en ese momento me cayó muy mal todo el manoseo político que observé. Si bien yo sabía que había todo eso, no esperaba encontrármelo así. Estuve unos años al margen de todo, seguía la política, pero no me involucraba. (Julio, 43 años, contador, 2004).

8.6 Conclusión: conducción dividida, fragmentación interna y pérdida de votos

¿Cómo se relacionan los cambios operados en los electores con la dinámica del campo partidario? En primer lugar, la doble conducción ejercida por Alfonsín y Angeloz y el avance de las luchas internas sobre el campo externo tendieron a operar como una oferta política contradictoria, en la medida en que rechazaban y apoyaban al mismo tiempo las mismas propuestas políticas o acciones del gobierno peronista. De esta manera, el intercambio entre el partido y su electorado quedó en parte suspendido, lo que sin dudas contribuyó a ahondar el distanciamiento de sus votantes.

En segundo lugar, la UCR no pudo formular un conjunto más o menos sistemático de bienes políticos que ofrecer a su electorado, una vez que los valores republicanos y democráticos de la década anterior perdieron parte de su eficacia. Históricamente, el partido radical había sido más propenso a realizar defensa de valores y propuestas generales que a especificar programas de gobierno, como *la causa* frente al *régimen* en tiempos de Yrigoyen. La famosa Declaración de Avellaneda de 1945 fue una especie de programa mítico durante décadas en el partido, pero resultaba cada vez más anticuada frente a los cambios socioeconómicos de la sociedad argentina y, en particular, en Capital

Federal. En 1983, las condiciones de recuperación demo-crática favorecieron que muchos de los elementos propios de *la causa* se transformaran en parte de un programa, pero a principios de la década del noventa la efectividad del programa republicano abstracto estaba ya en decadencia debido a que la base electoral del partido diversificaba sus intereses y aparecían nuevas demandas acordes a un elec-torado más moderno. Efectivamente, en la primera parte señalamos cómo las mismas encuestas que realizaba el par-tido a sus electores mostraban cambios sustantivos en las demandas referentes a la intervención estatal, a la oposición partidaria y los nuevos valores asociados con los cambios en los estilos de vida.

La interpelación contradictoria del partido y la inca-pacidad de formular bienes colectivos en un contexto de cambio social y cultural motivaron un creciente desfasaje entre la oferta partidaria y sus electores fieles. Por un lado, las transformaciones externas y no partidarias –ligadas a la configuración de las clases medias y los estilos de vida– modificaban los esquemas interpretativos de los votantes; por el otro, el trabajo de interpelación partidaria resultaba contradictorio e inconsistente. Ambos procesos contribu-yeron a la reducción de la base social de votantes radicales en la primera etapa de los años noventa.

Pero, ¿qué elementos evidencian particularmente este desfase? Aquí resulta necesario retomar algunos argumen-tos expuestos anteriormente. En lo referente al Estado, el creciente distanciamiento de las clases medias respecto a las prestaciones estatales y a la pérdida de legitimidad esta-tal mostraba un cambio novedoso en los usos y expecta-tivas asociadas a las burocracias estatales. A principios de la década del noventa, los diferentes dirigentes de la UCR se mostraron interesados en discutir las posturas frente a la reforma estatal y a los nuevos roles asociados al Esta-do. En este sentido, Angeloz fue uno de los dirigentes que más insistió durante ese período en la necesidad de que el partido redefiniera sus ideas sobre las prestaciones y la regulación estatal. Sin embargo, la exacerbación de la lucha interna bloqueó toda redefinición ideológica. Así, mientras los electores redefinían sus ideas y expectativas frente a la intervención del Estado, el partido no lograba condensar una nueva postura política uniforme.

Por otro lado, en términos de valores y demandas, el partido no logró incorporar nuevas propuestas frente a un electorado que renovaba sus comportamientos y expectativas. En 1992, J. Rodríguez llamaba la atención sobre los cambios que experimentaban los afiliados radicales porteños y la falta de adaptación del partido. Sin duda, la creciente disgregación interna y el funcionamiento propio de los comités partidarios dificultaron la captación de afiliados con nuevos intereses y demandas. Pero, además, la lucha de cúpula giró centralmente sobre la discusión de los puestos internos y las posturas frente al gobierno y no incorporó nuevos temas o demandas para ofertar a un electorado que se distanciaba políticamente del partido. Es en este contexto en el que la oferta de nuevos partidos como el Frente Grande y el Frepaso resultará exitosa.

Otro de los factores que contribuyeron a la pérdida de votos fue el hecho de que la UCR no pudiera replantear su ubicación en el campo político en el marco del menemismo. El antagonista histórico redefinió sus aliados y sus bases de apoyo, cambiando las líneas ideológicas tradicionales, contribuyendo indirectamente al debilitamiento del antiperonismo tradicional de los electores. Si, en un primer momento, el peronismo neoliberal sorprendió a propios y ajenos, lo cierto es que el partido no logró posicionarse nuevamente como opositor al gobierno, y tampoco como competidor frente al resto de las agrupaciones, en particular frente a los nuevos partidos que disputaban por los mismos electores.

Este período puede ser caracterizado como una coyuntura de desfasaje entre el partido y su base electoral, en la medida en que se da una creciente falta de correspondencia y desajuste entre los electores y la lucha de cúpula entre dirigentes. La desvinculación de los electores tradicionales y la inconsistencia de la oferta política de la UCR resultan fenómenos independientes en sus orígenes, ya que el cambio de los votantes estuvo en gran parte motorizado por las transformaciones sociales, y porque la dinámica de la lucha interna se explica más por los posicionamientos internos y externos (y la historia anterior de luchas) que por las demandas directas. Sin embargo, en su desarrollo, ambos procesos se entroncan, permitiendo afirmar que, en una coyuntura de cambio de las identificaciones políticas de los electores, la inconsistencia de la oferta partidaria contribuyó al alejamiento de los votantes y desalentó la llegada de nuevos electores. Por otra parte, es en el caso de la disgregación de las líneas internas donde pueden observarse algunas de las consecuencias del entroncamiento de los procesos que actuaban en la base y la cúpula partidaria: el alejamiento de los afiliados vació las agrupaciones internas, promoviendo la disgregación de los dirigentes y contribuyendo indirectamente a la permanencia del enfrentamiento de la cúpula.

Capítulo 9

9. La exacerbación de la lucha y la disolución del campo partidario (1993-1996)

Definir y caracterizar a los partidos como campos, organizaciones o relaciones sociales, siguiendo las propuestas de Bourdieu, Panebianco y Offerlé, supone tener en cuenta también que, en determinadas coyunturas, los campos pueden desintegrarse, las organizaciones, fragmentarse, y las relaciones sociales, diluirse. Estos procesos no ponen necesariamente en duda la utilización de los conceptos y categorías. Al contrario, es a partir de la utilización de los mismos y del conjunto de supuestos asociados (metas colectivas, reglas formales e informales, solidaridad, intereses compartidos, apuestas comunes, etc.) que los procesos que desembocan en una desorganización o disolución se hacen evidentes y pueden caracterizarse como tales, porque sólo entonces puede constatarse que los elementos que les daban unidad y existencia a las organizaciones o campos han dejado de existir.

En este capítulo se analizará un proceso de disolución del campo partidario de la UCR entre 1994 y 1996. Caracterizar los cambios del partido en este período como un proceso de disolución supuso constatar una serie de discontinuidades y rupturas tanto con el periodo anterior como con el posterior. En realidad, la disolución de la UCR no supuso, como es evidente, la desaparición del partido, sino un debilitamiento extraordinario de la organización, que se redujo a su mínima expresión y que, siguiendo a Offerlé (2004), puede definirse como la simple presencia de un conjunto de profesionales políticos que reclamaban el monopolio de la marca partidaria. Este proceso de disolución no resulta extraordinario en la vida de los partidos; como manifestó Panebianco: es un fenómeno común que los partidos de larga existencia atraviesen períodos de organización e institucionalización y de desorganización-desinstitucionalización (Panebianco, 1998:124-125).

En el primer apartado del capítulo, se analizan los cambios que se dieron en las posiciones internas y el debilitamiento de los clivajes ideológicos que anteriormente organizaban las posturas y alianzas internas. En el segundo apartado, se describe la exacerbación de las luchas internas y los efectos disolutivos de las mismas sobre la organización partidaria. En el tercer apartado, se analiza el grupo que accede a la conducción partidaria y la formación de la Alianza.

9.1 La reconfiguración del campo y el debilitamiento de las disputas ideológicas. El caso de la Reforma Constitucional

Entre fines de 1992 y principios de 1993, la estructura del campo partidario comenzó a modificarse, y las luchas y el sistema de posiciones y oposiciones que anteriormente congregaban a los distintos referentes perdieron su lógica anterior. El cambio fue producto de la formación de una alianza entre el angelozismo y el alfonsinismo, basada en ciertos acuerdos de apoyos mutuos. La alianza se asentó, por un lado, en el apoyo de Angeloz a la candidatura de Alfonsín a ocupar nuevamente la presidencia del partido y, por el otro, en el respaldo del expresidente a la candidatura de Angeloz a la presidencia en 1995. Así, la alianza entre ambos sectores comprometía el frente interno y externo, y solucionaba las disputas abiertas desde 1989. Además, este acuerdo de cúpula tendía a cerrar el paso al resto de los dirigentes y a mantener el poder del partido entre ambos sectores, en un contexto de ascenso de nuevas figuras partidarias. Efectivamente, el crecimiento de De la Rúa como posible candidato presidencial y la constante disgregación de los sectores alfonsinistas hacían peligrar las posiciones de poder de alfonsinistas y angelozistas. El cambio que tuvo lugar en la cúpula determinó un reacomodamiento hacia abajo, impensado algunos meses antes, que llevó a que De la Rúa y Storani se unieran contra Angeloz y Alfonsín. En las elecciones internas para convencionales de abril de 1993, De la Rúa y Storani compitieron contra J. Rodríguez, el representante del alfonsinismo. En esas elecciones capitalinas, si bien triunfó De la Rúa, J. Rodríguez alcanzó la minoría; es decir: más del 25% de los votos. Las nuevas alianzas se mantendrán relativamente estables entre 1993 y 1995.

En el cuadro siguiente se reconstruye el sistema de posiciones de los principales dirigentes a partir de dos ejes. Por un lado el apoyo al Pacto de Olivos y, por otro, a la candidatura de H. Massaccesi a la presidencia. Como queda evidenciado en las distintas tomas de posición, se altera la dinámica anterior de división y lucha entre los dos referentes principales (Alfonsín y Angeloz), que alineaba al resto de los dirigentes, y se conforma un nueva estructura donde la oposición se da entre la cúpula partidaria y un conjunto de dirigentes intermedios en ascenso, particularmente de F. De La Rúa, que, pese al bajo rendimiento de la UCR en la Capital Federal, había logrado triunfar en las elecciones de senador en 1992 y ganar las internas partidarias.

Estructura del subcampo partidario 1993-1995

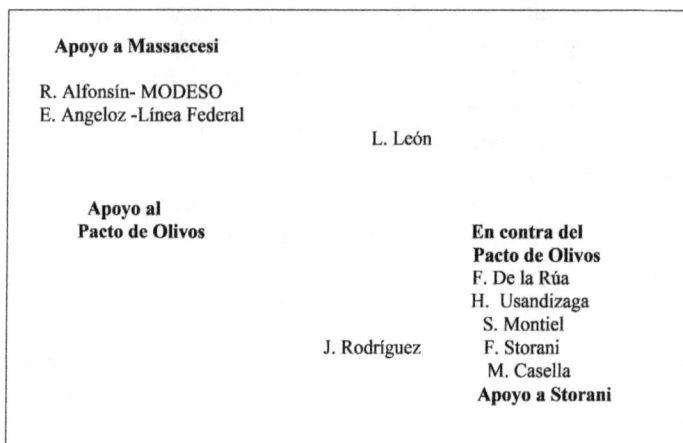

Apoyo a Massaccesi

R. Alfonsín- MODESO
E. Angeloz -Línea Federal

L. León

Apoyo al
Pacto de Olivos

En contra del
Pacto de Olivos
F. De la Rúa
H. Usandizaga
S. Montiel
J. Rodríguez   F. Storani
M. Casella
Apoyo a Storani

Con los cambios en las posiciones del campo, los justificativos ideológicos de las tomas de posición tendieron a debilitarse, y el debate de ideas al que los dirigentes llamaban periódicamente dejó de ser un imperativo. En el estado anterior del campo, la disputa entre angelozistas y alfonsinistas sobre las relaciones con el gobierno, las posiciones frente a las reformas y las definiciones del partido sobre el rol del Estado había obligado a los distintos dirigentes a posicionarse ideológicamente. Y, si bien el partido no pudo lograr un conjunto de acuerdos mínimos sobre todos estos temas, el enfrentamiento que dividía al campo obligaba periódicamente a los distintos referentes a tomar posición, justificando las afiliaciones a uno u otro sector y la adopción de determinada línea política. Así, aunque J. Rodríguez y F. Storani se oponían al alfonsinismo más ortodoxo, el apoyo casi irrestricto de Angeloz a las privatizaciones los condicionaba a definirse como un sector de izquierda dentro del partido y a alertar sobre el avance del pensamiento de la derecha al interior de la UCR, lo que los situaba más cerca de Alfonsín en la lucha interna.

El estado de lucha y los posicionamientos al interior del Partido y frente al gobierno determinaron, en los primeros años de la década del noventa, que la UCR se presentara como un partido en el cual convivían una postura de derecha y otra de izquierda. Esta división ideológica, lejos de ser una constante (como muchas veces lo expresan los dirigentes y militantes), es, simplemente, una posibilidad. Es decir: en ciertas circunstancias dadas por el estado de luchas internas y externas, las oposiciones implican una dicotomía entre derecha-izquierda, mientras que en otras coyunturas el campo no se organiza bajo esta oposición.

La alianza entre angelozistas y alfonsinistas a principios de 1993 reorganizó todas las posiciones al interior del campo, y la disputa derecha-izquierda dejó de funcionar como organizadora y motivadora de los posicionamientos. Sin el justificativo ideológico anterior, la lucha por los puestos y las candidaturas se volvió más descarnada. Efectivamente, las nuevas alianzas perdieron el matiz ideológico, y la intención de debatir y definir nuevas ideas y programas se diluyó.

Desde 1993, la UCR tendió a mostrar una creciente inconsistencia de ideas y posturas frente a los desafíos políticos que le planteaba el menemismo, en particular frente a la reforma constitucional. Efectivamente, el partido no logró consensuar, no sólo si debía o no oponerse a la reforma que reclamaba el gobierno, sino incluso a la manera de hacerlo. Sin los lineamientos ideológicos anteriores, las posturas a favor y en contra del cambio constitucional carecían de argumentos consistentes y creíbles, lo que desnudaba la dinámica de la lucha interna que llevaba a los referentes a cambiar sus posturas de una semana a la otra. Ninguno de los sucesivos cambios de posiciones frente a la reforma estuvo anclado en una consulta a los afiliados del partido. El pacto final entre Menem y Alfonsín, acordado días antes del 14 de mayo, tiñó de sospecha el acuerdo. Lo que muchos adherentes a la UCR sintieron fue, efectivamente, que el radicalismo se convertía imprevistamente en el principal facilitador del proyecto presidencial de reelección, una posibilidad considerada descabellada por el propio líder radical hasta pocos días antes del acuerdo (Fidanza, 1998:39).

A modo ilustrativo de la desorganización interna, se reconstruyen en el cuadro siguiente las diferentes posturas sobre la reforma constitucional que el partido no logró conciliar durante septiembre y octubre de 1993.

Reconstrucción semanal de las posturas partidarias frente a la Reforma Constitucional impulsada por el gobierno

DEL 6 AL 12 DE SETIEMBRE DE 1993
Comienza a debatirse la Reforma Constitucional en el Senado. Si bien los senadores manifestaron la necesidad de una reforma, rechazaron en conjunto el proyecto argumentando que el gobierno se caracterizaba por su tendencia al desborde de poder y no ofrecía seguridad jurídica suficiente. Por su parte, Alfonsín declaró su ferviente oposición a la reforma.

DEL 4 AL 10 DE OCTUBRE
Alfonsín se declara a favor de la Reforma, y brindaría su apoyo si el presidente Menem renuncia a ser reelecto. Angeloz, por su parte, se opone a la reforma, argumentando que no hay ninguna razón que motive un cambio de posición frente al gobierno. Por otro lado, De la Rúa también declaró su rechazo a la modificación constitucional.

DEL 11 AL 17 DE OCTUBRE
Alfonsín sostiene que no existen garantías jurídicas para que se realice la reforma. Sin embargo, el gobernador de Río Negro, H. Massaccesi manifestó su intención de realizar un plebiscito en su provincia sobre la reforma. Con una postura similar, Carlos Maestro, gobernador de Chubut, se mostró a favor del proyecto del ejecutivo.

Por su parte, el gobierno manifestó su intención de realizar una consulta popular sobre la reforma. Finalmente, el jueves 14 de octubre se realizó una cumbre partidaria en la cual Alfonsín buscó disciplinar a los opositores. El viernes 15 el Comité Nacional volvió a ratificar su rechazo.

DEL 18 AL 24 DE OCTUBRE DE 1993

El jueves 21, el peronismo logró aprobar el proyecto de reforma en el Senado. La totalidad de diputados radicales adelantaron su rechazo al proyecto. El gobierno propuso como fecha para la consulta popular el 21 de diciembre. Alfonsín y De la Rúa proponen realizar una campaña por el NO. Por su parte, Angeloz sostiene que es necesario bregar por una abstención activa. El diputado radical Di Tullio se declaró a favor de la reforma, postura que compartiría con los gobernadores Massaccesi y Maestro.

DEL 25 AL 31 DE OCTUBRE DE 1993

La Convención de la UCR impulsa cuatro posturas diferentes frente a la reforma: Votar por el NO, realizar una campaña de abstención activa, realizar una obtención pasiva y dar libertad de acción a los afiliados. Angeloz modificó su postura y manifestó su intención dejar en libertad a los afiliados de Córdoba para decidir.

DEL 1 AL 7 DE NOVIEMBRE DE 1993

El viernes 5 comenzaron a circular versiones de que el expresidente Alfonsín apoyaría la reforma si el gobierno se compromete a realizar cambios. La UCR rechazó los dichos. El lunes 8 se hace público el acuerdo entre Menem y Alfonsín para la reforma. La reunión habría tenido lugar el jueves 4.

DEL 8 AL 14 DE NOVIEMBRE

Alfonsín declara que si es electo presidente de la UCR retomará las negociaciones con el gobierno. El 13 de noviembre Alfonsín es electo presidente de la UCR.

Durante la designación se retiraron 44 convencionales partidarios que se opusieron a la designación de Alfonsín. El domingo 14, Menem y Alfonsín firman el acuerdo por la reforma.

Fuentes: *La Nación, Clarín, Página/12.*

9. 2 La exacerbación de la lucha y la disolución del campo partidario entre 1994 y 1996

La alianza de cúpula entre sectores alfonsinistas y angelozistas no pudo contener el proceso de desintegración partidaria, que resultará evidente en la campaña para constituyentes de 1994 y en las elecciones presidenciales de 1995. La pérdida de ambas elecciones en la Capital Federal tendió a ahondar los enfrentamientos entre los sectores internos, y a fragmentar el partido y las posiciones individuales de los distintos dirigentes. Entre 1994 y 1996, las luchas internas de la UCR adquirieron una recurrencia y efervescencia que llevó al partido a operar en el vacío, por fuera de las disputas del campo político y de la participación de los afiliados, y a promover su disolución como organización más o menos estructurada para la lucha política con otros partidos.

A fines de 1993, las encuestas inmediatamente posteriores a la realización del Pacto de Olivos mostraban en la Capital Federal un importante acuerdo de los porteños (véase *Página/12* 17/11/93). Efectivamente, mientras que el 57% de los encuestados manifestaba que el pacto sería beneficioso para el país, sólo 12% lo consideró perjudicial, y el 27% restante no se definió. En términos generales, el piso de acuerdo era considerable, y posiblemente una parte de los que no tomaron posición podían modificarla a favor si la UCR realizaba un trabajo político de legitimación del acuerdo por la reforma, con vistas a las elecciones de Constituyentes. Sin embargo, la extrema lucha interna que adquiría el campo partidario imposibilitó realizar una campaña unificada para las elecciones. A fines de enero de 1994,

De la Rúa rechazó el pacto y manifestó su intención de llamar a un *referéndum* interno de los afiliados para apoyar o no el pacto. Inmediatamente, Alfonsín amenazó con intervenir el distrito si la UCR de la Capital Federal no acataba la decisión de la Convención de apoyar el pacto. Por su parte, De la Rúa declaró que integraría las listas de convencionales y no avalaría el acuerdo en la Convención Nacional de la UCR. Como respuesta a posibles candidaturas de opositores al acuerdo entre Menem y Alfonsín, la Convención de la UCR aprobó una propuesta de angelozistas y alfonsinistas que obligaba a los candidatos a Convencionales a apoyar el Pacto. Finalmente, De la Rúa renunció a ser candidato, pero sostuvo que fue proscripto por el partido y se negó a participar de la campaña, argumentando que representaba el sentir de miles de afiliados descontentos con el pacto (*Clarín* 18/2/94). Si a nivel interno la disolución del partido se evidenciaba en la incapacidad de obedecer las directivas y acuerdos del Comité Nacional, a nivel externo su identidad se diluía: Eduardo Angeloz presentaba en su provincia una alianza con el peronismo menemista que se expresaba en una lista única para Convencionales Estatuyentes. En términos de referentes partidarios, De la Rúa se autoexcluía de la campaña, Angeloz se aliaba con el peronismo cordobés y Alfonsín quedaba aislado internamente como presidente del partido y con una imagen pública en decadencia. En las elecciones del 10 de abril de 1994, la UCR perdió en las 28 parroquias de la Capital, logrando el tercer lugar. El Frente Grande obtuvo el primer lugar con el 37% de los votos, mientras que el peronismo quedó en segundo lugar con el 24%, seguido de la UCR con el 15% de los sufragios.

Todos los elementos de desintegración partidaria volverían a hacerse evidentes en la interna para candidato presidencial. A principios de septiembre de 1994, la UCR mostraba cuatro posibles candidatos presidenciales: F. Storani, R. Terragno, E. Angeloz y H. Massaccesi. La disputa entre los diferentes candidatos tendrá un giro extraordinario cuando Angeloz renuncie a ser candidato. Para mediados de mes, sólo estaban en carrera presidencial H. Massaccesi y F. Storani. En términos de alianzas internas, el gobernador rionegrino era respaldado por el aparato alfonsinista y parte del angelozismo; es decir: los sectores que habían apoyado el Pacto de Olivos. Por su parte, Storani contaba principalmente con el apoyo de los dirigentes que se habían opuesto a la designación de Alfonsín como presidente de la UCR y al Pacto de Olivos. Así, Massaccesi contaba a su favor con el apoyo de la conducción nacional de la UCR y del aparato del partido, lo que sin duda contribuyó a que triunfara sobre Storani (véase el cuadro de posiciones anterior).

En la interna de noviembre, la apatía se apoderó de la mayoría de los afiliados radicales. Sólo participó un 20% del padrón a nivel nacional, y el 22% en la Capital (*Página/12*, 29/11/94). Federico Storani y Rodolfo Terragno habían realizado una campaña centrada en la necesidad de que hubiera un recambio generacional en el partido, en la elaboración de un nuevo discurso progresista opositor y en la reivindicación de la necesidad de una política de alianza con partidos de centro izquierda, en particular con el Frepaso, en caso de que la elección nacional llevara al ballotage. En un contexto de desmovilización de los afiliados y de desvinculación electoral del partido, se impuso el peso del aparato que comandaban Angeloz y Alfonsín. Tras su triunfo, Massaccesi, afirmó que los afiliados habían desechado la opción del recambio generacional y desestimado cualquier política de alianza, lectura que fue compartida por el resto de los dirigentes que lo apoyaban. El partido rechazaba de esta manera cualquier acercamiento al Frepaso (*La Nación* 28/11/94). Así, los ganadores justificaron la legitimidad de sus decisiones y propuestas a través del apoyo de los afiliados, pero sin hacer referencia a la baja movilización de los afiliados. Se puede hablar, en este sentido, de cierta "ilusión del triunfo" que se produce en momentos de baja movilización y donde votan principalmente los comprometidos con el aparato, y con las opiniones del aparato y de sus dirigentes. En esta coyuntura merma de participación y donde el peso de los aparatos está a favor de un solo candidato, los votantes devuelven a los líderes del aparato la opinión del mismo aparato y de sus líderes, confirmando la lectura de los dirigentes sobre las opiniones que ellos mismos impusieron. Como afirma Leiras, los concurrentes a votar en las internas son, casi siempre, miembros de segmentos particulares del electorado: votantes fuertemente identificados con el partido o clientes de bienes selectivos que distribuye el partido. Esos votantes que las máquinas movilizan en las internas son poco representativos de las tendencias dominantes en el electorado en general (Leiras, 2006:14). Esta ilusión se vendrá abajo en 1995, cuando el partido conquiste el tercer lugar en las elecciones y se vea obligado a retomar una política de alianzas para mantener la competitividad y acceder a los puestos, y ceder espacio interno a nuevos dirigentes.

Durante la campaña presidencial, la exacerbación de la lucha interna contribuyó aún más a disolver las fronteras y las reglas del campo partidario. A fines de 1994, el candidato presidencial mantuvo un conflicto con los delegados de la Convención Nacional que tenían a su cargo la redacción de la plataforma electoral. Massaccesi había desestimado la importancia de la plataforma y solicitado a los convencionales que la plataforma se adecue a la estrategia publicitaria, lo que motivó la renuncia del presidente de la Convención, Osvaldo Álvarez Guerrero (*Clarín* 2/12/94). A principios de 1995, el partido entabló un duro conflicto con Jarovslasky, encargado de la organizar la campaña del rionegrino, por haberse reunido con Menem para solicitarle los fondos adeudados a Río Negro (*Clarín* 26/02/95). A fines de marzo, el partido se convulsionó con el traspaso de dirigentes al Frepaso: Dante Caputo, hasta entonces representante del alfonsinismo de la Capital, junto a Carlos Raimundi abandonaban el partido (*Clarín* 20/3/95). A mediados de marzo, el candidato presidencial tachó de "oportunista" la alianza entre la UCR y el Frepaso llevada adelante en Mendoza por

Víctor Fayad. Para sorpresa de Massaccesi, Fayad, Montiel y Storani, entre otros dirigentes, lo criticaron duramente en plena campaña electoral.

A riesgo de multiplicar los casos donde los dirigentes de la UCR se atacan entre sí durante la campaña –hecho que inevitablemente contribuyó a la pérdida de votos–, resulta interesante analizar la carta de renuncia del presidente de la Convención, en la que realiza una descripción de la desintegración partidaria:

> "El partido, como estructura orgánica en su dirigencia, ha culminado su crisis: ya no representa la idea radical, es cómplice del régimen, del que incorpora su pragmatismo amoral. La candidatura de Massaccesi expresa la disolvente quiebra ideológica y moral de la UCR" (*La Nación* 8/12/94).

La carta fue la respuesta política de Álvarez Guerrero a la renuencia del candidato presidencial y parte de los convencionales a debatir sobre un programa de gobierno del partido para las elecciones presidenciales. Efectivamente, Massaccesi había manifestado que las ideas y el debate no eran necesarios, y que en la campaña debía primar la publicidad. Con esta postura, el candidato de la UCR vaciaba de contenido y de rol político a la Convención Nacional del partido, institución encargada de unificar y proclamar las propuestas políticas. Posteriormente, Álvarez Guerrero se integrará al Frepaso.

A fines de 1994, el partido se encontraba en proceso de disolución de fronteras y reglas del campo, y la pérdida de las elecciones presidenciales de ese año tendió a acelerar dicho proceso. En los años previos, las líneas internas que habían estructurado las luchas al interior de la UCR se habían disuelto en un conjunto a alianzas circunstanciales que no tenían otro fin aparente que la lucha por los cargos internos. Con la desintegración de los grupos, las ideas, programas y solidaridades que mantenían la cohesión tendieron a debilitarse extraordinariamente. Sin la amalgama de las visiones y relaciones comunes entre los miembros, la lucha comenzó a exacerbarse y a minar la estructura misma del funcionamiento del campo. A principios de 1995, el partido no pudo acordar una plataforma electoral ni una estrategia de campaña, la lucha entre los dirigentes y candidatos tendió a extremarse en pleno período electoral y, por último, diversos dirigentes comenzaron una acción de "salida" de la organización que ya no podía contenerlos[30]. Así, el acatamiento a las reglas formales e informales del partido, la lucha contenida, el interés y la defensa de la organización, todos elementos que dan cuenta de la existencia de un campo y de una organización, se debilitaron considerablemente. Todos estos elementos revelan la disolución del campo partidario a mediados de los noventa. Como sostuvo Malamud (1994), la crisis que abarcaba a todo el arco partidario respondía tanto a la disgregación de la base social del partido como a la falta de orientación ideología del partido. En este sentido puede tomarse como indicador de disolución la pérdida de las expectativas de los votantes respecto al partido. En una encuesta realizada unos días antes de la elección presidencial, los votantes atribuían a los candidatos de la UCR los porcentajes más bajos en casi todos los atributos.

---

[30] La incapacidad de formular un discurso consistente capaz de interpelar a su electorado por parte de la UCR puede ser interpretado como una crisis de la palabra del partido que supone también una crisis de representación, como la entienden Rinesi y Vommaro (2007).

Atributos de los candidatos según Graciela Römer

Sostener la estabilidad	94 % Partido Justicialista (PJ) 74 % Frente del País Solidario (Frepaso) 64 % Unión Cívica Radical (UCR)
Administrar/controlar el gasto publico	87 % PJ 86 % FREPASO 75 % UCR
Ocuparse de problemas sociales	75 % PJ 91 % FREPASO 74 % UCR
Cumplir promesas	72 % PJ 76 % FREPASO 66 % UCR
Administración Honesta	71 % PJ 89 % FREPASO 74 % UCR

Fuente: Graciela Roemers y Asoc.

Fuente: *La Prensa* 7/4/95.

9.3 La Alianza: una solución externa a los problemas internos (1996-2001)

La estrepitosa derrota electoral de 1995 en la cual la UCR conquistó el 15% de los votos a nivel nacional, y el 10.6 % en la Capital, sacudió a gran parte de la dirigencia, que no ocultó su sorpresa por los resultados. La sanción electoral de los adherentes pasó a ser el dato objetivo para los dirigentes que evidenciaba la "crisis" partidaria. Si el campo político tiene una autonomía relativa, la pérdida de votos de la UCR desató un cataclismo debido al despegue y posterior desfasaje que había mostrado el partido respecto a sus adherentes y electores. En este sentido, el fracaso electoral resultó un golpe de realidad para los dirigentes, que, si bien contemplaban el crecimiento del Frepaso, entendían que era una fuerza que ganaba sus principales apoyos en elecciones legislativas y esperaban que los votantes apoyaran a la UCR en los cargos ejecutivos, particularmente para Presidente de la Nación. Incluso, en la campaña presidencial, H. Massaccesi había tachado al Frepaso como un "sello de goma", dando cuenta de la supuesta debilidad del mismo y desestimando cualquier alianza, como ya lo había manifestado desde su campaña en la interna frente a Storani.

Opiniones de los dirigentes después de la derrota electoral de 1995

– "En la UCR nadie sabe dónde está el arco." Esto declaró el frustrado candidato presidencial del radicalismo, Horacio Massaccesi, quien criticó a sus correligionarios: "en la UCR se acabaron los personalismos. Alfonsín, Angeloz, y De la Rúa tienen que facilitar la discusión. Ahora estamos todos de igual a igual. Como decía Yrigoyen, hay que empezar de nuevo, pero en serio. [...] Hay que estar alerta porque la UCR puede caer en la dispersión total. Se demostró que el radicalismo tiene dificultades para contener sus votos" (Horacio Massaccesi).
– "No voy a renunciar a la conducción de la UCR. Hemos perdido esta elección por nuestros aciertos, no por nuestras equivocaciones, porque fuimos auténticos. Yo no quiero empezar haciendo imputaciones. Yo también impulso una restructuración partidaria" (Alfonsín).
– "Esta debacle se explica por varias razones: la polarización entre Menem y Bordón, el debilitamiento de nuestro perfil opositor, haber dejado caer la campaña en enero y febrero, y la buena imagen de Bordón en TV. Debemos reflexionar con sensatez, y revisar estrategias para entender mejor las demandas de la gente" (Fernando de la Rúa).

- "La UCR padece la falta de un líder que sea capaz de concitar la atención mayoritaria, y eso se vio el domingo. Angeloz se equivocó en el 91 al postularse para un tercer periodo consecutivo como gobernador, en lugar de lanzarse a nivel nacional. Ahora hay que redefinir el papel del radicalismo" (Ramón Mestre, gobernador de Córdoba).

- "Hace 20 meses, en el mejor momento económico del Gobierno, la UCR había conseguido el 30% de los votos. Pero después vino el Pacto de Olivos y el radicalismo perdió identidad opositora. Ahora la UCR se tiene que modernizar. ¿Angeloz? Se convirtió en el principal accionista de la fórmula presidencial y cuando la mano vino mal se borró" (Federico Storani).

- "La gente identifica a la UCR con el pasado. Se aburre con nuestros pleitos y nuestros discursos. Pudimos haber revertido la imagen en poco tiempo y no lo hicimos. Cada uno de nosotros tiene un porcentaje de culpa, hay que asumirla y poner la vista en el 99. La UCR tiene que armar un 'gobierno paralelo' y mostrar cómo gobernaríamos nosotros" (Rodolfo Terragno).

Fuente *Clarín* 16-5-95.

Las reflexiones sobre la derrota que se detallan arriba dan cuenta de las diferentes explicaciones sobre la pérdida de votos. Lejos de haber un acuerdo sobre *qué es* lo que desencadena la crisis, la explicación en sí misma es un objeto de lucha entre los miembros del partido. Sin responder al cinismo, las evaluaciones sobre el débil desempeño partidario están permeadas por las posiciones ocupadas y las trayectorias de los dirigentes. Así, mientras que Alfonsín defiende el pacto y la candidatura de Massaccesi como aciertos, Storani, en cambio, que se opuso a ambos, cree que llevaron a la derrota. Posiblemente, la interpretación más distanciada haya sido la de R. Terragno, que por estar menos comprometido en la lucha de cúpula, podía reflexionar menos condicionada por las luchas internas anteriores.

Luego de la desorientación partidaria inmediata a las elecciones, el partido comenzó un lento proceso de cambio y reorganización de las posiciones, que culminará con la formación de la alianza entre la UCR y el Frepaso. La convergencia de ambos partidos tendrá básicamente un origen metropolitano, y luego se extenderá a las provincias[31].

A fines de 1995, comenzó una nueva disputa interna por la renovación del cargo de presidente de la UCR, que dejaba vacante Alfonsín. Los candidatos a disputar el principal cargo interno del partido eran Rodolfo Terragno y Melchor Posse. El primero contaba con los apoyos de los dirigentes más críticos de la conducción alfonsinista: Storani, Rodríguez y De la Rúa, mientras que el segundo tenía los apoyos de la conducción partidaria: alfonsinistas y angelozistas (*Clarín* 16/11/95). Sin embargo, la cúpula partidaria estaba sumamente cuestionada y no lograba los convencionales suficientes para imponer a Posse. Los referentes que antes habían sido los más débiles del aparato ahora se encontraban en condiciones de desplazar a la cúpula partidaria que desde 1993 había timoneado el partido y llevado adelante el Pacto de Olivos y apoyado la candidatura de Massaccesi. Luego de arduas negociaciones, y producto de un empate, se decidió que la fórmula Terragno-Posse ocupara la presidencia y vicepresidencia del partido (*Página/12* 18/11/95). La elección de Terragno mostraba la debacle interna de los sectores alfonsinistas y angelozistas, y abría la puerta a un recambio partidario.

En los primeros meses de 1996, la oposición de la UCR y el Frepaso comienza a unificarse contra el gobierno. La venta de armas a Ecuador y Croacia, el aumento de la

---

[31] Si bien el primer acuerdo entre la UCR y el Frente Grande tuvo lugar en Mendoza, los dirigentes que promovieron la alianza nacional entre ambos partidos residían en Buenos Aires y Capital Federal.

pobreza y el posible intento de re-reelección de Menem a la presidencia homogenizan el discurso opositor. Tras la asunción de Terragno al frente del Comité Nacional, la UCR se mostrará más unificada, en gran parte debido al debilitamiento de los sectores alfonsinistas y angelozistas. En la Capital, se llevaron adelante por primera vez las elecciones para intendente y estatuyentes. De la Rúa triunfó como intendente de la Ciudad y Graciela F. Meijide como candidata a estatuyente. Luego de la elección, De la Rúa y Terragno comienzan a hablar públicamente de la posibilidad de una alianza con el Frepaso. Como ensayo para testear el apoyo electoral, ambos partidos proponen un "apagón" de protesta contra el proyecto de reforma laboral. El éxito del "apagón", principal aunque no únicamente en Buenos Aires, significó un punto de ruptura en el clima político, al poner en evidencia el crecimiento del consenso opositor, aun en el terreno económico, hasta entonces el punto fuerte del gobierno, y profundizó el acercamiento entre radicales y frentistas (Novaro, 1998:16).

Mientras los dirigentes opositores encontraban principios de consenso, el gobierno nacional atraviesa un proceso inverso de división. En septiembre de 1996, D. Cavallo renuncia al Ministerio de Economía y denuncia la existencia de mafias y corrupción. Así, mientras el sector opositor tendía a encontrar puntos de acuerdo y convergencias, el oficialismo comenzaba a perder la unidad. A fines del mes de septiembre, se llevan adelante las primeras reuniones entre Terragno y Álvarez para formar una alianza electoral.

La posibilidad de alianza con otros partidos había sido una estrategia reivindicada por los sectores más débiles del campo partidario de la UCR desde la candidatura interna de Storani en 1994. La necesidad de "abrir y renovar el partido" era el principal argumento utilizado por estos sectores, que se oponían a la confluencia de Alfonsín y Angeloz. De esta manera, la propuesta de alianza era un arma de lucha contra los detentores del aparato, que se oponían a este tipo de estrategia, en la medida en que peligraban sus posiciones internas de poder. A fines de 1996, la alianza con el Frepaso fue una apuesta del conjunto de dirigentes en ascenso que desde el Comité Nacional comandaban la UCR. En este sentido, puede entenderse como una solución externa a los problemas internos, en la medida en que posicionaba internamente y legitimaba externamente a los referentes que desde 1995 luchaban contra alfonsinistas y angelozistas. Sin embargo, es necesario notar que la formación de la alianza fue facilitada por el ocaso de los miembros que anteriormente se oponían a cualquier acuerdo: Angeloz y Massaccesi. A principios de septiembre, Angeloz había perdido los fueros y se encontraba procesado por enriquecimiento ilícito. Massaccesi, luego de haber estado prófugo de la justicia, estaba ahora con prisión preventiva, acusado de malversación de los fondos de Río Negro. Las acusaciones que pesaban sobre ambos dirigentes modificaron notoriamente las posiciones al interior del campo partidario y es uno de los casos más interesantes donde la intervención judicial altera los espacios políticos. A fines de 1996, Terragno, De la Rúa y Storani eran los principales voceros del partido, y solamente Alfonsín se oponía públicamente a la formación de la Alianza. En agosto de 1997, resultaba evidente que el expresidente quedaría en tercer lugar en las elecciones para diputados en la provincia de Buenos Aires. Las encuestas pronosticaban el triunfo de Hilda "Chiche" Duhalde, seguida por Graciela Fernández Meijide. Las negociaciones en torno a la alianza se destrabaron con la renuncia de Alfonsín a su candidatura. Reflexiones análogas llevaron a De la Rúa a aceptar la Alianza en la Capital: gobernaría la Ciudad con mayoría en la legislatura, evitaría un posible triunfo del Frepaso y aumentaría las chaces de ser presidente en 1999.

La alianza con el Frepaso no fue el producto de la decisión estratégica de una línea interna de la UCR que conquistó el partido (en realidad los grupos internos del radicalismo estaban desintegrados a mediados de 1993), sino que fue producto de la confluencia de dirigentes provenientes de diversas líneas que habían ocupado posiciones intermedias en el campo partidario a principios de la década y, posteriormente, se habían opuesto al pacto de Olivos y a la candidatura de Alfonsín a presidente del partido en 1994. Este conjunto de dirigentes no era un grupo consistente, con afinidades de ideas y proyectos políticos comunes, sino que compartían, básicamente, la voluntad de mantener el control de los puestos partidarios y las expectativas de acceder a los principales cargos políticos. La alianza electoral entre los dos partidos puede definirse como un tipo de fusión que supone un cierre de la oferta del campo político que opera disminuyendo las opciones del electorado, y mejora las chances de triunfo y el acceso al poder de los dirigentes de los partidos que hicieron la fusión. En las elecciones de 1997, la Alianza les permitió a los líderes radicales ganar nuevamente las elecciones y acceder a los principales puestos.

9.4 Conclusión: disolución del campo partidario, reorganización y estrategia electoral

Entre 1993 y 1995, la UCR, en tanto campo de fuerzas y organización, evidenció una importante disolución que se expresó principalmente en la disminución de la capacidad de convocatoria de afiliados, en la creciente indisciplina partidaria, en la disgregación de los grupos internos, en la salida de dirigentes y en la pérdida de clivajes ideológicos. Es necesario plantear una interrelación entre los procesos de desvinculación electoral de los votantes y la disolución partidaria, ya que ambos fenómenos interactúan.

Por un lado, la disminución de los apoyos electorales en la Capital y en el resto del país en las elecciones de 1994 y 1995, y la pérdida de capacidad de movilización de los afiliados contribuyeron a exacerbar la lucha interna, lo que, a su vez, llevó a los dirigentes a actuar en el vacío, desconectados de la lucha externa frente al gobierno y de grupos internos enfrentados. En el caso de la Capital, dirigentes como Rodríguez, Terragno, Caputo y Raimundi, que habían participado en líneas internas que se desintegraron en parte producto de la baja movilización de los afiliados, quedaron como "dirigentes sueltos", sin estructura ni base, lo que sin duda contribuyó a su salida e incorporación al Frepaso. Frente a la pérdida de representación interna y a la disminución de las coerciones ligadas a la pertenencia a una línea política, los dirigentes partidarios ganaron una extraordinaria autonomía para plantear sus posiciones políticas y alterarlas hasta llegar a la contradicción. Este proceso quedó evidenciado en las tomas de posición de los dirigentes frente a la reforma constitucional, donde directamente las alternativas se manifestaban desde el apoyo total a la oposición total, con posiciones intermedias más o menos contradictorias, y con un cambio constante por parte de los dirigentes de sus mismas posiciones.

Por otro lado, en la medida en que las principales disputas del campo perdieron en este período los matices ideológicos anteriores, producto del cambio en las posiciones internas, la lucha aparecía sin justificativo político, más que la lucha y la oposición en sí. Este nuevo género de lucha se daba con una inusitada velocidad y con un alto grado de superposición. Como el partido no pudo proponer un marco general para situar esas luchas, las mismas pasaron a ocupar el centro de la escena partidaria y se transformaron en la principal, y casi única, oferta electoral. En este período, los dirigentes radicales ofrecían a sus posibles electores, básicamente, sus disputas personalizadas. En un contexto de transparencia del campo político, producto de la circulación de la información, la lucha por los puestos y los enfrentamientos internos quedaron expuestos ante los electores y adherentes partidarios. Esta lucha inusitada se manifestó particularmente en plena campaña presidencial en 1995, en la cual el candidato tuvo como frente de crítica a algunos de los referentes partidarios.

Para comprender los cambios en la relación entre el partido y sus electores en esta coyuntura, es necesario retomar la idea de desfasaje propuesta anteriormente, ya que en este período se ahonda la distancia entre partido y electores fieles y la UCR pierde estrepitosamente las elecciones en la Capital Federal en 1994 y 1995. Si en las distintas entrevistas realizadas a votantes files del partido constatamos que a mediados de la década un conjunto de elementos del sistema interpretativo de los votantes se transformaba, como sus expectativas frente al Estado, la relación entre condiciones de vida y política partidaria y la oposición peronismo-radicalismo, es posible considerar los efectos que tuvo la dinámica partidaria para fomentar la desvinculación electoral. Efectivamente, si en los inicios de la década el partido no pudo acordar un replanteamiento del rol Estado, tampoco logró posteriormente unificarse como partido de oposición y generar un discurso alternativo frente al peronismo, ni politizar el cambio social de los electores. Si a mediados de los noventa era evidente que las clases medias atravesaban un proceso de pauperización, el partido pareció no visualizar dicho proceso políticamente.[32]

La debacle electoral del partido en 1995 motorizó un desplazamiento de la cúpula y un recambio en la dirigencia, aunque no en el sentido generacional. La Alianza fue una estrategia electoral que logró revertir la disminución de votos, cerrando la oferta de partidos. La coalición con el Frepaso fue la principal apuesta política del grupo de dirigentes que desplazaron a alfonsinistas y angelozistas. Este grupo tenía trayectorias e intereses diversos, que en parte habían quedado velados como resultado de su unificación contra la cúpula anterior. Las diferencias individuales entre

---

[32] Sólo Enrique Olivera, dirigente de la Capital Federal cercano políticamente a De La Rúa, reflexionó luego de la elección de 1995 sobre el alejamiento de las clases medias de la UCR. En este sentido, Olivera manifestó que el partido estaba perdiendo elecciones en la Capital porque había dejado de interpelar a las clases medias, que eran su sustento político principal (*Clarín* 16/5/95).

los dirigentes se manifestarán de forma dramática a partir de su llegada al poder en 1999. Por último, es importante mencionar que el recambio partidario y la formación de la Alianza no lograron revertir las tendencias disgregativas internas del partido, sino que las mismas quedaron más o menos ocultas por las victorias electorales de 1997 y 1999.

Capítulo 10

10. El ascenso de De la Rúa, la Alianza y la división partidaria (1998-2001)

¿Qué tipo de vínculo se estableció entre la Alianza y sus votantes? ¿Cómo se modificó el mismo a lo largo de la gestión? ¿Qué tipo de consecuencias tuvo la crisis del gobierno de la coalición en los electores de la UCR? Este conjunto de interrogantes organiza el capítulo final del libro. Antes de comenzar el análisis, es necesario destacar que la marca política "Alianza" esconde, en realidad, distintos tipos de coaliciones que se formaron entre 1998 y 2001. Si se define la coalición no como una cosa, sino como una configuración de individuos interdependientes entre sí, que se ven enfrentados por la distribución del poder de decisión y el acceso a puestos, es posible observar distintas configuraciones en función de las relaciones establecidas entre los miembros y el estado de distribución de poder en un momento dado.

Desde su formación en 1997, hasta su desarticulación a mediados de 2000, la Alianza entre la UCR y el Frepaso adquirió varias configuraciones internas. En diciembre de 2001, cuando renunció el presidente De la Rúa producto de las manifestaciones populares, la coalición estaba disuelta y sólo unos pocos de los miembros fundadores formaban parte del gobierno. Para entonces, la legitimidad de la coalición y el apoyo a la UCR en la Capital Federal se habían agotado. El distrito fue el escenario de uno de los índices más altos de votos impugnados, primero, y luego de fuertes movilizaciones que terminaron con una veintena de muertos. El "derrumbe político" de la Alianza fue un proceso complejo que tiene diversas aristas. Para Novaro, son varios elementos los que interactúan. En primer lugar, el desacople entre la crisis de las economías emergentes y la instalación del gobierno que imposibilitó un diagnóstico correcto de los problemas económicos. En segundo lugar, el bajo poder institucional que logró conquistar, ya que no alcanzó mayoría parlamentaria y sólo gobernó en unas pocas provincias. En tercer lugar, la coalición tampoco contó con una fuerte cohesión interna y un liderazgo fuerte y aglutinador, lo que impidió definir las tomas de decisiones y orientaciones de forma consensuada (Novaro, 2002:17). Nos concentraremos particularmente en este tercer aspecto.

Para caracterizar el nacimiento de la Alianza y los vínculos que la coalición estableció con los electores de la Ciudad, comenzaremos con el ascenso de De la Rúa. Como se verá posteriormente, el crecimiento político del expresidente estuvo asociado al cambio de identificación partidaria de los votantes radicales y al apoyo del electorado de la Capital, que fueron los que lo catapultaron a la candidatura a presidente.

En primer lugar, se aborda el crecimiento de la figura de De la Rúa. En segundo lugar, se describen los cambios en la configuración de la Alianza desde su formación hasta su llegada al gobierno, destacando los límites propios de esa asociación política. En tercer lugar, se detallan algunas de las medidas y acciones de gobierno que motivaron el retiro del apoyo electoral y la impugnación masiva de votos en 2001 en el distrito. Por último, se detalla la división de la UCR en el ARI y Recrear como consecuencias del bajo rendimiento partidario.

10.1 De la Rúa y su capital político de notoriedad

- "No se puede opinar, por todos lados hay corrupción. Además, para mí no hay políticos honestos, sospecho de todos" (Walter, 23 años, empleado).

- "Puedo contar con los dedos de las manos los que se salvan de ser corruptos. Todavía hay algunos políticos que son honestos, como De la Rúa, La Porta y Beliz, de Domínguez prefiero no hablar" (David, 80 años, jubilado).
- "Realmente no creo en la honestidad de los políticos, con excepción de De la Rúa" (Olate, 42 años, agente de seguros).
- "La corrupción en la Argentina es difícil de probar como todo lo que se hace bajo cuerda. Hoy dudo de la integridad de los políticos" (Omar, 80 años, jubilado).

Fuente: Entrevistas provenientes del Informe del diario *La Nación*, "La corrupción preocupa cada vez más al ciudadano" (9/6/96).

El triunfo de Fernando de la Rúa como intendente de la Ciudad de Buenos Aires en 1996 representa un interesante problema, en la medida en que pareciera contradecir algunos de los análisis presentados en este trabajo. Efectivamente, ¿cómo entender el crecimiento político de De la Rúa y sus triunfos reiterados luego de la desvinculación electoral de la UCR y la desmovilización general del partido? Sin embargo, sólo a primera vista la victoria en las urnas del exintendente contradiría las interpretaciones ofrecidas; por el contrario, el crecimiento político de De la Rúa debe enmarcarse en el contexto de la crisis del campo partidario, y en la apuesta propia de una estrategia de crecimiento personal a expensas de las estructuras partidarias y de las tradiciones de los votantes. Según los análisis electorales de Burdman, el radicalismo de la Capital Federal tiene su base de apoyo en circunscripciones donde predominan los sectores medios. Sin embargo, el voto a la UCR adquiere cierta particularidad cuando De la Rúa es candidato (1989, 1992, 1996). En estos casos, el radicalismo logra más votos en las circunscripciones de zona norte de la Cuidad y además obtiene un apoyo más homogéneo en todos los barrios, lo que convierte al candidato en un poderoso político multiclasista (Burdman, 1998:68).

Esta particularidad del dirigente radical debe comprenderse a partir de un capital político propio relativamente independiente de la estructura partidaria de la UCR.

En junio de 1996, durante la campaña para intendente de la Ciudad, distintos analistas y periodistas políticos debatieron el hecho de que la imagen política De la Rúa no se viera afectada por el procesamiento y desafuero de Eduardo Angeloz, que ocurría en el último tramo de la carrera electoral (*La Nación* 9/6/96, 10/6/96, 11/6/96, 16/6/96). El hecho resultaba particularmente llamativo, no sólo porque el debate principal de los candidatos había girado en torno a la honestidad y la lucha contra la corrupción, sino también porque, generalmente, las denuncias de corrupción que pesan sobre los dirigentes debilitan la imagen de los otros referentes, como ocurría con el presidente Menem frente a las acusaciones de Cavallo. Sin embargo, pese a las sospechas que recaían sobre algunos referentes partidarios, la consideración social de De la Rúa como candidato honesto no se vio afectada, evidenciando que la legitimidad del candidato se asentaba sobre bases en parte distintas a las del partido.

El halo de honestidad que recubría la imagen de De la Rúa y lo situaba por fuera de los escándalos de corrupción del aparato radical puede ser pensado y caracterizado como un tipo de capital político de notoriedad basado en el reconocimiento público de las virtudes personales de honestidad, mesura y respeto institucional. Es decir: una forma de legitimación política personal que funcionaba y resultaba efectiva en la medida en que operaba sobre las creencias y formas de clasificación de los electores. Esta manera de interpretar los apoyos a De la Rúa pone en primer lugar el problema de la construcción política del reconocimiento público, dejando de lado las características personales o subjetivas de los dirigentes. El capital político que detentaba De la Rúa a mediados de 1996 puede ser explicado a partir de un lento, pero constante trabajo de acumulación dentro de las mismas estructuras del partido. Los triunfos internos del dirigente y de sus aliados en la Capital fueron producto de la movilización de los afiliados más independientes del aparato en la Ciudad, y no de la conquista de los adherentes más politizados de la UCR (que veían con recelo a De la Rúa). Desde su candidatura a diputado en 1991, el exintendente fue construyendo una imagen pública basada en su honestidad y prudencia, ajena a las disputas propias de la política partidaria. En sus campañas internas denunció constantemente a los aparatos partidarios y posibles pactos espurios, solicitando una y otra vez el apoyo de los afiliados "independientes" para "cambiar y renovar" el partido. En su campaña para senador de 1992, propuso como electores a reconocidos artistas y famosos que, si bien estaban afiliados a la UCR, no participaban activamente en política. Los presidentes de River Plate y Boca Juniors, cantantes, actores y escritores fueron convocados para formar la lista de electores. Esta estrategia tuvo la virtud de posicionar al candidato radical como un dirigente externo y ajeno a las rencillas del aparato. Su crecimiento como figura política, primero en la Capital y posteriormente a nivel nacional, es simultáneo a la división del partido en la Capital y a la fragmentación de la cúpula partidaria. En este sentido, la acumulación del capital político de reconocimiento público de De la Rúa se produce a partir de la división y la crisis partidaria. La imagen de político prudente y correcto del expresidente se puede entender a partir de la estrategia política de posicionarse en el centro de la disputa entre Angeloz y Alfonsín, como en un lugar propio, intermedio, y a partir de su estrategia de lucha interna basada en la denuncia de los aparatos y en supuestos pactos ilegítimos, lo que sin duda promovía una imagen antipolítica del candidato. Con este tipo de construcción de legitimidad personal, De la Rúa contribuía y actuaba sobre la conversión política de los electores de la UCR, ya que favorecía el debilitamiento de la identificación partidaria al tiempo que afirmaba un lazo personal y directo con sus electores.

En el cuadro siguiente se reconstruyen las luchas internas en las cuales participó De la Rúa y las principales claves discursivas utilizadas para conquistar las candidaturas internas y externas.

La construcción del capital político de De la Rúa

Fecha	Tipo de elección cargos	Definición de los opositores internos, llamamiento a los afiliados, propuestas.
7 de mayo 1990 (*El Cronista* 7/5/90)	——	De la Rúa afirma la intención de construir una línea interna propia en el distrito, independiente de los lineamientos nacionales. El sector se denomina "Movimiento de Participación". Declara que el objetivo principal es derrotar al aparato de la Coordinadora y devolver la participación a los afiliados.
4 de mayo de 1991 (*Clarín* 4/5/91)	Interna, presidentes de parroquias y delegados a Comité Capital	De la Rúa realiza una campaña denunciando un supuesto pacto entre J. Rodríguez y M. Stubrin para apoderarse del Comité Capital. Según la denuncia, los excoordinadores se unirían después de las elecciones para mantener el control del Comité Capital. De la Rúa pide el apoyo de los afiliados para que la Coordinadora no se apodere el partido.

31 de marzo de 1992	Interna para Senadores Nacionales	Siendo diputado, De la Rúa se lanza como candidato a senador. Propone como electores a conocidos escritores, cantantes y músicos, empresarios y los presidentes de Boca Juniors y River Plate. Acentúa la estrategia de presentarse como externo al aparato radical, pese a conducir la UCR porteña.
10 de mayo de 1993 *Clarín* 10/05/93, *Página/12* 11/05/93	Internas para Diputados Nacionales.	El delarruismo gana la interna proponiendo a Martha Mercader. Durante la campaña, el senador solicitó el apoyo de los afiliados independientes para "pasar por arriba a los aparatos del partido". En octubre, la UCR pierde en el distrito por primera vez desde 1952.
18 de febrero de 1994 *Clarín* 18/02/94	Interna para Convencionales Constituyentes	De la Rúa se propone como candidato y afirma la necesidad de consultar a los afiliados sobre el Pacto de Olivos. Debido a que el partido frena su candidatura, se declara proscrito por el partido. La UCR pierde nuevamente las elecciones en la Capital.

La construcción de una imagen pública basada en un conjunto de virtudes por parte de un candidato no asegura su triunfo electoral. Como puede observarse en el caso de De la Rúa, su presentación como opositor a los aparatos y los pactos, como portador de una postura intransigente ajena a los acuerdos internos, tuvo su apogeo entre 1990 y

1993. Sin embargo, es a partir del Pacto de Olivos que la figura de De la Rúa comienza a crecer nuevamente hacia dentro y fuera del partido. Parte del éxito electoral del capital político está condicionado por un conjunto de condiciones ligadas al campo partidario y político en general, así como también a las expectativas y demandas de los electores en un momento dado. La primera condición de posibilidad de acumulación y valorización de capital político de De la Rúa estuvo fundada en las características del propio partido. Las virtudes de honestidad, intransigencia, mesura y respeto institucional, a partir de las cuales De la Rúa fundó su reconocimiento público, son, en realidad, valores defendidos históricamente por el partido y asociados a diversos dirigentes (Illia, Balbín, Alfonsín). Sin duda, sería más difícil que un candidato del peronismo reivindicara con éxito esos valores como estrategia de crecimiento interno. En segundo lugar, la eficacia del discurso de De la Rúa estuvo ligada a la división y desmovilización del partido en los primeros años de la década del noventa. Con las denuncias de pactos secretos entre dirigentes, de la existencia de aparatos y de intereses propios de los políticos, De la Rúa les devolvía a los electores descreídos del partido la misma imagen desencantada del partido que los propios electores manifestaban, un tipo de estrategia antipartidaria que redundaba en una legitimación del candidato a expensas del partido. El Pacto de Olivos y las denuncias de corrupción ligadas al menemismo operaron como una cuarta condición de posibilidad para el crecimiento de la figura de De la Rúa a partir de 1995. A mediados de 1996 y en vistas a la elección de intendente porteño, el reconocimiento de De la Rúa logró su máximo esplendor en la medida en que políticos, periodistas y agentes internacionales demandaban mayor honestidad por parte de los representantes políticos, como consecuencia de los nuevos escándalos del gobierno nacional y la denuncia de mafias de Cavallo. En un contexto en el cual la campaña giraba en torno del problema de la corrupción nacional y la honestidad de los candidatos porteños, y en el que los informes de Transparency Internacional provocaban debate entre periodistas y políticos (*La Nación* 6/6/ 1996), el capital político acumulado por el candidato radical encontró unas condiciones extraordinarias para volverse efectivo. En las elecciones a intendente y estatuyentes de 1996, De la Rúa obtuvo el 39,8% de los votos, mientras que los candidatos partidarios a estatuyentes sólo cosecharon el 27,2 %, resultando vencedor el Frepaso con el 34,7%. Con un lenguaje propio, los militantes de la Juventud Radical caracterizan el triunfo a la intendencia y la derrota de estatuyentes: "*Gana De la Rúa y pierde el partido*" (*La Nación* 27/ 6/96). La fórmula expresaba la disociación entre la legitimidad del partido y la del candidato. Como sostiene Novaro (2002:49), esta divergencia entre liderazgo público y partidaria se volverá un fuerte elemento de tensión al interior de la misma coalición.

10.2 Las distintas configuraciones de la ALIANZA en el período electoral

La Alianza entre la UCR y el Frepaso se formalizó el 2 de agosto de 1997. El grupo que le dio forma a la coalición y que tomará las principales decisiones de poder en la primera etapa de formación fue el llamado Grupo de los Cinco, integrado por De la Rúa, Alfonsín y Terragno, por parte de la UCR, y Meijide y Álvarez por el Frepaso. Este grupo inicial representó la integración entre ambas fuerzas políticas; fuera de este núcleo, las relaciones entre los partidos no llegaron a institucionalizarse. Es decir que fue casi el único espacio de interrelación entre los miembros. En lo que respecta a su conformación, el mismo estaba integrado por posibles candidatos a presidente; los medios lo denominaban el grupo de "los cinco presidenciables" (*Clarín* 8/9/97). Como resulta evidente, la competencia y la lucha más o menos encubierta entre los integrantes estuvieron presentes desde el inicio de la formación. Al interior del grupo las relaciones eran más o menos horizontales, ya que ninguno de los miembros respondía a otro, y verticales respecto a los partidos que componían la coalición, porque sus dirigentes principales conformaban el núcleo central de cada partido. La Alianza fue un acuerdo de cúpula situado por fuera y por arriba de las dos fuerzas, lo que sin duda dotó de cierta autonomía a los distintos referentes de la coalición frente a los demás dirigentes de cada una de las agrupaciones. Esto generó una constante tensión entre los precandidatos y los referentes partidarios, ya que los primeros buscaron aislarse de las presiones partidistas y presentarse como garantes de la coalición, lo que terminó afectando la integración y consolidación de la nueva fuerza política (Novaro, 2002:58).

Entre agosto y octubre de 1997, la naciente coalición atravesó su periodo formativo, superando conflictos internos y externos. Las disputas internas giraban principalmente en torno a la definición de las candidaturas, y las externas, sobre la manera de presentar a la Alianza como una fuerza opositora capaz de derrotar al PJ y gobernar el país. Las primeras definiciones del gobierno frente a la coalición fueron, justamente, la supuesta falta de programas y de capacidad para gobernar. Menem afirmó que con la Alianza hacía peligrar la estabilidad, y que los dirigentes eran incapaces de gobernar (*Clarín*, 6/9/97, 10/9/97, 20/9/97). Como respuesta a los desafíos planteados por el oficialismo, los líderes de la coalición respaldaron públicamente la convertibilidad, negaron un cambio del modelo económico si llegaban al gobierno y solicitaron a Alfonsín que modere sus críticas al plan económico. Por otro lado, la discusión sobre las candidaturas se aplacó hasta las elecciones. El triunfo del 28 de octubre en la Capital Federal y la Provincia de Buenos Aires ratificó y selló la alianza entre ambas fuerzas, una vez probada la efectividad de la estrategia.

Pasadas las elecciones de octubre, el espacio político que compartía el grupo de los cinco comenzó a reorganizarse. El primer cambio estuvo relacionado con la finalización del mandato de Terragno al frente del Comité

Nacional de la UCR, cargo que disputarían Rozas y Moreau. Era en calidad de Jefe partidario que Terragno participaba del grupo, y terminado su mandato no se sabía qué lugar ocuparía dentro de la mesa de conducción, aunque él mismo se postulaba como un candidato presidenciable (*Clarín* 11/11/97).

En lo que respecta al comando partidario, Alfonsín propone como candidato a presidente del partido a De la Rúa, quien acepta el cargo[33]. Con la consagración, el intendente capitalino mejoraba sus chances de ser el candidato radical de la coalición. Para fines de 1997, De la Rúa y Meijide aparecían como los principales candidatos de la coalición para competir por la presidencia y vicepresidencia de la nación, y el resto de las candidaturas se habían ya desdibujado. La salida de Terragno y la presidencia del partido le permitieron a De la Rúa ganar posiciones internas y externas, asegurando su postulación como candidato para la interna con el Frepaso.

Durante los primeros de meses de 1998, el conflicto entre ambas agrupaciones se fue agudizando, a medida que se iban plasmando las candidaturas presidenciales, lo que llevó a que el Grupo de Cinco perdiese el carácter organizador de la coalición. A lo largo de 1998, serán principalmente Álvarez y a Alfonsín los que coordinarán acciones y acercarán posiciones en momentos de tensión, con motivo de las internas. En términos generales, la disputa entre De la Rúa y Meijide giró en torno a la representación de los valores éticos de la coalición, la capacidad de mantener unida la Alianza y de gobernar. Con el apoyo del aparato partidario, De la Rúa triunfó en los distritos del interior el país, mientras que Meijide cosechó sus principales apoyos en la Capital Federal, donde obtuvo la mayoría en las 28

---

[33] L. Moreau acusó a Alfonsín de frenar un proceso de renovación del partido. Según el dirigente de Buenos Aires, Alfonsín vislumbró una pérdida de poder interno debido al recambio generacional que implicaba su candidatura a la presidencia del partido y optó por "poner a De la Rúa" (17/11/97).

circunscripciones. El Frepaso triunfó por amplio margen en los barrios tradicionales de clase media donde el radicalismo solía conseguir anteriormente sus apoyos tradicionales, mientras que, tanto en las zonas del norte como del sur, la ventaja sobre De la Rúa fue menor (*Clarín* 31/11/98)[34].

El 8 de diciembre de 1998 se proclamó la fórmula De la Rúa-Álvarez. A partir del lanzamiento, las decisiones respecto a la coordinación de la Alianza y la orientación de la campaña electoral comenzaron a tomarse centralmente por los candidatos. El resto de los dirigentes con los que anteriormente compartían cuotas de poder comenzaron a perder posición. Así, los liderazgos de Terragno, Alfonsín y Meijide comenzaron a desvanecerse, al tiempo que crecía el protagonismo de la fórmula presidencial. Una consecuencia inmediata del reacomodamiento del espacio fue la renuncia de Alfonsín como coordinador del IPA (Instituto Programático de la Alianza), lugar que ocuparía posteriormente Terragno. Por su parte, De la Rúa se había rodeado de un grupo propio que comenzaba a planificar las acciones de gobierno, por lo que el IPA perdió el sentido que le había dado origen. Sin dudas, De la Rúa consideraba que si los miembros del Instituto coordinado por Alfonsín planificaban las medidas gobierno, esto suponía un mayor poder de Alfonsín en la toma de decisiones e, indefectiblemente, una pérdida del suyo.

Como parte de la reorganización de las posiciones en el espacio de la Alianza, De la Rúa y Álvarez propusieron la creación de una Mesa Federal que remplazara al Grupo de los Cinco. La misma sería coordinada por los candidatos y estaría integrada por dirigentes de las provincias. Si bien dicha organización nunca llegó a funcionar, la propuesta

---

34 Un militante del Frepaso comentaba irónicamente que el traspaso de votos de la UCR al Frepaso era tan lento fuera de la Capital que en el 2011 recién ganarían en Chaco (*Clarín* 30/11/98).

de los candidatos ratificaba su decisión de cerrar el juego y monopolizar la toma de decisiones al interior de la coalición.

La campaña presidencial de la Alianza giró en torno a distintos aspectos. En primer lugar, los candidatos a presidente y vicepresidente se presentaban como garantes de valores éticos y republicanos frente a la corrupción y avasallamiento institucional del menemismo. En segundo lugar, el discurso económico de la Alianza estuvo basado en la defensa de la convertibilidad y la estabilidad. En lo que respecta a demandas sociales, los ejes estuvieron puestos en combatir el desempleo y la pobreza. Todos estos manifiestos eran, en realidad, declaraciones de principios más que programas consistentes de gobierno. El programa de la Alianza, redactado por el IPA, no tuvo el carácter unificador de ideas y propuestas que esperaba Alfonsín ni acompañó la campaña electoral[35].

A partir de la asunción del gobierno, la Alianza tomó una nueva forma. De la Rúa y Álvarez se rodearon de un grupo de ministros y colaboradores y decidieron las primeras medidas de gobierno. La suba de impuestos, la Ley de Reforma Laboral y el ajuste fiscal del mes de junio, que recortaba las jubilaciones y salarios a empleados públicos, fueron las principales medidas de gobierno en los primeros meses. Si bien el ajuste generó algunas críticas de diputados aliancistas, no hubo fisuras en la cima de la Alianza.

La configuración de la Alianza en este período puede caracterizarse como una configuración de relaciones poco institucionalizadas. El grupo formativo de la coalición no estableció ni fijó ningún tipo de objetivos claros ni tampoco

---

[35] Si bien la redacción del programa estuvo coordinada por Alfonsín, el mismo fue realizado por intelectuales más o menos desconectados de la campaña y por fuera de la toma de decisiones de la fuerza. Programa y acciones marcharon más o menos separados. En general, las ideas más provocativas fueron sacadas del programa, debido a la presión de los candidatos, por lo que para los propios redactores terminó resultando un programa bastante conservador y de poca audacia política (*Clarín* 25/5/99).

formas de resolver los conflictos o diferencias (Ollier 2001). En realidad, la organización del grupo y sus relaciones de poder interno fueron variando en función de las candidaturas y la dinámica electoral. Por otro lado, la autonomía de los líderes respecto a sus partidos les permitió tomar decisiones de forma cerrada y corporativa, justificándolas por la necesidad de convivencia con el otro sector. En la medida en que la pertenencia a la cúpula situaba a los jefes por fuera de los cuestionamientos y las luchas de las agrupaciones, no se orientó ninguna forma de integración más amplia. Si la Alianza pudiera graficarse, la misma tendría la forma de dos pirámides que sólo se superponen y se relacionan en la cima. Está integración deficitaria de los partidos posiblemente se debió más a la necesidad de los jefes de resguardar sus posiciones que a diferencias culturales e ideológicas entre los partidos. En la medida en que la integración se realizó sólo en la cúpula, la agrupación de ambos partidos no resistió la separación de los dirigentes. Esta configuración de vínculos débiles, poco institucionalizada y signada por el enfrentamiento interno no pudo enunciar más que una serie de principios generales de gobierno.

10.3 La Alianza contra sus votantes

Sin duda, pocos ejemplos hay en la historia nacional de un gobierno que haya tomado un conjunto de medidas y de acciones que fueran tan directamente en contra de los intereses, valores y demandas de sus votantes como lo hizo la Alianza. Votantes, además, con ciertas particularidades. El voto a la Alianza en la Capital Federal provino, centralmente, de un conjunto de electores de clases medias con vínculos débiles con los partidos de la coalición, cuyos votos no respondían a identificaciones partidarias fuertes y no guardaban grados importantes de lealtad a los líderes políticos. Este tipo de elector es proclive a retirar los apoyos dados anteriormente. Si bien pensar el intercambio entre gobierno y electores como una pura relación de "oferta y demanda" de bienes políticos resulta siempre limitado, dado que existen tradiciones e identificaciones políticas que influyen en esa relación, la Alianza encontró, sin embargo, condiciones en la cuales esa relación pura se acercaba al tipo ideal, debido a las particularidades del electorado porteño: un electorado con demandas individuales, sin una tradición de cultura política-partidaria, y reflexivo a la hora de emitir su voto.

El gobierno inauguró su gestión con un fuerte recorte de gastos y un aumento de los impuestos, que impactaron principalmente en las clases medias y contribuyeron a disminuir sus ingresos y aumentar sus gastos. En primer lugar, gran parte del recorte del gasto pasó por el sistema previsional y representó una poda a las jubilaciones de más de 3.100 pesos (*Clarín* 17/12/99). En segundo lugar, se aprobó una suba y extensión del impuesto a las ganancias a partir de sueldos mayores a 1.300 pesos, y un aumento del IVA a vinos, gaseosas, artículos de tocador y telefonía celular (*Clarín* 10/12/99). Pese a las dimensiones de la suba de impuestos, toda la cúpula de la Alianza y la mayoría de sus diputados defendieron las medidas, arguyendo que eran la única alternativa posible para lograr el crecimiento (*Clarín* 3/12/99).

En mayo de 2000, y a sólo cinco meses del recorte anterior, el gobierno impuso un nuevo paquete de medidas basadas en un recorte sobre el gasto público cercano a los 600 millones de pesos, con el fin de cumplir con los compromisos de la deuda externa para el resto del año. El recorte supuso una rebaja salarial a los empleados públicos del 12%, la anulación de contratos de personal del Estado y un plan de retiro voluntario. A diferencia del recorte anterior, que había sido apoyado por la totalidad del espectro político de la Alianza, este segundo ajuste fue rechazado públicamente por diputados del Frepaso y la UCR, entre los que se contaban Alicia Castro, Alfredo Bravo y Elisa Carrió. Estos diputados apoyaron la marcha de repudio al FMI y las movilizaciones de los gremios estatales (*Clarín*, 04/06/

00). Si bien la UCR y el Frepaso apoyaron las medias en el Congreso, Carlos Álvarez y algunos dirigentes radicales, como Jesús Rodríguez, habían manifestado la necesidad de realizar un ajuste más equitativo.

Si las medias económicas del gobierno generaban un creciente malestar y rechazo que se evidenciaba en el aumento del conflicto social expresado mediante cortes de ruta y movilizaciones sindicales, la Alianza tampoco logró satisfacer las expectativas ligadas al mejoramiento de la transparencia y la lucha contra la corrupción. El escándalo de los supuestos sobornos pagados por el gobierno para que los senadores votaran la reforma laboral desilusionó a los electores que habían sido movilizados por la promesa de una mayor ética pública. La posterior renuncia del vicepresidente y la desarticulación de la Alianza terminaron diluyendo la legitimidad del gobierno. La cuestión de las coimas en el Senado no fue un hecho más en la suma de tropiezos que cometió la Alianza, sino que contribuyó a minar la confianza depositada en los líderes, que habían construido su reconocimiento sobre la base de la transparencia de la gestión de gobierno. Tanto el capital político de Álvarez como el de De la Rúa consistían en ser símbolos de la lucha contra la corrupción.

En marzo de 2001, y luego de la renuncia de Ministro de Economía José L. Machinea, De la Rúa dio un fuerte respaldo al nuevo ajuste de las cuentas fiscales anunciadas por el nuevo ministro R. López Murphy. El paquete de medidas incluía fuertes recortes al presupuesto educativo, lo que motivó las renuncias del Ministro de Educación H. Juri, del Interior F. Storani y de Desarrollo Social M. Makón. Estas renuncias determinaron el fin de la Alianza como oficialismo; gran parte de los dirigentes que habían formado la coalición pasarán a ser parte de la oposición al gobierno, como Storani, Terragno y Fernández Meijide. Por otro lado, las medidas anunciadas generaron amplias movilizaciones de los gremios docentes y de estudiantes universitarios, que terminaron generando la renuncia del ministro, pese al fuerte respaldo del FMI y de los empresarios argentinos (*Clarín* 6/3/01). Luego de la llegada de Cavallo, se profundizaron las críticas de la UCR y el Frepaso a las medidas económicas del gobierno. El proceso de desintegración de la Alianza culminó con una oposición franca de los candidatos del espacio a De la Rúa y Cavallo en la campaña para las elecciones legislativas de octubre de 2001.

En resumen, un conjunto de medidas económicas y acciones políticas de la Alianza tendieron a minar la confianza activa de sus electores. Las medidas de ajuste y suba de impuestos primero y el congelamiento de los ahorros después fueron contra los intereses económicos de las clases medias, mientras los escándalos y denuncias de corrupción tendieron a impactar en los valores de los electores que habían motivado parte del apoyo de la coalición. Por otro lado, la desorganización del espacio político de la Alianza y su fragmentación tendieron a aumentar la desconfianza en el gobierno ya que buena parte de sus principales referentes se constituían como parte de la oposición.

10.4 Octubre de 2001. La negación de la delegación política

En octubre de 2001, el gobierno debió enfrentarse a la coyuntura electoral sin haber cumplido los objetivos propuestos e, incluso, contradiciendo algunos de los principios fundacionales de la Alianza, como el de llevar adelante una administración sin escándalos de corrupción. En este marco, los sondeos anteriores a los comicios comenzaron a registrar una creciente cantidad de votantes que declaraban que no asistirían a votar o que lo harían en blanco. La tendencia fue ampliada y publicitada por los medios de comunicación, y generó debates periodísticos y televisivos. En particular, el diario *Clarín* publicó distintas notas referidas al fenómeno al que el mismo diario bautizó como "voto bronca" y del cual comenzaron a tratar diversos columnistas[36]. Así, una parte del fenómeno fue definido antes de su aparición, condición que, sin duda, contribuyó a darle forma. Una vez registrado el posible aumento de votos blancos y nulos, la publicitación y presentación del mismo como una tendencia tuvieron un efecto performativo. Al mismo tiempo, y en particular al nominarlo como "bronca", el diario *Clarín* impuso una definición del voto basada en el rechazo y enojo contra la clase política (*Clarín* 3/9/2001, 7/10/2001, 14/10/2001). Como respuesta al posible voto bronca y la abstención, los diferentes candidatos salieron públicamente a criticar esas manifestaciones, calificándolas como perniciosas para la democracia (*Clarín* 8/10/2001, 9/10/2001). Esto también contribuyó sin dudas a generar aquello que se quería evitar. Claramente, este fue con contexto en el cual las profecías autocumplidas que propone Merton tendieron a funcionar.

En el marco del descontento general frente al gobierno de la Alianza y de publicitación por parte de periodistas, encuestadores y políticos de un rechazo generalizado a la clase política, los candidatos aliancistas optaron por una estrategia opositora, que generó más confusión. En las internas de agosto, Terragno había ganado como candidato a diputado en la Ciudad y Moreau, en Buenos Aires, apoyado por el exministro Storani, ahora como presidente del partido en la Provincia. Los candidatos de la Alianza en la Ciudad y la Provincia se presentaban con un discurso opositor a las medidas del De la Rúa y a la política económica de Cavallo. Durante la campaña, las principales críticas de los candidatos Aliancistas se dirigieron al ministro Cavallo y a las medidas de ajuste aplicadas. Por su parte, las listas cavallistas de la Ciudad fueron en alianza con el menemismo, reivindicando la política oficial y postulando a Horacio Liendo como diputado. En la oferta del campo, los roles se

---

36 Para un análisis de las elecciones de 2001 a nivel nacional, véase Vilas (2001); Basset (2003) y Perissé (2011).

habían invertido: los partidos de gobierno actuaban como oposición y algunos partidos de "oposición" defendían la gestión de gobierno.

Las demandas insatisfechas que la propia coalición había contribuido a crear, la publicitación del voto bronca como castigo a la "clase política" y la oferta contradictoria del campo contribuyeron en distinta medida al voto nulo, la mayoría de los cuales se registraron en la Capital Federal y en algunas capitales de provincia. Como sostuvieron diversos autores, en el área metropolitana el voto nulo provino centralmente del traspaso de votos de la Alianza y en menor medida del peronismo (Escolar; Calvo; Calcagno; Minvielle, 2002:16).

Como expresión del voto nulo, se utilizaron numerosas boletas con personajes de historietas como Clemente, incapaz de robar, ya que no posee brazos, próceres como San Martín y Belgrano e, incluso, Bin Laden. El voto anulado da a entender que el elector decidió participar de los comicios, dejar en claro su decisión de no votar por ninguna de las ofertas partidarias y, además, mostrar una expresión de descontento y rechazo. Estos elementos diferencian el voto nulo de la simple abstención y del voto en blanco. Así, el voto nulo fue una forma de evitar la abstención, que supone una forma de renuncia a la participación, y también el voto en blanco, ligado a una falta decisión y expresión. En este sentido, el voto nulo puede ser definido como una forma activa de no-elección y, por lo tanto, un rechazo y negación de cualquier forma de delegación para representar y hablar en nombre de los electores. Es un tipo de acción política que niega más o menos conscientemente la posibilidad de representación partidaria, invalidando así que un sector del campo político lo reivindique como apoyo propio. Sin dudas, resulta una forma de acción paradojal, en la medida en que utiliza el voto (acto por excelencia de la representación) como expresión política para negar la delegación. En este sentido, el voto nulo puede ser definido como una impugnación, no tanto a la democracia o a las elecciones como al monopolio de la representación de los políticos y de los partidos en una coyuntura dada. Ahora bien: si, como afirmamos antes, la insatisfacción frente al gobierno, la publicitación de los diarios y la oferta política contradictoria contribuyeron al voto bronca, el mismo debe comprenderse a partir del debilitamiento de las identificaciones partidarias que promovían un votante reflexivo que sopesaba diversas alternativas como la abstención y el voto en blanco.

10.5 El ARI: un partido de Cámara

El 27 de diciembre de 2000, se conforma el movimiento ARI (Argentinos por una República de Iguales), integrado por los diputados aliancistas disidentes Elisa Carrió, Héctor Polino, Alfredo Bravo, Jorge Rivas y Osvaldo Álvarez Guerrero (*Clarín* 26/12/2000). En el primer comunicado del movimiento llamaron a "terminar con el Estado mafioso, que ha penetrado en todas las estructuras de la administración, y devolver al mismo su función de gestión del interés general de la Nación" (*Clarín* 27/12/00). Los diputados socialistas y radicales no tenían un conjunto de propuestas detalladas para presentar en la Cámara y sólo los unificaba el rechazo al oficialismo y las políticas de ajuste. En abril de 2001, el grupo conforma un bloque propio en la Cámara, al que se suma el diputado por el peronismo de Entre Ríos J. D. Zacarias. En la conferencia, Carrió realizó críticas a Cavallo y declaró su intención de seguir en la UCR (*La Nación* 18/04/01). La primera formación del ARI se produce en un contexto de crecientes disidencias internas en el oficialismo y de disgregación del conjunto de diputados aliancistas. Para mediados de año, el bloque ARI se convierte en la tercera fuerza en la Cámara, superando al partido de Cavallo, producto de la suma de diputados disconformes con la política de la Alianza. En sus inicios, la coalición entre los socialistas y Carrió puede ser definida como un "Partido de Cámara", organizado y compuesto por diputados, cuya principal actividad política consiste en discursos y manifestaciones de los diputados.

En vistas de las elecciones de octubre, se producen los primeros conflictos entre el Socialismo Democrático y Carrió en torno a la incorporación de peronistas y frepasistas a las listas del ARI. Mientras los primeros proponían una estrategia más cerrada y purista, la diputada bregaba por incorporar la mayor cantidad de peronistas y radicales disidentes, siempre que no pesaran sobre ellos denuncias por corrupción. En parte, estas posiciones pueden comprenderse a partir de la relación de fuerzas al interior del movimiento, donde conviven un partido completo con estructura nacional (Socialismo Democrático) y un conjunto de radicales, peronistas y frepasistas que rodean a Carrió. Así, los primeros prefieren un cierre que no ponga en riesgo sus candidaturas, mientras que los otros luchan por la apertura, para ganar espacios al interior del movimiento ARI. El creciente protagonismo de Carrió en la Comisión de Lavado de Dinero en la Cámara y sus reiteradas denuncias y enfrentamientos con políticos acusados de corrupción fueron posicionándola como una de las dirigentes con mejor imagen positiva en las encuestas, lo que contribuyó a mejorar su capital en las disputas internas con el socialismo (*La Nación* 9/09/01). En las elecciones de octubre, el ARI logró el segundo lugar en diputados y el tercero en senadores en la Capital, y a nivel nacional quedó ubicado como el tercer partido más votado.

A lo largo de 2002, Carrió ensaya distintas estrategias de coalición con otros sectores. Primero, lanza la propuesta para la renovación de todos los mandatos en las elecciones de 2003 junto a N. Kirchner y A. Ibarra. Este frente, sin embargo, se dividiría al poco tiempo (*Clarín* 14/7/02). Luego, en agosto, el ARI convocó a diversas movilizaciones para exigir la caducidad de todos los mandatos junto a la CTA, Autodeterminación y Libertad y sectores de izquierda como el Partido Obrero, bajo la consigna "para que se vayan todos". Sin embargo, la convocatoria no dio resultado y los miembros convocantes se dividieron (*Clarín* 20/09/02). Así, a lo largo del año Carrió intentó diversos frentes, otorgándoles distintos perfiles políticos del movimiento. Recién a fin de año, y en pleno conflicto con los socialistas[37], el ARI relanzó a la diputada como candidata a presidente, presentó unas bases programáticas, y logró constituirse como partido nacional (*Clarín* 10/11/02). A principios de 2003, se completó fórmula con R. Gutiérrez, proveniente del Partido Conservador Demócrata de Mendoza. Aunque el partido mendocino acompañaba a L. Murphy, la alianza con Gutiérrez buscaba captar los votantes moderados y conservadores del interior, ya que se esperaba que la candidata cosechara los apoyos de centroizquierda en la Capital.

En las elecciones de 2003, el ARI se ubicó segundo en la Capital Federal con el 19% de los votos, por detrás de L. Murphy, quien logró poco más del 25%. Una parte considerable de los apoyos a Carrió provino de los electores que, como vimos, habían votado a la UCR y al Frepaso en elecciones anteriores. Pero esos apoyos no pueden ser caracterizados como provenientes de votantes radicales descontentos, o de una parte del electorado radical. En realidad, dicho electorado había dejado de tener consistencia y de existir como tal en octubre de 2001. En este sentido, más que dividir el voto radical, el ARI contribuyó a desmonopolizar los atributos del partido, en la medida en que utilizaba algunos de los valores y demandas históricas de la UCR contra el partido. Si, en un primer momento, las principales críticas y denuncias de Carrió se centraron en Menem y los funcionarios menemistas, a medida que el ARI se fue afianzando como partido competitivo, las mismas se

---

[37] Los socialistas, como posteriormente la rama peronista que conducía D. Gullo, se alejaron del partido acusando a Carrió de autoritaria. Más allá del carácter de la líder, el ARI no logró establecer mecanismos de resolución interna de los conflictos, en particular en el reparto de las candidaturas, lo que terminaba provocando la salida de aquéllos que no eran elegidos para ocupar los lugares.

extendieron a la UCR y a los principales candidatos, como Alfonsín y Moreau. El ARI se conformó como un partido de Cámara, basado en la denuncia y la acusación pública, y mantuvo esos rasgos a lo largo de sus primeros años. A partir de 2003, el espacio liderado por Carrió perderá protagonismo político. En el ARI se irían agudizando dos tendencias que confluirían en una crisis del espacio: el desdibujamiento del perfil de centroizquierda y la divergencia entre el liderazgo de Elisa Carrió y los sectores más institucionalizados del armado en la Ciudad. La incorporación de Olivera, el posicionamiento en el Juicio Político y en ciertas sesiones en la Cámara de Diputados y, como broche de oro, la desafiliación de la propia líder del partido para conformar una coalición con otras fuerzas políticas y sociales confluyeron en volver difusas las certidumbres básicas respecto de cuál es el lugar de Elisa Carrió en el juego de fuerzas de la Ciudad, lo que llevó a una profunda sangría de referentes del partido (Mauro, 2007:13).

10.6 Recrear: una asociación de pequeños partidos

En mayo de 2002, Ricardo López Murphy lanza su candidatura presidencial con vistas a los comicios del año siguiente. A diferencia de Carrió, el exministro de la Alianza comienza desde el llano, ya que no ocupaba cargos públicos y tampoco se había formalizado en torno a él un partido o una coalición de partidos. En sus primeras declaraciones como candidato, L. Murphy manifestó la necesidad de establecer reglas claras, generar previsibilidad, cumplir la ley y construir una opción política contra el populismo (*Clarín* 13/5/02). Recrear Argentina, la coalición de partidos que terminará llevando al exministro como candidato, mantendrá esas claves discursivas. Por un lado, un conjunto de propuestas basadas en la necesidad de orden y previsibilidad, y, por otro, una clara oposición al peronismo. El líder de Recrear intentará posicionarse como la única opción no peronista en las elecciones de 2003.

En términos organizativos, Recrear se conformó como movimiento federal en coalición con diversos partidos provinciales que le otorgaron una amplia base territorial, tales como el Movimiento Popular Fueguino, Demócratas de la Capital, Renovadores de Salta y Demócratas de Mendoza (*Clarín* 28/07/02, 29/07/02, 29/09/02). Además, sumó diversos dirigentes provenientes de partidos, básicamente, conservadores y de la UCR. Por otra parte, L. Murphy buscó posicionarse como una opción cercana al radicalismo, para captar tanto a dirigentes disconformes con el rendimiento partidario como a votantes tradicionales de la UCR. Como estrategia, respaldaba a candidatos de la UCR como si fueran de su propio partido. Por otro lado, algunos intendentes de la UCR apoyaron al candidato de Recrear como presidente, pero mantenían la boleta radical en los cargos provinciales (*Clarín* 28/01/03). A diferencia del ARI, Recrear no incorporó a peronistas disidentes, ni reconoció en la tradición peronista un conjunto de valores importantes como sí lo había hecho Carrió. En la medida en que trataba de buscar apoyo electoral sustentado en el antiperonismo del interior, Recrear fue una coalición más tradicional y menos innovadora discursivamente que el ARI.

En las elecciones presidenciales de abril, Recrear obtuvo el tercer lugar a nivel nacional. Diferentes analistas destacaron la importancia del nuevo espacio político de centro-derecha construido por L. Murphy. En la Capital Federal, el candidato de Recrear obtuvo el primer lugar con el 25% de los votos, un triunfo considerable que lo posicionaba como un dirigente exitoso. Pese a haber logrado un crecimiento abrupto en las encuestas en las semanas anteriores a la elección, y conquistado un espacio político con representación nacional, el partido y la figura del exministro sufrieron un retroceso luego de la elección. En las elecciones para intendente en la Capital y para diputados en la provincia de Buenos Aires, L. Murphy decidió no ser candidato para dedicarse a conformar un partido organizado a nivel nacional. Las derrotas de P. Bullrich en la Ciudad y de H. Lombardi en Buenos Aires eclipsaron el crecimiento del espacio. Los resultados pusieron en evidencia la fluidez del electorado de la Capital que, si bien se había manifestado a favor de L. Murphy, no apoyaba a los candidatos del partido. Además, en la Capital se había deteriorado el antiperonismo de los electores, lo que limitaba el arraigo de Recrear en la Ciudad.

Por otro lado, posiblemente una parte de la desintegración de Recrear deba buscarse en la organización misma del espacio, conformada con pequeños partidos provinciales que luego de la elección buscaron nuevos alineamientos. A diferencia del ARI, que se conformó con dirigentes cuyo costo de salida resultaba más alto en la medida en que no encontraban un nuevo espacio político, los dirigentes provinciales que rodearon a L. Murphy no dependían de Recrear para lograr ganar elecciones en sus territorios o de la cercanía de su líder para obtener reconocimiento.

10.7 Conclusión: el fin de un partido con sustento en las clases medias

El campo partidario de la UCR estaba disuelto antes de la formación de la Alianza. En 1997 ya no existían tendencias internas más o menos articuladas en función de la lucha política para acceder al monopolio del partido, ni consensos mínimos sobre lo que era y a quien representaba la UCR. El grupo de dirigentes que apoyó la alianza con el Frepaso terminó de afianzarse como producto de la misma coalición y mantuvo bastante autonomía respecto del resto del partido a lo largo de la carrera por las elecciones presidenciales. Luego del triunfo en las legislativas de 1997, la UCR aceita sus mecanismos como aparato electoral, pero no resuelve sus falencias partidarias. Incluso la estrategia misma de la Alianza no se impone a nivel nacional y ni siquiera los gobernadores radicales se integran con el Frepaso. El éxito electoral de la coalición veló en parte las diferencias ideológicas al interior de la coalición y de los mismos dirigentes de la UCR. A poco de andar, el gobierno de la Alianza mostró las debilidades internas del grupo de gobierno que comenzó a desintegrarse en plena gestión. Antes de las elecciones de octubre 2001, una parte del oficialismo, que había asumido en 1999, se encontraba ya en la oposición al gobierno.

La Alianza había logrado un vínculo con sus electores basado en la confianza, que comenzó a diluirse con las primeras medidas. Dicha confianza estaba depositada en los principales referentes como De la Rúa y Álvarez más que en las organizaciones políticas de la coalición. El gobierno que comenzó en 1999 no sólo faltó a las pocas promesas que había realizado a sus votantes, sino que fue directamente contra los intereses económicos y demandas políticas de los mismos cuando afectó sus ingresos, gravó sus consumos, generó uno de los escándalos de corrupción más importantes, y terminó aliándose con el menemismo y congelando los ahorros de la clase media. Si, como mencionamos, la mayoría de los electores tradicionales de la UCR se había desvinculado del partido a fines de la década del noventa, la gestión de la Alianza terminó gestando un rechazo masivo a la cúpula partidaria y a toda la dirigencia política en general. A partir de estas acciones de gobierno y de las condiciones de confianza previa puede comprenderse, en parte, la negación expresa de los votantes a delegar la representación en 2001 y el posterior retiro de los apoyos a la UCR en la Capital Federal. En las elecciones de 2003, la UCR obtuvo el 0,8% de los votos, la cifra más baja de su historia en el distrito y, si bien durante la primera década pudo elevarse algunos puntos más, dejó de ser un partido competitivo para ganar elecciones en el distrito.

Los desprendimientos de la UCR como ARI y Recrear tomaron algunos de los núcleos discursivos del partido centenario, como la lucha contra la corrupción, la defensa de la ética y los valores democráticos, así como también la defensa del orden y la ley. En la medida en que estos partidos reivindicaron algunos valores políticos tradicionales de la

UCR, pero por fuera de la estructura partidaria, contribuyeron a disolver la unidad simbólica de la marca Unión Cívica Radical. De esta forma, el partido perdió el monopolio simbólico de la representación de ciertos valores que lo habían caracterizado, y formaban parte de *su razón de ser* como organización, como sostuvo Malamud (1994:3). Luego del fracaso rotundo en las elecciones presidenciales de 2003, la UCR ensayó diversas alianzas electorales a nivel nacional y en las provincias, pero no logró reconstituirse en la Capital Federal, donde el voto de las nuevas clases medias se dispersó hacia varias opciones electorales. Con la división del partido y la disgregación de su base electoral se diluyó el vínculo partido-clase social que había caracterizado a la UCR de la Capital Federal desde mediados del siglo XX.

Resumen y comentarios finales

El problema central que organizó esta investigación puede definirse como el proceso de desvinculación electoral de las clases medias de la Unión Cívica Radical en la Capital Federal entre 1989 y 2003. La investigación estuvo orientada a comprender el cambio de conducta electoral, relacionando las transformaciones que se dieron en las disposiciones, creencias y actitudes de los votantes tradicionales del partido con las posiciones sociales y la organización partidaria. De esta manera, se buscaba lograr una interpretación compleja del fenómeno que relacione los distintos elementos del problema: clase social, electores fieles y partido político.

A partir de la definición de estas relaciones, la primer parte de la investigación se concentró en los cambios de la composición, los estilos de vida y el comportamiento político de las clases medias. Luego de identificar algunas transformaciones estructurales, en los capítulos centrales abordamos las creencias y actitudes políticas de los electores de la UCR y su transformación a lo largo del período de estudio. En las partes finales, describimos los cambios que tuvieron lugar en la organización interna de la UCR y sus posiciones en el espacio político.

La hipótesis teórica que organizó la indagación supuso que el voto recurrente de los electores de clases medias a la UCR estaba orientado por un conjunto de esquemas interpretativos que estructuraban las prácticas electorales y las percepciones políticas, manteniendo la identificación con el partido radical. A lo largo del libro, los diferentes capítulos fueron aportando distintos elementos para formular una interpretación al problema. El argumento central puede sintetizarse a partir de un conjunto de relaciones. Los cambios estructurales de las clases medias contribuyeron a modificar las disposiciones y creencias de los electores radicales y, por esta vía, a disolver parte de la base social de votantes tradicionales de la UCR en la Ciudad. La conversión de los electores fieles se produjo en una coyuntura en la cual el partido se encontraba dividido internamente y realizaba una interpelación contradictoria a sus votantes. La convergencia del cambio social y la crisis partidaria produjo un creciente desfasaje entre el partido y sus electores que potenció la desvinculación de los electores fieles.

1. Las transformaciones de las clases medias

Los procesos de globalización iniciados en los primeros años de la década del noventa le imprimieron un nuevo perfil socioeconómico a la Ciudad de Buenos Aires. La ampliación del comercio internacional, la modernización tecnológica, el crecimiento de las inversiones de empresas transnacionales y la tercerización de las actividades, entre otros fenómenos ligados a la interconexión global, tendieron a producir una reconfiguración del espacio social que alteró la morfología de las clases medias de la Ciudad. El cambio morfológico puede definirse como un doble proceso que supuso la desaparición de ciertas categorías socioprofesionales y el desarrollo de nuevas capas acordes al cambio global. Así, en lo que respecta a la pequeña industria, se contrajeron notablemente los sectores tradicionales volcados al mercado interno y florecieron los productores de bienes culturales íntimamente conectados con el mercado global. En lo que respecta al comercio, desaparecieron una parte considerable de pequeños comerciantes barriales sustentados en el trabajo familiar como consecuencia de la instalación de grandes cadenas de supermercados, muchas de ellas de origen extranjero. Por otra parte, la tercerización de actividades de las grandes firmas comerciales y de las empresas privatizadas contribuyó al desarrollo de nuevas capas profesionales orientadas a las actividades de servicios.

El extraordinario crecimiento del sector de servicios en la Ciudad produjo el crecimiento extraordinario de un campo de especialistas situados entre la producción y la comercialización de bienes, en su mayoría provenientes de nuevas carreras dictadas en institutos y universidades privadas.

El cambio morfológico de las clases medias trajo aparejado una transformación en los modos de vida de las mismas, al tiempo que aceleró procesos de más larga data. En términos generales, la transformación de los modos de vida de las clases medias puede definirse como una modernización, en la medida en que un conjunto de pautas de acción tradicionales comenzaron a redefinirse. En primer lugar, como consecuencia de la incorporación de la mujer al mercado laboral y su acceso a los niveles más altos de educación superior, se alteraron las pautas de organización familiar, particularmente la postergación del matrimonio, el aumento de la unión consensual y la disminución del número de hijos. En segundo lugar, y en paralelo al desarrollo extraordinario de los servicios en la Ciudad, una parte considerable de las clases medias redefinió sus vínculos con el Estado y se volcó hacia la cobertura de servicios privados de educación, salud y jubilaciones. Por último, la entrada de nuevos productos culturales globales y la implementación de nuevas tecnologías contribuyeron a diversificar el consumo cultural de las clases medias de la Ciudad.

Los cambios morfológicos y las transformaciones en los modos de vida impactaron en la cultura política de las clases medias, y en los valores y demandas de los afiliados de la UCR, particularmente en las generaciones más jóvenes, que eran las que motorizaban los cambios sociales. En lo que respecta a sus valores y preferencias, una parte considerable de los afiliados radicales modificaron sus posturas frente a la intervención estatal y acordaron mayor legitimidad a las privatizaciones y la reforma del Estado, aunque reclamaban un mayor control público. Por otra parte, surgieron un conjunto de demandas modernas asociadas a una mayor libertad sexual, a derechos de género, a la lucha contra la discriminación y a las problemáticas referidas al medioambiente y calidad de vida. En términos generales, definimos a estos valores y preferencias como el desarrollo de una nueva cultura política, con demandas diferentes a las de la década del ochenta.

2. Los votantes radicales y el cambio social

El sistema de percepción y evaluación de los votantes tradicionales operaba a través del reconocimiento de un conjunto de valores asociados al partido, como las virtudes cívicas de sus dirigentes, la defensa de la ley y la constitución, la intervención estatal en ciertas áreas como, por ejemplo, la educativa, y la búsqueda del progreso social. Por otro lado, gran parte de los atributos positivos de la UCR adquirían sentido a partir los valores negativos asociados al peronismo, como la corrupción, al autoritarismo y a la falta de respeto por las leyes y las instituciones. Por último, en el imaginario radical los votantes peronistas aparecían con cierta incapacidad y falta de preparación para votar. Los sistemas interpretativos de los adherentes funcionaban promoviendo explicaciones y justificaciones de los fracasos o las crisis de los gobiernos. En este sentido, son capaces de ofrecer respuestas más o menos coherentes ante las imputaciones. Más allá de los posibles desacuerdos con tal o cual medida de gobierno o posición del partido, las categorías utilizadas por los votantes para pensar la política eran capaces de mantener la adhesión partidaria con cierta independencia del desempeño partidario. La capacidad explicativa y la adaptabilidad de los esquemas interpretativos permiten comprender los mecanismos que promueven la lealtad partidaria en tanto vínculo de compromiso e identificación más o menos perdurable con una tradición política.

Al interior del electorado fiel a la UCR es posible reconocer diferentes tipos sociales de votantes, ya que las diferentes condiciones sociales relacionadas con la posición social y la trayectoria familiar daban lugar a distintas sensibilidades políticas. En primer lugar, se puede reconocer un típico votante radical ligado al comercio o al pequeño taller, que era portador de un antiperonismo conservador que impugnaba algunos derechos laborales y que, en general, asociaba al partido con la defensa del orden y la ley. En segundo lugar, un votante más progresista que reconocía en el partido una tradición popular, en algunos aspectos cercana al peronismo, y reivindicaba la defensa de los derechos políticos y la intervención estatal.

Las transformaciones estructurales mencionadas al inicio generaron una declinación de estos tipos sociales de votantes radicales. Los procesos de globalización y los consiguientes cambios que se dieron en los estilos de vida alteraron la reproducción de los tipos sociales, en la medida en que las categorías sociales en las que la UCR concentraba sus apoyos tradicionales comenzaron a desvanecerse. De esta manera, la desaparición de ciertos estratos socioprofesionales produjo la disolución de la base social de votantes de la UCR a lo largo de la década del noventa. Con la modernización del comercio y de la industria fue desapareciendo un tipo social de votante radical portador de una mentalidad más o menos reaccionaria que había basado su identificación partidaria en un antiperonismo recalcitrante. Por otro lado, también se redujo el número de profesionales de despacho de mentalidad progresista y defensores de la educación pública y la igualdad social. A medida que se diversificaba el estrato profesional, fueron apareciendo nuevos profesionales que brindaban servicios a empresas e intermediarios culturales, cuyos consumos y actividades profesionales estaban más globalizados y que carecían de vínculo con la universidad pública.

3. La conversión de los votantes fieles

Cuando indagamos a un conjunto de votantes radicales que se habían desvinculado electoralmente de la UCR en la década del noventa, encontramos que parte de las creencias que aparecían como componentes centrales de la identificación radical se habían debilitado, dando lugar a nuevos esquemas de percepción y evaluación del mundo social y político. Dichos componentes eran la creencia en el progreso y su vinculación con el partido, la pérdida de legitimidad estatal y la declinación del antiperonismo. Para lograr una interpretación más profunda del fenómeno, es necesario relacionar la conversión de estas disposiciones y creencias de los electores con el cambio social.

Una de las condiciones del vínculo entre el partido y sus electores estaba dada por la creencia compartida de que el partido podía mejorar las condiciones de vida de los electores. Aunque el partido no había realizado una interpelación específica a los intereses económicos de las clases medias, la mayoría de los electores asociaba la UCR a la lucha por el progreso y la defensa de sus derechos y garantías. Sin duda, los discursos y proclamas partidarias actuaban sobre un conjunto de disposiciones de los sectores medios y los transformaba en demandas. Dos fenómenos afectaron las expectativas de progreso de las clases medias y motivaron una creciente separación entre mejoramiento de las condiciones de vida y la política partidaria. En primer lugar, el ocaso de un conjunto de categorías tradicionales de las clases medias, que se vieron disueltas por los procesos de cambio estructural; en segundo lugar, los cambios que se dieron en la organización del trabajo y en las protecciones en el empleo, que tendieron a aumentar el riesgo y la incertidumbre. Así, el cambio social tendió a producir una mayor desconfianza de los electores sobre la capacidad del partido y de sus dirigentes para mejorar sus condiciones de vida.

Por otro lado, el cambio de los estilos de vida tendió a desdibujar la importancia acordada al Estado. Los electores radicales reconocían a la UCR como un partido promotor de la intervención estatal y defensor de ciertas políticas de Estado que priorizaban la educación y la salud. Nuevamente, aquí se pueden encontrar unas afinidades entre las disposiciones de las clases medias tradicionales y la interpelación partidaria. Las proclamas partidarias actuaban politizando un conjunto de intereses y expectativas de estos sectores. El viraje hacia el mercado privado de servicios que realizaron las clases medias porteñas a principios de la década del noventa supuso un cambio respecto a su relación con el Estado, que afectó el vínculo con el partido. Como un efecto más o menos inmediato de la creciente cobertura a través del mundo privado, las familias de clase media fueron perdiendo parte del interés en las condiciones de las escuelas, universidades, hospitales y demás tipos de prestaciones públicas. El distanciamiento con lo público trajo como consecuencia un mayor distanciamiento frente a la política partidaria.

Por último, el cambio social desarticuló los referentes y las relaciones que sustentaban las disposiciones del antiperonismo. El desarrollo de una economía de servicios globalizada supuso un cambio en la configuración de las clases y su antagonismo. En primer lugar, se agota el movimiento obrero como base del partido justicialista y aparece la nueva cuestión social centrada en la pobreza. En segundo lugar, decae la importancia de las organizaciones sindicales, al tiempo que emergen nuevos conflictos sociales. Con estos cambios, se debilitaron los componentes que le daban existencia al antiperonismo: clase obrera-movimiento sindical-Partido Justicialista. Por otra parte, las nuevas capas modernas de las clases medias no son portadoras de disposiciones políticas estructuradas en los conflictos de clase, como era el caso de los comerciantes y pequeños empresarios socializados por el balbinismo. Al transformarse los referentes y conflictos sociopolíticos a partir de los cuales se estructuraba el antiperonismo, se debilitó el sistema de relaciones que operaba en el imaginario radical, estableciendo atributos positivos y negativos entre ambos partidos. Sin los referentes y relaciones que lo sustentaban, el antiperonismo, como tradición política, perdió parte de la evidencia y efectividad de antaño a medida que se iban modernizando los modos de vida y los valores de las clases medias.

El debilitamiento de las expectativas que suponían que el partido beneficiaba a sus electores alentando el progreso social, el mayor desinterés por la política estatal que pregonaba el partido y la declinación del antiperonismo tendieron a desorganizar el funcionamiento de los esquemas interpretativos de los votantes y a erosionar la identificación partidaria. Como consecuencia directa de estos cambios, comenzó a desvanecerse la lealtad partidaria, y los electores se volvieron mucho más críticos de los dirigentes partidarios, en la medida en que la identificación política pesaba menos sobre la evaluación de los mismos. En lo que respecta a los principios republicanos, que eran propios de la tradición radical, una parte de los electores los siguió reconociendo como valores importantes, pero dejaron de asociarlos a la UCR.

El proceso de desvinculación electoral puede constatarse en los resultados de las elecciones de la primera parte de la década del noventa en la Capital Federal. La UCR perdió las elecciones legislativas de 1993, la elección de convencionales de 1994 y las presidenciales de 1995. En este período, la oferta electoral del Frepaso y del peronismo actuó sobre las identificaciones radicales debilitadas, alentando el cambio de voto. Sobre el final de la década, la Alianza logró conquistar un apoyo extraordinario en las clases medias. Pero dichos votos se sustentaban más en la confianza en los candidatos de la coalición que en las identificaciones partidarias previas, como se evidenció en 2001.

4. Las transformaciones internas de la UCR y la desvinculación de votantes

A partir del triunfo de Menem en 1989, comenzó una dura disputa interna entre Raúl Alfonsín y Eduardo Angeloz por la conducción de UCR. El primero mantuvo la conducción formal del partido en los primeros años, mientras que el segundo ejerció un liderazgo basado en los apoyos que logró conquistar con su candidatura presidencial y sus reiterados triunfos electorales en Córdoba. Ambos dirigentes serán los portavoces de la UCR durante los primeros años del menemismo y competirán internamente por la estructura partidaria. En la Capital Federal, los distintos dirigentes que comandaban líneas internas como F. De la Rúa, J. Rodríguez y M. Stubrin se plegaron a algunos de los sectores en disputa. Solamente De la Rúa pudo posicionarse en 1992 como un dirigente de peso ajeno a la rencilla de la cúpula.

La situación de doble liderazgo de partido ejercida por Angeloz y Alfonsín, y la dinámica que adquirió la lucha sobre el campo partidario y frente al gobierno impidió que el partido tuviese una posición unificada y coherente frente al gobierno y pudiera realizar un trabajo de representación consistente en las elecciones de 1991 y 1993. Efectivamente, el apoyo y rechazo conjunto a las medidas de gobierno (privatizaciones, reforma del Estado, plan de convertibilidad, presupuesto, etc.) y la incapacidad de enunciar un conjunto de medidas consensuadas llevó a que el partido no pudiera posicionarse como oposición ni como alternativa de gobierno ni como alternativa de gobierno. La creciente inconsistencia de las posturas políticas y las tomas de posición de los distintos referentes pueden caracterizarse como un avance constante de la lucha interna sobre el campo externo. Es decir, un traslado (más o menos directo) de los enfrentamientos del subcampo partidario al campo de competencia frente al gobierno y los demás partidos.

Es en esta coyuntura del campo partidario que los electores fieles comienzan a desvincularse electoralmente de la UCR. Y, si bien, la inconsistencia partidaria y el enfrentamiento de la cúpula sin dudas alentó el alejamiento de votantes, la dinámica interna y la conversión de los votantes pueden considerarse como procesos relativamente autónomos que convergen en la coyuntura, aunque posteriormente se interrelacionen.

Uno de los primeros efectos de la desvinculación electoral sobre la dinámica interna estuvo dado por la caída de la participación en las elecciones internas a partir de 1993, que trajo como consecuencia un creciente vaciamiento de las agrupaciones al interior el partido y una mayor fragmentación de las líneas internas. Así, el partido se fue disgregando desde su base hasta las cúpulas. Por otro lado, el cambio social de los electores operó debilitando el aparato de comités, poco preparado para mantener la participación de votantes más autónomos y reflexivos.

Entre 1993 y 1995, la UCR, en tanto campo de fuerzas y organización, evidenció un importante proceso de disolución expresado en la disminución de la capacidad de convocatoria de afiliados, en la creciente indisciplina partidaria, en la disgregación de los grupos internos, en la salida de dirigentes y en la pérdida de clivajes ideológicos. Esta disolución fue producto del entrelazamiento y la convergencia de fenómenos que tenían origen en la dinámica propia del funcionamiento partidario con otros vinculados directamente con la pérdida de su base social de votantes. Por un lado, las principales disputas del campo perdieron los matices ideológicos anteriores, producto del cambio en las posiciones internas. Por otro lado, la disminución de los apoyos electorales en la Capital y en el resto del país en las elecciones de 1993 y 1994 y la pérdida de capacidad de movilización de los afiliados contribuyó a la exacerbación de la lucha interna, que llevó a los dirigentes a actuar en el vacío, por fuera de las disputas que planteaba el menemismo. El resultado de la elección presidencial de 1995, en la cual la UCR se ubicó tercera, generó un recambio en la cúpula partidaria y llevó a la formación de la Alianza.

El éxito electoral de la coalición ocultó, en parte, las diferencias ideológicas de los dirigentes de los distintos partidos. Por otro lado, tampoco se lograron establecer mecanismos de integración y de resolución de conflictos internos hacia el interior del espacio. A poco de asumir, el gobierno de la Alianza comenzó a desintegrarse en plena gestión, a medida que aumentaban las disputas internas. En las elecciones de octubre 2001, una parte del grupo de dirigentes que había asumido dos años antes se encontraba en la oposición al gobierno y realizaba duras impugnaciones a la gestión económica.

La Alianza había logrado un vínculo con sus electores basado en la confianza depositada en sus principales dirigentes, que comenzó a diluirse a poco de comenzar el gobierno. Los reiterados ajustes, la suba de impuestos y los distintos escándalos de corrupción terminaron diluyendo la confianza previa y gestando un rechazo masivo a todos los dirigentes de la Alianza. Con la división de la UCR, se formaron nuevos partidos como ARI y Recrear, que reivindicaron algunos de los principios del partido centenario, contribuyendo a disolver la unidad simbólica del radicalismo. Como consecuencia de la pérdida del monopolio de un conjunto de valores éticos y republicanos que el partido supo reivindicar en el campo político y de la transformación de su base social de votantes fieles, se agota una relación entre la UCR y las clases medias porteñas que había signado la historia política del distrito desde de la década del 50.

Bibliografía

Aboy Carlés G. (2001): *Las dos fronteras de la democracia: la reformulación de las identidades políticas de Alfonsín a Menem*, Homo Sapiens, Rosario.

Abramson P. (1987): *Las actitudes políticas en Norteamérica*, Grupo Editor Latinoamericano, Buenos Aires.

Acuña M. (1998): "La crisis de representatividad de la UCR" en *Revista Argentina de Ciencia Política*, N° 2, EUDE-BA, Buenos Aires.

Adamovsky E. (2009): *Historia de la clase media argentina. Apogeo y decadencia de una ilusión, 1919-2003*, Planeta, Buenos Aires.

Aldmond y Verba (1965): *The civic Culture*, Little, Boston.

Arizaga C. (2005): *El mito de la comunidad en la sociedad mundializada: estilos de vida y nuevas clases medias en urbanizaciones cerradas*, El Cielo por Asalto, Buenos Aires.

Arizaga C. (2005b): "La construcción del gusto legítimo en el mercado de la casa" en *Bifurcaciones*, N° 5 http://goo.gl/eyqk0.

Bauman Z. (1998): *La globalización. Consecuencias humanas*, Fondo de Cultura Económica, Buenos Aires.

Basset Y. (2003): "Las elecciones en la Argentina: entre la dispersión y el voto bronca" en *Alceu*, N°6.

Beccaria L. y López N. (1996): *Sin trabajo (Las características del desempleo)*, Losada, Buenos Aires.

Beccaria L. (1995): "Cambios en la estructura distributiva 1975-1990" en Minujin, A. (Editor): *Cuesta Abajo. Los nuevos pobres: efectos de la crisis en la sociedad argentina*, Losada, Buenos Aires.

Beccaria L. (2002): "Empleo, remuneraciones y diferenciación social en el último cuarto del siglo XX" en AA.VV.: *Sociedad y sociabilidad en la Argentina de los 90*, Biblos, Buenos Aires.

Beck U., Beck-Gernsheim E. (2003): *La individualización. El individualismo institucionalizado y sus consecuencias sociales y políticas*, Paidós, Barcelona.

Beck U. (1997): "La reinvención de la política: Hacia una teoría de la modernización reflexiva" en Beck, U., Giddens A., Lash S., *Modernización reflexiva. Política, tradición y estética en el orden social moderno*, Alianza, Madrid.

Bell D. (1976): *El advenimiento de la sociedad post industrial*, Alianza, Madrid.

Berger P. (1997), "El pluralismo y la dialéctica de la incertidumbre" en *Estudios Públicos*, N° 67, Santiago de Chile, Centro de Estudios Públicos.

Binstock G. (2004): "Cambios en las pautas de formación y disolución de la familia entre las mujeres de la Ciudad de Buenos Aires" en *Revista Población*, DGEyC, Buenos Aires.

Bologna S. (2006): *Crisis de la clase media y posfordismo*, Akal, Madrid.

Bosc S. (2008): *Sociologie des classes moyennes*, La Découverte, París.

Botto M. (1999): *La relación partido-gobierno en la nueva democracia argentina. Estudios comparativos de las gestiones de Raúl Alfonsín (1983-89) y Carlos Menem (1989-95)*, Instituto Universitario Europeo, Tesis de Doctorado.

Bourdieu P. (1998): *La distinción. Criterios y bases sociales del gusto*. Taurus, Madrid.

Bourdieu P. (2000): "¿Cómo se hace una clase social? Sobre la existencia teórica y práctica de los grupos" en *Poder, Derecho y Clases Sociales*, DESCLÉE, Bilbao.

Bourdieu P. (2001): *El campo político*. Plural, La Paz.

Bourdieu P. (2006): *Argelia 60*, Siglo XXI Editores, Buenos Aires.

Bourdieu P. (1990): *Sociología y cultura*, Grijalbo, México DF.

Bourdieu P. (1977): "Questions de politique" en *Actes de la Recherche en Sciences Sociales*, Vol. 16, N° 1, pp. 55-89.

Bourdieu P. (1981): "La représentation politique. Éléments pour une théorie du champ politique" en *Actes de la Recherche en Sciences Sociales*, Vol. 36, N° 36-37, pp. 3-24.

Burdman J. (1998): *Los porteños en las urnas 1916-1997*, Editorial Centro de Estudios Unión para la Nueva Mayoría, Buenos Aires.

Campbell, A., Converse P., Millar W., Stokes D., (1960): *The American Voter*, John Wiley, New York.

Cantón D., Jorrat J. R. (2007): *Elecciones en la Ciudad 1864-2007. Tomo III*, Instituto Histórico, Gobierno de la Ciudad, Buenos Aires.

Cantón D., Jorrat R. (1996): *Radicalismo, socialismo y terceras fuerza en la Capital Federal: sus bases socio espaciales en 1912-1930*, en *Documento de Trabajo*, N°3, IIGG, Facultad de Ciencias Sociales, Buenos Aires.

Castells R. (2010): *El ascenso de las incertidumbres. Trabajo, protecciones, estatuto del individuo*, Fondo de Cultura Económica, Buenos Aires.

Castells M. (2000): "Globalización, sociedad y política en la era de la información" en *Revista Bitácora Urbano Territorial*, N° 004 (42-53), Universidad Nacional de Colombia, Bogotá.

Catterberg E. (1989): *Los argentinos frente a la política: cultura política y opinión pública en la transición argentina a la democracia*, Planeta, Buenos Aires.

Cheresky I., Blanquer J. M. (Comp.) (2003): *De la ilusión reformista al descontento ciudadano*, Homo Sapiens, Rosario.

Ciccolella P. (1999): "Globalización y dualización en la Región Metropolitana de Buenos Aires. Grandes inversiones y restructuración socio-territorial en los años noventa" en *Revista EURE*, N° 76, Santiago de Chile.

Clark T., Lipset S. (1991): "Are social classes dying?" en *International Sociology*, N° 6, 397-410.

Clark T., Lipset S., Rempel M. (1993): "The declining political significance of social class" en *International Sociology*, N° 8, 293-316.

Clark T., Inglehart R. (2007): "La nueva cultura política: Cambios en el apoyo al Estado de Bienestar y otras políticas en las sociedades post-industriales" en Clark, T., Navarro, C. (Comp.): *La nueva cultura política. Tendencias globales y casos Iberoamericanos*, Miño y Dávila, Buenos Aires.

Dalton R. (2000): "Citizen Attitudes and Political Behavior" en *Comparative Political Studies*, 33, (6/7): 912- 940.

Del Cueto C. M. (2007): *Los únicos privilegiados. Estrategias educativas de familias residentes en countries*, Prometeo, Buenos Aires.

De Riz L. (1991): "Argentina: El comportamiento electoral durante la transición democrática" en *REIS*, N° 50 (Abril-Junio).

Díaz de Landa M. (2007): "Las viejas y las nuevas culturas políticas en las ciudades argentinas. Nueva cultura política y ciudadanías locales" en Clark, T., Navarro, C. (Comp.): *La nueva cultura política. Tendencias globales y casos Iberoamericanos*, Miño y Dávila, Buenos Aires.

Dowese R., Hughes J., (1975): *Sociología política*, Alianza, Madrid.

Duverger M. (1957): *Los partidos políticos*, Fondo de Cultura Económica, México.

Elias N. (1982): *La sociedad cortesana*, Fondo de Cultura, México DF.

Escolar M., Calvo E., Calcagno N., Minvielle S. (2002): "Ultimas imágenes antes del naufragio: Las elecciones de 2001 en Argentina" en *Desarrollo Económico*, 25-44.

Evans G. (2000): "The continued significance of class voting", en *Annual Review of Political Science*, N°3, 01-17.

Fidanza E. (1998): *Del Pacto de Olivos a la Alianza UCR-FREPASO: acerca de la evolución del voto opositor en la Provincia de Buenos Aires. Un abordaje preliminar.* Disponible en: http://goo.gl/FPAscO.

Feijoó M. (1995): "Los gasoleros: la crisis de la clase media" en Minujin A. (Editor), *Cuesta abajo*, Losada, Buenos Aires.

Franco, Hopenhayn y León (2011): "Crece y cambia la clase media en América Latina" en *Revista Cepal*, N°113, Abril.

Forni F., Weinberg P. (1972): "Reflexiones sobre la relación entre las clases sociales y los partidos políticos en la Argentina" en *Desarrollo Económico*, N° 46, Buenos Aires.

García Sebastiani M. (2005): *Los antiperonistas en la Argentina peronista. Radicales y socialistas en la política argentina entre 1943 y 1951*, Prometeo, Buenos Aires.

Gaxie D. (1982): "Mort et résurrection du paradigme de Michigan" en *Revue Française de science politique*, 32(2), 251-269.

Gaxie D. (1987): "Le sens caché" en *Réseaux*, 22(5), 29-61.

Gaxie D. (1985): "Le vote comme disposition et comme transaction" en Gaxie, D. (comp.): *Explication du vote*, Presses de la Fondation Nationale des Sciences Politiques, Paris.

Germani G. (1980): "Categoría de ocupación y voto en la Capital Federal" en Mora y Araujo M. y Llorente I., *El voto Peronista. Ensayos de sociología electoral argentina*, Editorial Sudamericana, Buenos Aires.

Germani G. (194?): *La clase media en la Argentina con especial referencia a sus sectores urbanos*, IIGG, Facultad de Ciencias Sociales, Universidad de Buenos Aires, Buenos Aires.

Gervasoni C. (1998): *Del distribucionismo al neoliberalismo: Los cambios en la coalición electoral peronista durante el gobierno de Menem*, Ponencia presentada en el Latin American Studies Association, Chicago.

Giddens A. (1997): "Vivir en una sociedad postradicional" en Beck U., Giddens A., Lash S., *Modernización reflexiva. Política, tradición y estética en el orden social moderno*, Alianza, Madrid.

Giddens A. (1993): *Consecuencias de la modernidad*, Alianza, Madrid.

Goldthorpe J. (1983): "On the service class, its formation and future" en Mackenzie G. (dir): *Social Class and the Division of Labour*, Cambridge Press, New York.

Goldthorpe J., Lockwood D. (1963): "Affluence and the British Class Structure" en *Sociological Review*, 11, 133-163.

Goldthorpe J., Lockwood D., Bechhoffer F., Platt J. (1968): *The Affluent Worker: Political Attitudes and Behaviour*, Cambridge Univ. Press, Cambridge, UK.

Gouldner A. (1980): *El futuro de los intelectuales y el ascenso de la Nueva Clase*, Alianza, Madrid.

Halbwachs M. (1944): *Morfología social*, Americana, México.

Halbwachs M. (1964): *Las clases sociales*, Fondo de Cultura, México.

Heredia M. (2009): "Ricos estructurales y nuevos ricos en la Ciudad de Buenos Aires: primeras pistas conceptuales y empíricas" en Congreso de Latin America Studies Association (LASA), Río de Janeiro, Brasil. Disponible en: http://goo.gl/SXLoH7.

Hirschman A. (1997): *Salida, Vos y Lealtad. Respuestas al deterioro de empresas, organizaciones y estados*, Fondo de Cultura Económica, México.

Inglehart R. (1998): *Modernización y postmodernización. El cambio cultural, económico y político en 43 sociedades*, Centro de Investigaciones Sociológicas, Madrid.

Jauretche E. (1967): *El medio pelo de la sociedad argentina*, Peña Lillo, Buenos Aires.

Jorrat J. (2000): Estratificación social y movilidad. Un estudio del área metropolitana de Buenos Aires, UNT-EudeT, Tucumán.

Jorrat J. (2008): "Exploraciones sobre la movilidad de clases en la Argentina: 2003-2004" en *Documento de Trabajo*, Nº 52, Instituto de Investigaciones Gino Germani, Buenos Aires.

Jorrat R., Acosta L. (2003): "¿Ha muerto el voto de clase? Las elecciones porteñas del siglo XX", *Desarrollo Económico*, Vol. 42, N°168, Buenos Aires.

Karol J. (1995): "Modos de empobrecer: La clase media a través de la hiperinflación" en Minujin A. (Editor), *Cuesta abajo*, Losada, Buenos Aires.

Kessler G. y Di Virgilio M. (2008): "La nueva pobreza urbana: dinámica global, regional y argentina en las últimas dos décadas" en *Revista de la CEPAL*, N° 95.

Kessler G. y Di Virgilio M. (2003): "La nueva pobreza urbana en Argentina y América Latina", trabajo presentado en el Seminario *Perspectives on Urban Poverty in Latin America*, Washington 17/9/ 2003.

Kingsley D., Moore W., Bendix R. (1970): *La estructura de clases*, Editorial Tiempo Nuevo, Caracas.

Kirchheimer O. (1980): "El futuro del partido de todo el mundo" en AA.VV.: *Teoría y sociología crítica de los partidos políticos*, Anagrama, Barcelona.

Klein E. y Tokman V. (2000): "La estratificación social bajo tensión en la era de la globalización" en *Revista de la CEPAL*, N° 72, Santiago de Chile.

Lagroye J. (1994): *Sociología política*, Fondo de Cultura Económica, Buenos Aires.

LaPalombara J. y Weiner M. (comps.) (1966): Political Parties and Political Development, Princeton University Press, Princeton, Nueva Jersey.

Lash S. (1997): "La reflexividad y sus dobles: Estructura, estética y comunidad" en Beck, U., Giddens A., Lash S.: *Modernización Reflexiva. Política, tradición y estética en el orden social moderno*, Alianza, Madrid.

Lazarsfeld P., Berelson B., Gaudet H. (1960 [1944]): *El pueblo elige. Estudio del proceso de formación del voto durante una campaña presidencial*, Ediciones 3, Buenos Aires.

Leriras S. (2006): La organización partidaria y su influencia sobre la calidad de gobierno en la Argentina actual: Lógica, problemas y reformas necesarias, Fundación Pent, Buenos Aires.

Lévy J. (1998): "Vers une société civile mondiale?" en Ruano-Borbalan, J. C. (comp.): *L'identité*, Editions Sciences Humaines, Paris.

Lipset S. y Bendix R. (1963): *La movilidad social en la sociedad industrial*, Eudeba, Buenos Aires.

Lipset S. (1987 [1959]): *El hombre político. Las bases sociales de la política*. Tecnos, Madrid.

Lipset S., Rokkan S., (1992 [1967]): "Estructuras de división, sistemas de partidos y alineamientos electorales" en AA.VV.: *Diez textos básicos de ciencia política*, Ariel, Barcelona.

Little W. (1973): "Party and State in Peronist Argentina. 1945-1955", *Hispanic American Historical Review*, 53 (4), 644-662.

Lockwood D. (1962): *El trabajador de clase media: Un estudio sobre la conciencia de clase*, Aguilar, Madrid.

Lupu N., Stokes S. C. (2009): Las bases sociales de los partidos políticos en Argentina 1912-2003. *Desarrollo Económico*, 515-542.

Lvovich D. (2000): "Colgados de la soga. La experiencia del tránsito desde la clase media a la nueva pobreza en la Ciudad de Buenos Aires" en Svampa M. (comp): *Desde abajo. La transformación de las identidades sociales*, Biblos, Buenos Aires.

Malamud A. (2008): "¿Por qué los partidos argentinos sobreviven a sus catástrofes?, *Iberoamericana*, Vol. VIII, N° 32.

Malamud A. (1994): "¿Longevidad o senectud? El radicalismo: perfil y perspectivas de un partido en crisis" en *Ciudad Futura*, N° 39, Buenos Aires.

Malamud A. (1997): "Acera del radicalismo, su base social y su coalición electoral" en *Escenarios Alternativos*, N°2, Buenos Aires.

Manza J., Brooks C. (2003): Social cleavages and political change, Oxford University Press, New York.

Margulis M. (2003): "Cambios en la pareja" en Margulis M. (comp.): *Juventud, Cultura, Sexualidad: la dimensión cultural en la afectividad y la sexualidad en los jóvenes de Buenos Aires*, Biblos, Buenos Aires.

Martin D. (1992): "Le choix de l'identité" en *Revue Française de science politique*, Vol. 42, N° 41, 582-593.

Martínez E., López A. (2002): "El desarrollo de la morfología social y la interpretación de las grandes ciudades" en *Scripta Nova. Revista electrónica de geografía y ciencias sociales*, Universidad de Barcelona, Vol. VI, N° 111. Disponible en: http://goo.gl/0rkSY.

Mauro S. (2011): "Transformaciones en la dinámica política argentina. La Ciudad de Buenos Aires: marginación partidaria y vitalidad del espacio público" en *Anuario Americanista Europeo*, 9, 1-23.

Mauro S. (2007): "Mutación, crisis, recomposición y otra vez crisis de representación política en la Ciudad de Buenos Aires. Los avatares del signo progresista" en *Argumentos*, Buenos Aires.

Mayer N. (1983): "L'ancrage à droite des petits commerçants et artisans indépendants" en Lavau G. (comp.): *L'univers politique des classes moyennes*, Presses de la Fondation Nationale des Sciences Politiques, Paris.

Michelat G., Simon, M., (1985): "Déterminations socio-économiques, organisations symboliques et comportement électoral" en *Revue Française de science politique*, 26(1), 32-69.

Miguel P. (2009): "Los recorridos del diseño de indumentaria en la Ciudad de Buenos Aires" en *Apuntes de Investigación*, N° 15 (51-73).

Mills C. W. (1961): *Las clases medias en Norteamérica: White Collar*, Aguilar, Madrid.

Minujin A. (1995): "En la rodada" en Minujin A. (Editor): *Cuesta abajo*, UNICEF-Losada, Buenos Aires.

Minujin A., Kessler G. (1995): *La nueva pobreza en la Argentina*, Planeta, Buenos Aires.

Mora y Araujo M. (1985): "La naturaleza de la coalición alfonsinista" en AA.VV.: *La Argentina electoral*, Buenos Aires, Sudamericana.

Mora y Araujo M. (1991): *Ensayo y error*, Planeta, Buenos Aires.

Morelli M. (2002): *Los hijos de la democracia. Un estudio sobre las orientaciones y percepciones de los jóvenes argentinos hacia el mundo de la política durante la década del noventa*, Tesis de Graduación presentada en la Universidad Torcuato Di Tella.

Murmis M. y Feldman S. (1995): "Heterogeneidad social de la pobreza" en Minujin, Alberto (editor): *Cuesta abajo*, UNICEF-Losada, Buenos Aires.

Mustapic A. M. (2002): "Argentina: La crisis de representación y los partidos políticos", América Latina Hoy, Nº 32, Universidad de Salamanca.

Nahirñac P., Álvarz de Toledo B. (2006): "Un análisis socioeconómico comparativo de las industrias culturales de la ciudad" en *Las industrias culturales en la Ciudad de Buenos Aires*, Gobierno de la Ciudad de Buenos Aires, Buenos Aires.

Nie N., Verba S., Petrocik J. (1976): *The changing American voter*, Harvard University Press.

Novaro M. (2002): *El derrumbe político en el ocaso de la convertibilidad*, Norma, Buenos Aires.

Novaro M. (1998): "La crisis de representación y las nuevas alternativas en la Ciudad de Buenos Aires. Un análisis comparado sobre la centroizquierda en ciudades de América Latina" en *XXI International Congress of the Latin American Studies Association*.

Novaro M. (1995): "Menemismo y Populismo. Viejo y nuevo populismo" en Sidicaro R. y Mayer J. (Comp.): *Política y sociedad en los años del menemismo*, Facultad de Ciencias Sociales, UBA, Buenos Aires.

Novaro M. (1994): *Pilotos de tormentas: crisis de representación y personalización de la política en la Argentina (1989-1993)*, Letra Buena, Buenos Aires.

Offerlé M. (1988): "Le nombre de voix" en *Actes de la Recherche en Sciences Sociales*, 71(1), 5-21.

Offerlé M. (2004): *Los partidos políticos*, Lom, Santiago de Chile.

Offerlé M. (1985): "Mobilisations électorales et invention du citoyen" en Gaxie D. (comp): *Explication du vote*, Presses de la Fondation Nationale des Sciences Politiques, Paris.

Palermo V., Novaro M. (1996): *Política y poder en el gobierno de Menem*, Norma, Buenos Aires.

Palermo V. (1986): *Democracia interna en los partidos: Las elecciones partidarias de 1983 en el radicalismo y el justicialismo porteños*, Ediciones del IDES, Buenos Aires.

Panebianco A. (1982): *Modelos de partido: Organización y poder en los partidos políticos*, Alianza, Madrid.

Perissé A. (2011): "Voto Bronca y sentidos de la Ciudadanía en la Argentina" en *Nómadas. Revista Crítica de Ciencias Sociales y Jurídicas*, Madrid.

Persello A. (2007): *Historia del radicalismo*, Edhasa, Buenos Aires.

Poulantzas N. (1985): *Las clases sociales en el capitalismo actual*, Siglo XXI, México.

Pousadela I. M. (2004): *Viejos y nuevos partidos. Cambios en la representación política en Argentina*, Lasa papers, Las Vegas.

Puhle H-J. (2007): "Crisis y cambios de los partidos catch all" en Montero R., Gunther R., Linz J. (comps.): *Partidos políticos: viejos conceptos y nuevos retos*, Editorial Trotta, Madrid.

Prévôt Schapira M. F. (2002): "Buenos Aires en los años 90: metropolización y desigualdades" en *Revista EURE*, Nº 85, Santiago de Chile.

Przeworski A, Sprague J. (1986): *Paper Stones: A History of Electoral Socialism*, Univ. Chicago Press, Chicago.

Rinesi E., Vommaro G. (2007): "Notas sobre la democracia, la representación y algunos problemas conexos" en Rinesi E., Nardacchione G., Vommaro G. (comp.): *Los lentes de Víctor Hugo. Transformaciones políticas y desafíos teóricos en la Argentina reciente*, Prometeo, Buenos Aires.

Rock D. (1977): *El radicalismo argentino 1890-1930*, Amorrortu, Buenos Aires.

Schoultz Lars (1977): "The Socio-Economic Determinants of Popular Authoritarian Electoral Behavior: The Case of Peronism" en *American Political Science Review*, 71 (4), 1423-1446.

Sassen S. (2007): *Una sociología de la globalización*, Katz, Buenos Aires.

Sebreli J. J. (1990): *Buenos Aires, vida cotidiana y alienación*, Siglo XX, Buenos Aires.

Sidicaro R. (2008): "La pérdida de legitimidad de los partidos políticos argentinos" en *Temas y debates*, N° 16, Rosario.

Sidicaro R. (2006): "La pérdida de legitimidad de las instituciones estatales y los partidos políticos" en *Cuadernos Argentina Reciente*, N° 3, Buenos Aires.

Sidicaro R. (2003): "Consideraciones sociológicas sobre la Argentina en la Segunda Modernidad" en *Estudios Sociales*, N° 24: 127-152, Santa Fe.

Sidicaro R. (2001): *La crisis del Estado y los actores socioeconómicos en la Argentina (1989-2001)*, Libros del Rojas, Buenos Aires.

Sidicaro R. (1995): "Poder político, liberalismo económico y sectores populares 1989-95" en AA.VV.: *Peronismo y Menemismo. Avatares del populismo en la Argentina*, El Cielo por Asalto, Buenos Aires.

Sidicaro R. (1995): "Los años del menemismo se prolongan: la coalición electoral de 1995" en Sidicaro R., Mayer J. (Comp.): *Política y sociedad en los años del menemismo*, Oficina de publicaciones del CBC, Buenos Aires.

Sigal S., Gallo E. (1963): "La formación de los partidos políticos contemporáneos. La Unión Cívica Radical (1890-1916)" en *Desarrollo Económico*, N° 1/2, Buenos Aires.

Snow P. (1973): "La base de clase de los partidos políticos argentinos. Crítica de una crítica" en *Desarrollo económico*, N° 49.

Snow P. (1979): *Fuerzas políticas en la Argentina*, Buenos Aires, Emecé.

Svampa M. (2008): *Los que ganaron. La vida en los countries y barrios privados*, Biblos, Buenos Aires.

Tenti Fanfani E. (1995): "La escuela en el circulo vicioso de la pobreza" en Minujin, A. (comp.): *Cuesta Abajo. Los nuevos pobres: efectos de la crisis en la sociedad argentina*, Losada, Buenos Aires.

Torcal M. (2001): "La desafección en las nuevas democracias del sur de Europa y Latinoamérica" en *Revista Instituciones y Desarrollo*, 8-9: 229-279.

Torrado S. (2003): *Historia de la familia en la Argentina moderna (1870-2000)*, Ediciones de la Flor, Buenos Aires.

Torrado S. (2006): *Familia y Diferenciación social*, Eudeba, Buenos Aires.

Torrado S. (2007): "Transición de la familia: tamaño y morfología" en Torrado S. (comp.) *Población y bienestar en la Argentina del primero al segundo Centenario*, Tomo II, Edhasa, Buenos Aires.

Torre J. C. (2003): "A propósito de la renovación de la Unión Cívica Radial" en *Escenarios Alternativos*, Buenos Aires. Disponible online: http://goo.gl/t4Cj1J.

Torre J. C. (2003): "Los huérfanos de la política de partidos. Sobre los alcances y la naturaleza de la crisis de representación partidaria" en *Desarrollo Económico*, N° 168, Vol. 42.

Torche F. (2006): "Una clasificación de clases para la sociedad chilena" en *Revista de Sociología*, N° 20, Santiago de Chile.

Touraine A. (1969): *La sociedad postindustrial*, Ariel, Barcelona.

Vilas C. (2001): "Como con bronca y junando... Las elecciones del 14 de octubre de 2001" en *Revista Realidad Económica*, N°183, octubre-noviembre.

Wainerman C. (2005): *La vida cotidiana en las nuevas familias. ¿Una revolución estancada?*, Lumiere, Buenos Aires.

Weakliem D. (2001): "Social Class and voting. The case against decline" en Clark y Lipset (comp.): *The breakdown of class politics. A debate on post-industrial stratification*, The Jhons Hopkins University Press, Maryland.

Weber M. (1999): *Economía y sociedad. Esbozo de sociología comprensiva*, Fondo de Cultura Económica, México DF.

Wortman A. (2001): "Globalización, consumo y exclusión social" en *Revista Nueva Sociedad*, N° 175, 134-142, Caracas.

Wortman A. (2007): *Construcción imaginaria de la desigualdad social*, CLACSO, Buenos Aires.

Wortman A. (coord.) (2003): *Pensar las clases medias. Consumos culturales y estilos de vida urbanos en la Argentina de los noventa*, La Crujía, Buenos Aires.

Wright E. O. (1985): "¿Qué hay de medio en la clase media?" en *Zona Abierta*, N° 34-35, Madrid.

Yannuzzi M. L. (1995): *La modernización conservadora. El peronismo de los 90*, Fundación Ross, Rosario.

Fuentes Estadísticas

CEDEM (2001a): *Coyuntura económica de la Ciudad de Buenos Aires*, N° 1, Secretaría de Desarrollo Económico, Gobierno de la Ciudad Autónoma de Buenos Aires.

CEDEM (2001b): "Nivel de instrucción y calificación laboral de los ocupados en la Ciudad de Buenos Aires" en *Coyuntura económica de la Ciudad de Buenos Aires*, Nº 2, Secretaría de Desarrollo Económico, Gobierno de la Ciudad Autónoma de Buenos Aires.

CEDEM (2002a): *Cuadernos de trabajo*, Nº 1, Secretaría de Desarrollo Económico, Gobierno de la Ciudad Autónoma de Buenos Aires.

CEDEM (2002b): *Cuadernos de trabajo*, Nº 2, Secretaría de Desarrollo Económico, Gobierno de la Ciudad Autónoma de Buenos Aires.

CEDEM (2002c): *Cuadernos de trabajo*, Nº 4, Secretaría de Desarrollo Económico, Gobierno de la Ciudad Autónoma de Buenos Aires.

CEDEM (2002d): *Coyuntura económica de la Ciudad de Buenos Aires*, Nº 5, Secretaría de Desarrollo Económico, Gobierno de la Ciudad Autónoma de Buenos Aires.

CEDEM (2002f): "La Industria manufacturera en la Ciudad de Buenos Aires" en *Coyuntura económica de la Ciudad de Buenos Aires*, Nº 6, Secretaría de Desarrollo Económico, GCBA.

CEDEM (2003): *Coyuntura económica de la Ciudad de Buenos Aires*, Nº 9, Secretaría de Desarrollo Económico, Gobierno de la Ciudad Autónoma de Buenos Aires.

CEDEM (2003b): Informe sobre la actividad comercial y de servicios en Palermo Viejo, Gobierno de la Ciudad Autónoma de Buenos Aires.

Censo de Estudiantes 2004, Universidad de Buenos Aires, Secretaría de Asuntos Académicos, disponible en: http://goo.gl/K4t2Fi.

Consumos Culturales 2005, Secretaría de Medios de Comunicación, disponible en: https://goo.gl/9HYQDs.

DGEC (2003): *Indicadores económicos 2002*. Dirección General de Estadística y Censos, Gobierno de la Ciudad Autónoma de Buenos Aires.

DGEC (2007): *Anuario Estadístico 2006*, Dirección General de Estadística y Censos, Gobierno de la Ciudad Autónoma de Buenos Aires.

Siglas

CEDEM: Centro de Estudios para el Desarrollo Económico Metropolitano.
DGEC: Dirección General de Estadística y Censos.
GCBA: Gobierno de la Ciudad de Buenos Aires.

Fuentes Periodísticas

Diario La Nación
Diario Clarín
Diario Página/12
Diario La Prensa
Diario El Cronista Comercial
Diario Tiempo Argentino